dtv
premium

YVONNE FELLER
&
FLORIAN FLECHSIG

WIR SIND JUNG UND BRAUCHEN DAS GELD

EIN SELBSTVERSUCH

Deutscher Taschenbuch Verlag

MIX
Papier aus verantwortungsvollen Quellen
FSC® C006701
FSC
www.fsc.org

Originalausgabe 2011

Umschlagkonzept: Balk & Brumshagen
Illustrationen: Yvonne Feller & Florian Flechsig
Umschlaggestaltung: Yvonne Feller & Florian Flechsig
Satz: Stefan Krickl, Bozen
Gesetzt aus der Adobe Garamond Pro 11,25/13,1p und der Agency FB
Druck und Bindung: CPI – Ebner & Spiegel, Ulm
Gedruckt auf säurefreiem, chlorfrei gebleichtem Papier
Printed in Germany · ISBN 978-3-423-24834-1

INHALT

MONEY
FOR
NOTHING

Ich versuchte mal wieder, Diplomideen zu Papier zu bringen, als mein Handy bimmelte. SMS von Florian. »Bisher nur Grütze. Bist du schon weiter? Treffen? Um 10 am Urbanhafen? Mitbringen: Ausreichend Bier und gute Laune. F.« Na, warum nicht. Es war ein lauer Frühsommerabend und hier am Schreibtisch wurde ich langsam wahnsinnig. Also auf nach Kreuzberg. Als ich am Treffpunkt ankam, hatte sich Florian schon behaglich an der Ufermauer eingerichtet. Plopp – wir prosteten uns zu und tranken aufs anstehende Diplom. Über das leidige Thema der Ideenfindung waren wir schnell hinweg und drehten stattdessen im Geiste die Uhr vor. Wir überlegten uns, was wohl in einem Jahr sein würde, wenn wir mit dem Studium der Visuellen Kommunikation fertig wären.

Vielleicht irgendwo ein oder zwei unbezahlte Praktika absolvieren, um sich für den exklusiven Club der Angestellten zu empfehlen? Keine tolle Aussicht. Erst mal mit Hartz IV durchschlagen? Zur Not. Oder uns doch lieber direkt selbstständig machen? Das klang schon vielversprechender. Doch für die Selbstständigkeit bräuchte man, außer einer irgendwie gearteten Vorstellung, welchen Schwerpunkt man da beackern sollte, im besten Fall etwas Startkapital. Doch woher nehmen, wenn nicht stehlen?

Ob man nicht einfach mal ein Schreiben an Herrn Ackermann aufsetzen und um eine kleine Finanzspritze bitten kann? Einfach so? Nicht mit irgendwelchen mitleiderregenden Floskeln durchsetzt, sondern eben einfach, weil man es gerne hätte und damit dann bestimmt was Vernünftiges anstellen würde? Zum

Beispiel eine Weltreise. Das ist doch nicht zu viel verlangt! Frech müsste es sein und ein bisschen dreist. Vielleicht würde so etwas ja tatsächlich klappen, wenn man den Richtigen erreichte. Naja, vielleicht nicht gerade Herrn Ackermann, aber irgendjemanden, der ein bisschen spleenig veranlagt ist und dem es eine Freude wäre, mir einen derartigen Gefallen zu erweisen. Ich würde demjenigen auch von jedem Ort meiner Weltreise eine Ansichtskarte schicken! Ach ja …

Aber eigentlich sollte es doch um etwas ganz anderes gehen. Irgendeine schlaue Idee für den praktischen Teil unserer Diplomarbeit musste her. Gar nicht so einfach. Zwischen Buchgestaltung und Ausdruckstanz mit Tuch wäre da vieles möglich. Der aufmerksame Leser könnte sich fragen, was das wohl für ein seltsamer Studiengang sein mag. Auf der Website der Universität der Künste Berlin bekommt man dazu folgende erfrischende Erklärung: »Im Studiengang Visuelle Kommunikation beschäftigen sich Studierende mit Planung, Realisierung und Vermittlung sichtbarer Informationen in zwei oder drei Dimensionen.«

Wie wir so vor uns hinsponnen, kehrten wir wieder zur eigentlichen Abendaufgabe zurück: Ideen finden. Nein. *Die* Idee finden. Irgendetwas Freches müsste es sein. Ein bisschen dreist vielleicht auch. Ein bisschen … Moment mal – wie wäre es denn damit: Ich versuche einen reichen Gönner ausfindig zu machen, der mir, sagen wir, 20.000 Euro für eine Weltreise schenkt. Das Ganze, dokumentarisch aufgearbeitet in Bild oder Schrift oder Film oder weiß der Kuckuck, wird meine Diplomarbeit. Ich blickte zu Florian. Es blitzte kurz in seinen Augen.

»Hmm. Das ist doch nix. Was willste denn da machen? Deine Bittstellerbriefe einrahmen? Und wieso eigentlich nur 20.000 ? Das sind doch Peanuts!«

Wir schwiegen kurz und lauschten auf das Plätschern der Enten im Kanal, die gerade ein aufgequollenes Brötchen ausgemacht hatten, das jetzt hektisch zerpflückt wurde.

»Ja, wieso eigentlich nur 20.000?«
»Wie wäre es stattdessen mit – ich hab's: eine Million!«
Er schaute mich an wie Dr. Evil im Film ›Austin Powers‹, der seinen Plan verkündet, die Welt um ein exorbitantes Lösegeld von einer Million Dollar zu erpressen.
»Wat? Eine Million? So viel gibt mir doch kein Mensch.«
»20.000 gibt dir auch keiner! Neinneinnein. Was ich meine, ist: Wir werden Millionäre! Im Diplom. Das ist wenigstens mal eine Ansage!«
Stille. Entengeplätscher.
»Geil! Aber na sicher! Das isses doch!«
»Und das machen wir zusammen! Oder besser gesagt: Wir treten gegeneinander an! Das gäbe einiges an Material her!«
Wir schwiegen wieder, besahen uns die Enten und öffneten erst einmal ein neues Bier. Plopp. Plopp.
»Ja denn – auf die Million!«
»Und wie soll das gehen? Ich meine, mit der Million. Ist ja nicht so, dass man einfach den Entschluss fasst und dann passiert das von alleine.«
»Nee, da muss man sich dann noch was Schönes ausdenken. Aber der feste Entschluss ist schon mal die halbe Miete! Das kann man doch in zig schlauen Ratgebern nachlesen! Was weiß ich – denk dich reich und so.«
Gut zu wissen. Gesetzt den Fall, man hat einen Job und die Möglichkeit, monatlich 500 Euro vom schwer verdienten Geld beiseitelegen zu können, würde es gut 166 Jahre dauern, bis man eine Million zusammenhat. Details wie Zinsen der Einfachheit halber einmal ausgeblendet. Klar ist jedenfalls, dass es viel zu lange dauern würde, bis man auf diese Weise reich wird. Also eindeutig keine Option. Stattdessen müsste man das ganz große Ding aufziehen.

Expertentipp
Wenn man 500.000 Euro hat, kann man auch einfach 16 Jahre warten, dann hat man durch Zinsen 1 Mio Euro.

Beim Thema »schnelles Geld« sprudelten plötzlich die Ideen.

Anders als auf der Suche nach einem »vernünftigen« Diplomthema. Wir kamen auf so großartige Einfälle wie Lotto spielen, bei »Wer wird Millionär?« mitmachen, reich heiraten oder einfach mal einen Millionär fragen, wie er an sein Geld gekommen ist. Vielleicht bräuchte man auch erst mal ein kleines Startkapital. Pfandflaschen sammeln, alten Damen die Einkäufe besorgen, sich einen Hund leihen und an exponierten Plätzen Fußgänger anschnorren, Musik in der U-Bahn machen und und und. Ein Millionärs-Masterplan musste her! Wir gaben den Posten am Kanal auf, machten noch einen Biernachschub-Zwischenstopp beim Spätkauf und wechselten in meine nahe gelegene Behausung. Bis zum Morgengrauen füllte sich ein großer Bogen Papier mit den abstrusesten Ideen des Geldverdienens. In der Bierlaune schien das alles nur noch Formsache zu sein.

Alle Leute, denen wir in der darauf folgenden Woche von unserer fixen Idee erzählten, hielten uns für vollkommen bekloppt. Was sollte das bitte mit Visueller Kommunikation zu tun haben? Was würde denn da bitte am Ende stehen? Dieses Unverständnis war vielleicht gar kein schlechtes Zeichen. Immerhin schien die Idee zu polarisieren. Also fassten wir einen genauen Plan. In der darauffolgenden Woche waren Termine mit unseren Professoren angesetzt, bei denen wir Vorschläge für ein mögliches Diplomthema unterbreiten sollten, und diesen wollten wir ein wasserdichtes Exposé abliefern. Wir konnten ja kaum mit unseren verwirrten Aufzeichnungen aus der durchzechten Nacht ankommen. Wenn das abgeschmettert würde, waren wir geliefert, denn wir hatten uns beide keinen Plan B überlegt und die Frist zur Abgabe des Themas lief wenig später ab.

Expertenmeinung
Wenn man intelligent ist, könnte man Ingenieur, Mathematik, Physik, BWL + Informatik, Jura und Ähnliches studieren und bei Firmen mit einem Gehalt von 80.000 einsteigen. Dafür muss man aber echt gut sein und viel arbeiten. Dann könnte man so in 3 – 6 Jahren ca 1 Million haben.

Unsere anfängliche Spinnerei hatten wir schon um ein ganzes Stück weiterentwickelt. Wir wollten in bester Castingmanier als Kontrahenten gegeneinander antreten und versuchen, bis zur Abgabe des Diploms Millionäre zu werden. Wer es zuerst schafft bzw. am Ende mehr hat als der oder die andere, hat gewonnen und kassiert das Geld des Verlierers gleich mit. Und das alles öffentlich: Es sollte eine Website geben, auf der wir unser Anliegen publik machten, mit zwei Blogs, auf denen wir unsere Versuche dokumentarisch begleiteten. Wir wollten versuchen, die Dynamik des Internets für unsere Zwecke zu nutzen. Je mehr Menschen von unserem Vorhaben wüssten, umso höher die Chancen, reich zu werden. So wie beispielsweise bei Alex Tew. 2005 hatte er die Idee, Werbefläche auf seiner Million-Dollar-Homepage pixelweise zu verkaufen. Innerhalb eines halben Jahres war er Millionär. Okay, die Idee war wirklich gut und unschlagbar einfach, aber nur durch die Funktionsweise des Internets war sein Vorhaben möglich. Ohne die massive Berichterstattung durch Blogger und später auch klassische Medien wäre er niemals innerhalb so kurzer Zeit zu so viel Geld gekommen.

Also das Internet – schön und gut. Doch eine wichtige Sache fehlte bisher noch. Die Geschichte brauchte einen Aufhänger. Aus welchem Grund sollten wir bitteschön reich werden? Inspiration fand sich an unerwarteter Stelle: Der Armutsbericht der Bundesregierung offenbarte, dass sich die sagenumwobene Schere zwischen Arm und Reich stetig und bedrohlich öffnet und über kurz oder lang die Mittelschicht aus unserer Gesellschaft herausschneiden wird. Sang- und klanglos wird sie untergehen und mit der Unterschicht verschmelzen. Einmal in den Fängen des Prekariats, ist ein Entkommen unmöglich. Es ist also nur folgerichtig, dass man ganz schnell reich werden muss. Diese kleine überspitzte Herleitung war vielleicht genau die Portion Satire, die es für solch ein Unterfangen braucht.

Die erste Hürde war genommen. Der Vorsprechtermin bei den Professoren lief hervorragend und wir bekamen tatsächlich den offiziellen Segen für unser Vorhaben. Aber jetzt würde es erst richtig mit der Arbeit losgehen: dem Ganzen einen zackigen Namen geben, Fotos machen, Webseite und Blogs gestalten, programmieren und texten. Da hatte natürlich jeder von uns so seine eigenen Vorstellungen, die man irgendwie zusammenbringen musste. Und außerdem waren wir ja ab jetzt Kontrahenten!

Regulierung

Wahrscheinlich will niemand etwas über kryptisch verschachtelte Flashdateien, verschiedene Möglichkeiten der Bildbearbeitung oder die Vor- und Nachteile einzelner Webhoster wissen. Also schneller Vorlauf. Unzählige Arbeitsstunden später ging unsere Seite unter der vielsagenden URL »www.wirsindjungundbrauchendasgeld.de« ins Netz. Ab jetzt hatte jeder von uns ein halbes Jahr Zeit, um an die Million zu kommen. Die musikalische Untermalung mit einem klimpernden Banjo und die Gestaltung aus Elementen von digitalisierten Geldscheinen verbreiteten Goldgräberstimmung. Aber ganz ohne Regeln wie damals im Wilden Westen konnte das natürlich nicht ablaufen. Was war beispielsweise mit kriminellen Machenschaften?

Kriminelle Handlungen

waren verboten. Zum Wohle der Allgemeinheit und der Kandidaten. Schließlich wäre es doch reichlich bescheuert, über einen geglückten Millionenraub im eigenen Blog zu berichten, nebst Impressum samt Angaben zum Wohnsitz.

Erwerbsarbeit

Gemeint ist damit in erster Linie ein festes Anstellungsverhältnis, in dessen Rahmen eine sich ständig wiederholende Tätigkeit ausgeübt wird. Dies sollte vermieden werden. Ausnahmen bestätigten aber die Regel. Wichtig war in erster Linie das Preis-Leistungs-Verhältnis.

Sparsamkeit
im eigentlichen Sinne war zunächst nicht gestattet. Da das ersparte Vermögen sehr stark von der Ausgangssumme abhängt, die ein jeder monatlich zur Verfügung hat, und diese bei den Kandidaten sehr unterschiedlich war, musste diese Möglichkeit der Geldanhäufung ausgeschlossen werden. Streng genommen gehört natürlich auch das Versetzen der eigenen Pfandflaschen sowie aller persönlichen Besitztümer zum Sparen. Dieser Punkt wurde anfangs nicht bedacht und bereitete mitunter Probleme. Allerdings galt ja als höchstes Ziel: Am Ende muss die Million und somit der Sieg über den Gegner stehen.
Flexible Auslegungen des Regelwerks waren also durchaus nicht abwegig und im Prinzip ließ sich all das in dem Satz zusammenfassen: Über jede Art des Gelderwerbs entschied der Kandidat nach seinem eigenen Gewissen und persönlichen Vorlieben.

Konto
Um eine saubere Trennung der Finanzen des alltäglichen Lebens von denen des Versuchs zu gewährleisten, führten beide Kandidaten ein separates »Millionenkonto«.

Dauer
Der Präsentationstermin der Diplomarbeit gab den zeitlichen Rahmen der Sache vor: Der 19. Mai 2009 war der Tag der Abrechnung.

Der Boden war bereitet. Ein jeder von uns hatte nun die Möglichkeit, seine Äcker fruchtbar zu machen und ertragreich zu bewirtschaften. Wie das vonstatten gehen sollte, blieb jedem selbst überlassen, doch eines galt es nicht zu vergessen: Unter allen Umständen immer alles dokumentieren. In Wort und Bild und Bewegtbild. Damit daraus eine Diplomarbeit, angereichert mit vielen hochwertigen Inhaltsstoffen und dem Potenzial zur goldenen Ernte, würde. Auf dass man den Professoren detailliert Zeugnis ablegen und noch vielen anderen Menschen davon berichten könnte. Zum Beispiel in einem Buch, welches schließlich einen weiteren wertvollen Beitrag zu unserer finanziellen Situation leisten würde. Aber das ist eine andere Geschichte.

Wem noch kein brauchbarer Gedanke in Sachen Reichwerden gekommen ist, der sollte nun aufmerksam weiterlesen, denn auf den folgenden Seiten findet sich ein Füllhorn hilfreicher Tipps für den Weg zur ersten Million.

Wir geben einen kleinen Einblick in unser Schaffen als aufstrebende Millionäre und die Probleme, die sich dabei auftaten. Der Leser ist dazu aufgefordert, die Möglichkeiten der Geldbeschaffung im Hinblick auf seine eigene Person zu prüfen und gegebenenfalls nachzuahmen oder einzelne Ideen direkt zu entwenden. Dabei muss allerdings bedacht werden, dass die Gründung einer Online-Plattform namens www.ufo-sekte.de zwar ohne Weiteres möglich ist, wir uns aber immerhin schon die Domain gesichert haben. Die Kapitel sind überwiegend thematisch gegliedert, aber auch ein klein wenig zeitlich, je nach Lust und Laune und um dem geneigten Leser den ungefähren Ablauf unseres Versuchs näherzubringen.

Merke
Nur die Verschriftlichung verleiht den Dingen eine Bedeutung.

Bei besonders kniffeligen Themen finden sich wertvolle Zusatzinformationen, kompakt in einer Info-Box aufbereitet, sowie Tipps und Hilfestellungen von Experten, die einst per E-Mail oder Blogkommentar an uns herangetragen worden sind. Die thematische Gliederung erlaubt natürlich je nach Vorlieben und Fähigkeiten des Lesers, das Wissen themengebunden zu erarbeiten. Zu jedem Kapitel findet sich ein Merksatz, der das Erlernte bündelt und vertieft. Der Leser ist auf alle Fälle dazu angehalten, sich diese Merksätze gut einzuprägen und gegebenenfalls zu notieren.

Fe 26
Al 13
KLEIN
VIEH
UND DER
GROSSE
MIST

Will man innerhalb kürzester Zeit reich werden, sollte man sich am besten nicht lange mit kleinen Beträgen aufhalten. Oder »Peanuts«, wie der angehende Millionär zu sagen pflegt. Aber wie soll man die dicken Fische angeln? Einfach mal zur Bank gehen und ganz freundlich nach ein paar Tausend Euro fragen, die man als Startkapital für riskante Spekulationsgeschäfte oder für 50 Paletten nahezu abgelaufene Wiener Würstchen oder die Gründung einer UFO-Sekte braucht? Um damit Erfolg zu haben, bräuchte es natürlich einen ansatzweise visionären Bankangestellten, und der ist auch mithilfe des ausgefeiltesten Businessplans nicht leicht ausfindig zu machen. In der Verwandtschaft ließ sich auf die Schnelle auch kein reicher Gönner auftreiben. Ohne Geld aber war so ziemlich jede innovative Produkt- oder Dienstleistungsentwicklung zum Scheitern verurteilt. Also doch zuerst das Kleinvieh melken? Wie sich herausstellen sollte, ergaben sich dabei jede Menge Möglichkeiten des kleinen Verdienstes. So kam man auch ohne die reiche Verwandtschaft zu einem wenn auch kleinen Startkapital. Und das ganz nebenbei.

PFANDTASTISCH

Den Grundstock zur Million legte ich direkt am ersten Tag des Versuchs. Ein Blick in die Abstellkammer und unter die Spüle legte ungeahnte Reichtümer frei. Über Monate hatte ich die Rückgabe der Getränkebehältnisse vernachlässigt. Jetzt sollte Zahltag sein. Ich griff zur blauen Ikea-Großraumtasche und packte alles ein, was sich einlösen ließ. Gefühlte 20 Euro wuchtete ich mir über die Schulter! Aber auch nur gefühlt, denn die Pfandquittung beim strategisch günstig gelegenen Getränkehandel sorgte für Ernüchterung. Ganze 2,70 Euro hatte mir diese Aktion nach Abzug eines dringend benötigten Erfrischungsgetränks gebracht. Immerhin ein Anfang. Um diesen Betrag zu mehren, legte ich das Geld direkt auf meinem frisch eingerichteten Online-Sportwettkonto an. Ich hatte mir eine scheinbar todsichere Wette ausgesucht. Beim Fußball-Länderspiel Deutschland gegen Finnland setzte ich mein Pfandgeld auf einen deutschen Sieg. Was soll man sagen? Die überbezahlten Herren hatten an diesem Tag anscheinend keine Lust und der sicher geglaubte Gewinn blieb aus.

Auch ich widmete mich zunächst dem Pfandgut. Durch strategisches Vorgehen konnte ich innerhalb des Versuchs immerhin etwa 45 Euro dadurch generieren. Ein Drittel der Pfandflaschen stammte von Gästen, ein weiteres Drittel von meiner Mitbewohnerin, sodass ich effektiv einen Gewinn von 30 Euro damit erwirtschaftete. Der Zeitpunkt der Rückführung musste dabei gut gewählt sein. Zum einen musste es sich lohnen. Zum anderen musste ich aber auch verhindern, dass das Platzproblem überhandnehmen und mir meine Mitbewohnerin zuvorkommen würde.

Expertenmeinung

Also um in einem halben Jahr mit Pfandflaschen Millionär zu werden, müsstet ihr 4.000.000 Einwegflaschen (also à 0,25€) sammeln. Entspricht um die 22.222 Flaschen täglich.

Die Sache mit dem Pfand schien mir als Mittel, um Millionär zu werden, ungefähr so aussichtsreich, wie sich im Pelzmantel bei einer Tierschutzorganisation als Praktikant vorzustellen. Es wäre einfach zu zeitraubend, durch die Straßen zu streifen und Mülleimer auf verworfenes Pfandgut zu untersuchen. Das musste zielgerichteter durchgeführt werden. Also schickte ich eine Pfandspenden-Aufrufmail in den Bekanntenkreis. Das Angebot lautete wie folgt: Ich hole das raumzehrende Zeugnis alkoholischer Exzesse ab und mache es zu Geld. Der Erlös würde 50:50 geteilt werden. Tatsächlich gab es einige Rückmeldungen und so machte ich mich auf den Weg, um meines Amtes als Pfandschnorrer zu walten. Das ergab zwar kein Vermögen, aber wenigstens einen mittleren zweistelligen Betrag.

Ähnlich wie dem Kollegen schien es mir nicht besonders lukrativ, den Flaschen auf der Straße nachzujagen. Außerdem sieht man immer wieder Leute in Mülleimern danach wühlen, die es eindeutig nötiger zu haben scheinen als ich. Und denen dann die spärlich gesäten Einkünfte wegzuschnappen, erschien mir doch fragwürdig. Stattdessen konnte auch ich auf einige Pfandspenden aus dem Freundeskreis zurückgreifen. Doch von einem mittleren zweistelligen Betrag war ich dabei weit entfernt.

Die Idee des Pfandschnorrens wollte ich in größerem Stil fortsetzen. Ich schaltete eine Anzeige auf dem Anzeigenportal kijiji.de. Ähnlich wie bei der Bittstellermail im Bekanntenkreis forderte ich den Anzeigenleser dazu auf, mich zu kontaktieren, wenn das Pfandproblem überhandnimmt. Die Reaktionen darauf waren mehr als überschaubar: Niemand wollte sich auf diesen meiner Meinung nach ausgezeichneten Deal einlassen. Geschickter als ich hat es aber ein Schlauberger während der Fußball-WM 2006 angestellt. Das Jahr des Public Viewings und der 25-Cent-Plastikbierflaschen ergaben eine gewinnbringende Kombination. Und so machte dieser geschäftstüchtige Herr, während sich die Mehrzahl der Menschen am Sommermärchen weidete, mehrere tausend Euro Gewinn.

Manch einer mag einwenden, dass es sich beim Einlösen der selbst gekauften Pfandflaschen nur um eine Form der Ersparnis handelt. Richtig. So gesehen kann das nicht wirklich als Schaffung von Kapital betrachtet werden, es sei denn, man verwendet Fremdflaschen. Doch auch wenn es das eigene Leergut ist, das Sparen wird dadurch psychologisch enorm vereinfacht. Denn das Verhältnis zur Pfandquittung ist doch zugegebenermaßen ein recht merkwürdiges: Welch große Freude, einen kleinen Einkauf mal eben mit einem leeren Kasten Bier bezahlen zu können!

Merke
Das Geld liegt auf der Straße. Zu Beträgen von acht und 25 Cent.

DAS BEGRÜSSUNGSGELD

So eine Finanzkrise hat auch ihre guten Seiten. Weil es die Banken in letzter Zeit schwer haben, wird man als potenzieller Neukunde heiß umworben. Für die Eröffnung eines neuen Girokontos winkt schon mal entweder Bares oder eine schöne Sachprämie. Zusätzlich bieten viele Geldinstitute Prämien für Freundschaftswerbungen an. Stellt man sich dabei geschickt an, können da mitunter ein paar Euro zusammenkommen. Dafür, dass man eigentlich nichts machen muss, erscheinen die Angebote sehr verlockend. Vorausgesetzt, man stellt sich laut Schufa als anständiger Kunde heraus. Sollte man möglicherweise nur durch Neueröffnung unzähliger Girokonten zu Reichtum gelangen? Wahrscheinlich nicht, denn die versprochenen Boni für Neukunden werden erst nach regelmäßigem Geldeingang durch den Arbeitslohn ausgezahlt. Weil meine Geldeingänge zu dieser Zeit nicht gerade als die eines Großverdieners durchgingen, konnte ich mir das allerdings sparen.
Aber zum Glück gab es noch andere Möglichkeiten, an ein kleines Begrüßungsgeld zu kommen. Genauer gesagt gab es eine Aktion, in der es einem als Student von den Damen und Herren von Barclaycard mit zehn Euro gedankt wurde,

wenn man sich nur als Neukunde für die Bestellung einer Kreditkarte aus ebendiesem Hause entscheiden würde. Eine Kreditkarte konnte ich für Interneteinkäufe sowieso noch gut gebrauchen. Ich füllte also schnell das Formular aus und die Antwort ließ nur ein paar Tage auf sich warten. Die Verwunderung war recht groß, als ich lesen musste, dass meinem bescheidenen Ersuchen nicht stattgegeben wurde.

Sehr geehrter Herr Flechsig,
wir bedanken uns für Ihren Antrag. Aufgrund unserer internen Kreditrichtlinien ist es uns leider nicht möglich, ihrem Antrag zu entsprechen. Wir bedauern, Ihnen derzeit keine positive Entscheidung mitteilen zu können.
Mit freundlichen Grüßen,
Karoline D.
Barclaycard

Was konnte der Grund für diese überraschende Ablehnung sein? Schließlich richtete sich das Angebot explizit an studentische Kreditkartenaspiranten. Dass die nicht gerade zu den Topverdienern zählen, dürfte doch wohl klar sein. Davon abgesehen hatte ich bis dato nie Probleme mit derart Geschäften. Ich kramte in meinem Hirn nach versäumten Zahlungen und geplatzten Krediten. Aber da war nichts. Fehlanzeige. Alle Rechnungen wurden pünktlich beglichen; das Konto war bescheiden im Plus, und auch sonst schien alles im Lot. Meine Neugierde war geweckt: Ich wollte wissen, was in meiner Schufa-Akte so zu lesen ist. Irgendeinen guten Grund musste es doch geben, warum ich nicht in den Genuss der zehn Euro Begrüßungsgeld gekommen bin.
Auf der Website der Schufa beantragte ich eine Auskunft über meine dort gespeicherten Daten. Ganz umsonst war das allerdings nicht: Mit 7,80 Euro war ich dabei. Meiner Meinung nach ein fragwürdiges Geschäftsgebaren, für derlei Auskünfte etwas bezahlen zu müssen. Immerhin handelt es sich hier um

meine persönlichen Daten! Die Auskunft, die einige Tage später in meinen Briefkasten flatterte, brachte wenig Aufschluss. Beim sogenannten Schufa-Basisscore kam ich auf 94,13 von möglichen 100 Prozent. Dieser Wert soll wohl grob gesagt eine Aussage darüber treffen, wie kreditwürdig ich bin. Also eigentlich alles bestens. Neben diesem Scoring-Wert gab das Schreiben Auskunft über mein Girokonto, die bisherigen Kredite und meinen Mobilfunkvertrag. Ich war verwirrt und konnte mir nicht vorstellen, tatsächlich aufgrund dieser Daten abgewiesen worden zu sein. Viel weiter war ich jetzt also nicht.

Hintergrundinformation: Schufa-Scoring

Zunächst gibt es den Basisscore. Dieser wird dem Kunden übermittelt, wenn er von seinem Recht Gebrauch macht und eine sogenannte Eigenauskunft über seinen Datenbestand einholt. Der Basisscore wird als Prozentwert übermittelt und ist umso positiver, je näher der Wert an 100 Prozent heranreicht. In diesem Fall besagt der Scorewert, dass die Wahrscheinlichkeit groß sein soll, dass der Kunde seinen Kredit zurückzahlt oder das Vertragsverhältnis positiv abgewickelt wird. Der zweite Scorewert ist der Branchenscore, der anders als der Basisscore täglich neu berechnet wird. In der Regel ist dieser Scorewert für die Vertragspartner der Schufa Holding AG maßgeblich und nicht der Basisscore. [...] Der Branchenscore taucht in der Eigenauskunft nicht auf und muss gegen Zahlung einer Gebühr extra beantragt werden. Derzeit legt die Schufa Holding AG die Zusammensetzung der Merkmale des Scorewertes nicht offen.

Quelle: http://www.pressemitteilungen-online.de/index.php/schufa-scoring-so-funktioniert-die-bonitaetspruefung/

Der zweite, und anscheinend maßgebliche, Scoringwert ist also überhaupt nicht Teil der Selbstauskunft. Interessantes und Paranoiastiftendes gab es dazu in diversen Internetforen zu lesen. So kann sich der Wohnort oder ein häufiger Wohnungswechsel negativ aufs Scoring auswirken. Könnte es sein, dass das auf mich zutrifft? Vielleicht gilt Kreuzberg ja als Mekka der säumigen Schuldner? Außerdem bin ich in den letzten fünf Jahren allein innerhalb Berlins dreimal umgezogen. Sind das die Merkmale eines potenziellen Zechprellers? Die Schufa allerdings bestreitet die Verwertung von soziodemografischen Daten der Zusammensetzung von Wohnvierteln. Bei anderen Informationsdienstleistern ist das allerdings gang und gäbe.

Expertenmeinung

Ähnlich erging's mir mal bei einem namhaften Versandhaus. Dort konnte ich plötzlich ohne noch ausstehende Rechnungen o. Ä. nur noch per Vorkasse bezahlen. Ich habe zwar nicht dem Glücksspiel gefrönt, aber wohne wohl im falschen Stadtteil. Geomarketing-Datenbanken weisen Neukölln nicht gerade als einen Bezirk mit hoher Zahlungsmoral aus. Schlimm, so was …

Das Zauberwort lautet »Geoscoring«. Unternehmen ermitteln die vermeintliche Bonität potenzieller Kunden anhand statistischer Durchschnittswerte. Diese werden aufgrund der Lage und Daten eines Straßenabschnitts gebildet. Mit diesen Durchschnittsdaten werden die Einzelpersonen in diesem Bereich über einen Kamm geschoren. Wer in einem vermeintlich problematischen Straßenabschnitt wohnt, der hat verloren.

Was wohl sonst noch so in dieses Scoring der Schufa und anderer Anbieter einfließt? Im Zuge des Versuchs, ans große Geld zu kommen, hatte ich mich bei mitunter recht zweifelhaften Diensten angemeldet – darunter Anbieter für Sportwetten und Online-Casinos. Einzahlungen habe ich über Internetbezahldienste wie PayPal oder moneybookers vorgenommen. Glaubt man Forengerüchten, die besagen, dass die Transaktionsdaten auch gerne weitergegeben werden und schließlich auch bei »Informationsdienstleistern«

Merke

Auch angehende Millionäre müssen mit negativen Beurteilungen durch Geoscoring rechnen. Vor einem Wohnortwechsel ist die potenzielle Nachbarschaft auf ihre kollektive Bonität zu prüfen.

landen, erklärt dies einiges. Die wenigsten Kreditgeber wollen es schließlich mit einer vermeintlichen Spielernatur zu tun haben. Das sind natürlich nur Mutmaßungen. Aber solange ein derartiges Geheimnis um die Art der Daten und die Zusammensetzung des Scorings bei Schufa & Co gemacht wird, ist Skepsis angebracht. Immerhin drang just die Meldung an mein Ohr, dass sogenannte Auskunfteien, wie eben auch die Schufa eine ist, neuerdings auf Anfrage einmal im Jahr kostenlos ihre gesammelten Daten offenlegen und im Zweifel korrigieren müssen. Wie das Scoring zustande kommt, weiß man dann trotzdem noch nicht.

VERÄUSSERUNG VON BESITZTÜMERN

Besitztümer erschweren das Leben unnötigerweise, daher ist es mehr als sinnvoll, sich überflüssiger materieller Güter zu entledigen und diese dadurch in Kapital umzuwandeln. Der Herr Flechsig hat es ganz deutlich vorgeführt. Er verkaufte Mobiltelefon und iPod zu recht ansehnlichen Preisen. Eigentlich sollte man ein Loblied auf ihn singen, da er sich nicht nur von materiellen Werten, sondern gar von den modernen Zwängen der Kommunikationsgesellschaft befreit hat. Sollte man meinen. Hätte er sich nicht direkt danach ein iPhone gekauft, das quasi beide Geräte miteinander kombiniert. Darüber hinaus liegt hier auch noch ein indirekter Regelverstoß vor: Den Verkaufserlös ließ er auf sein Millionärskonto fließen, das Geld fürs neue Kommunikationsendgerät stammte vom privaten Konto – somit also eine Umverteilung und indirekte Sparmaßnahme, die allerdings verboten war. Ich konnte argumentieren, so viel ich wollte, gegen diese Unverfrorenheit konnte ich nichts ausrichten. Florian ließ bereits erste Anzeichen von Rücksichtslosigkeit erkennen und erfüllte dadurch schon eine wichtige Voraussetzung des angehenden Millionärs.

Mag sein, dass ich ein wenig in die Umverteilungstrickkiste gegriffen habe. Aber wozu die ganze Aufregung? Immerhin hab ich nicht Millionen auf ein Schwarzgeldkonto im Ausland verschoben oder einer alten Dame die Handtasche geklaut. Und wie die Konkurrentin schon sagt, handelte es sich höchstens um einen indirekten Regelverstoß. Das stört keinen großen Geist, wie schon damals Karlsson vom Dach zu sagen pflegte. Abgesehen davon hat die Konkurrentin natürlich recht. Übermäßig viele Besitztümer erschweren das Leben. Man neigt dazu, mit der Zeit allerhand Schnickschnack anzusammeln, den man nicht wirklich braucht. Davon kann ich mich natürlich nicht komplett freisprechen. Um dem reichlich belanglosen Verkauf überschüssigen Besitzes eine hochkomplizierte und verkopfte Note zu geben, überlegte ich mir ein Inventursystem für meinen gesamten Hausstand. Ich katalogisierte also jeden einzelnen Gegenstand in meinem bescheidenen Haushalt und bewertete ihn auf einer Punkteskala von 1 bis 10 nach den Kriterien Raumbedarf, Zweckerfüllung, Nutzungsfrequenz, Vielseitigkeit und emotionaler Wert. Da kommen schnell ein paar tausend einzelne Gegenstände zusammen. Diejenigen, die weniger als zwei Nutzungsfrequenzpunkte aufwiesen, hielt ich für entbehrlich – darunter so offensichtlich unnütze und gleichsam wertlose Dinge wie ein Stapel unverständlicher Bedienungsanleitungen oder eine seit Jahren im Regal lagernde angebrochene Packung Spachtelmasse. Aber es gab auch finanziell Vielversprechendes in dieser Liste des ungenutzten Hausrats: eine analoge Spiegelreflexkamera, eine alte Digitalkamera, eine Bohrmaschine, ein MP3-Player, eine Holzkommode aus den Zwanzigerjahren, diverse CDs, Schallplatten, ein Kruzifix, eine externe Festplatte und ein paar kaum getragene Adidas-Sneaker. Auch der emotionale Wert dieser Gegenstände hielt sich, bis auf die olle Kommode, in Grenzen. Ein gewinnbringender Verkauf würde also auch im Nachhinein wahrscheinlich nicht für Gewissensbisse sorgen.

Ich hingegen war von vornherein nicht mit derlei Gütern ausgestattet und konnte wohl mit meiner spärlichen Habe nicht allzu viel ausrichten, doch einen Versuch war es wert. Eine Sichtung des vorhandenen Überflusses ergab, dass ich immerhin auch noch ein altes Mobiltelelefon sowie ein klappriges Damenrad entbehren konnte. Das Telefon – der Klassiker von Nokia – brachte mir trotz hohen Alters und massiver Gebrauchsspuren noch fast 50 Euro ein. Beim Fahrrad war mir Fortuna allerdings nicht sehr gewogen. Nach mehreren gescheiterten Verkaufsversuchen über ein bekanntes Online-Kleinanzeigen-Portal verlor ich die Geduld und ließ mich dazu hinreißen, das Ding an einen Marokkaner für sage und schreibe zwölf Euro zu verschleudern. Eigentlich hatte ich mehr als das Doppelte haben wollen. Immerhin geschah das reinen Gewissens, denn besagter Käufer versicherte mir, dass das für einen guten Zweck sei. Ein schwacher Trost, schließlich war ja auch meine Sache für einen guten Zweck! Immerhin war er Physiker und gab mir noch einen wertvollen Tipp zum Reichwerden: Das Gesetz der Anziehung → *siehe Kapitel 7 »Utopien oder: Best-of unrealisierte Geschäftsideen«* sollte mir dabei helfen.

Im Laufe der Zeit tat sich neben eBay noch eine weitere Gelegenheit zur Veräußerung auf: eine Internet-Plattform, genannt »momox«, die alte CDs und Bücher ankauft. Einfach den Barcode bzw. die ISBN-Nummer eintippen – schon erhält man Auskunft über den Preis, den die Herrschaften dafür berappen möchten. Man hat nun die Möglichkeit, in ein Formular all die zum Verkauf stehenden Medien einzutippen, am Ende erhält man eine Art Pendant zu einem Bestellzettel, also einen Abholzettel, der zusammen mit den veräußerten Tonträgern/Büchern verpackt und verschickt werden muss. Bei entsprechendem Umfang der Transaktion kann man die Ware auch abholen lassen. Nach kurzer Zeit fließt der zuvor zugesicherte Betrag, sofern an der Ware nichts auszusetzen war, auf das angegebene Konto. Sehr bequem und auch lukrativ, jedenfalls wenn man gerade seine CD-Sammlung auflöst, die nicht nur Kuschelrock- und Europop-Sampler umfasst. Oder wenn man Onkel Hottes Krimisammlung geerbt hat. Für mich wieder mal eine müßige Sache, für eine Handvoll alter CDs bekam ich immerhin gut 20 Euro. Insgesamt war die Besitztumsveräußerung mit unter 100 Euro Erlös nicht sonderlich einträglich bei mir. Kein Wunder, schließlich steht nicht mal etwas in meinem Keller. Konsequenterweise hätte ich vielleicht noch meinen Schreibtisch, meinen Schrank, meine Bücher und die durchgelegene Matratze verhökern sollen, dann hätte ich mich immerhin auf dem harten Boden der Tatsachen wiedergefunden.

Auch ich vertickerte bei momox einen Teil meiner CD-Sammlung. Schon seit Jahren verstaubten die Zeugnisse haarsträubenden adoleszenten Musikgeschmacks im Regal. 2Unlimited, Dr. Alban und seine Freunde waren jetzt immer noch für einen Verkaufserlös von 55 Euro gut. Die ermittelten überflüssigen Hausrats-Highlights verkaufte ich über eBay. Noch mal gut 400 Euro in die Millionärskasse. Gutes Geld – nur zu welchem Preis? Man bedenke nur das Verhältnis von Erlös und Arbeitsaufwand. Und vielleicht geht es ja nur mir so, aber es scheint, als wäre das Online-Auktionshaus ein Sammelbecken für paranoide Nervensägen. Anders kann man sich so manche Reaktion wohl kaum erklären. Beispielsweise die eines Menschen, der mein Handy ersteigert hatte. Eine halbe Stunde nach Auktionsende hatte ich folgende verstörende Mail im digitalen Briefkasten:

Hallo Hr. Flechsig,
habe probiert sie telef. zu erreichen. leider ohne Erfolg. Ihr Name ist in Berlin nur soweit bekannt, das ich mehrfach die Auskunft bekam, das sie von aufgebrachten eBayer gesucht werden. Bitte erklären sie mir dies! Teilen sie uns eine aktuelle Adresse mit unter welcher wir sie erreichen können. mfg. H&P

Was für eine Frechheit! Da telefoniert dieser Typ ziellos in der Weltgeschichte rum, anstatt einfach eine stinknormale Mail zu verfassen. Und dann noch diese bescheuerten Abkürzungen! MFG – am Arsch! Interessant, dass mein Name in Berlin derart sagenumwoben sein muss. Florian Flechsig ist: *der eBay-Schurke.* Der Herr bestand übrigens noch darauf, mit mir zu telefonieren, bevor er das Geld überweisen würde. Irgendwie konnte ich ihn dann davon überzeugen, dass es keinen Grund zur Sorge gibt.

An dieser Stelle soll auch ein weiterer Klassiker, seine alten Sachen feilzubieten, Erwähnung finden: der Flohmarkt. Ich habe in meinem Leben bisher dreimal an einem Flohmarkt teilgenommen. Das erste Mal war ein voller Erfolg: An der Straße des 17. Juni konnte ich allerhand Touristen rührseligen Plunder und irdene Gefäße aus sozialistischen Zeiten aus dem Familienbesitz andrehen. Mit nahezu einhundert Prozent Ramsch erwirtschaftete ich 250 Euro nach Abzug der Standmiete.

Zwei Jahre später versuchte ich erneut mein Glück, diesmal allerdings am Boxhagener Platz – vermutlich *die* Flohmarktinstitution in Friedrichshain, wenn nicht gar in ganz Berlin. Die Ware war um einiges hochwertiger als beim ersten Mal, doch die Kundschaft umso verwöhnter. Szenemenschen, vor allem Prenzlberger und eben Friedrichshainer, erwiesen sich als anspruchsvolles und zugleich übersättigtes Publikum, das selbst den einen Euro für ein Buch herunterhandeln musste. Ganz zu schweigen von den verwöhnten Großstadtbälgern, die die herbe Schönheit gebrauchten Spielzeugs nicht annähernd zu würdigen wussten. Ein abruptes Ende fand dieser Besuch, als von einem nahestehenden Baum ein nicht unerheblicher Ast abbrach und die umliegenden Stände verwüstete, einige Menschen verletzte und mir und meinen Standgenossen einen gehörigen Schock versetzte. Doch weil man der Angst bekanntlich ins Auge se-

Merke
Alles raus, was keine Miete zahlt!

hen muss, fand ich mich bereits ein Jahr später erneut am Platze ein, um aus meinen wenigen Habseligkeiten noch ein wenig Geld herauszupressen.

HEAVY METALL

Die natürlichen Ressourcen unserer lieben Erde neigen sich dem Ende entgegen, die Wälder sind abgeholzt, Kohlegruben leergeräumt, Erzminen ausgebeutet – dieser Umstand lässt sich hervorragend für die eigenen finanziellen Zwecke ummünzen, denn der moderne Mensch hat sich diesbezüglich etwas Schönes einfallen lassen: die Wertstoffrückführung. Aus Alt mach Neu. Recycling ist das Zauberwort. Vor allem der Schrottsektor birgt hier einiges an finanziellem Potenzial. Das hat auch die Deutsche Bahn schon mehrmals an ihren Oberleitungen zu spüren bekommen. Wer altes Metall an einen Schrotthandel abtritt, wird geradezu fürstlich entlohnt – es sei denn, es ist gerade Finanzkrise.

Durch Zufall gelangte ich an einige alte Gerätschaften, denen ich ihren wertvollen Inhalt entreißen wollte, um diesen in Bares zu verwandeln. Gelagert wurden ebendiese auf dem heimischen Grundstück meiner Eltern, die natürlich hofften, dass ich das kostbare Gut so schnell wie möglich abtransportieren würde, verliehen sie dem Gartenidyll doch einen etwas unansehnlichen Touch. Nachdem ich einen Tag lang die schwere Fracht auseinandergenommen hatte, ergab sich eine schöne Menge an wertvollem Schrott: schätzungsweise hundert Kilogramm Edelstahl und ein paar Brocken Aluminium. Auch auf Kupfer hatte ich spekuliert, doch das fand sich leider nicht an. Der Vater unterstützte mich mit fachkundigem Rat bei der Metallsichtung.

Nachdem alles auseinandergenommen war und zum Abtransport bereitstand, kam die große Ernüchterung: Ein erster Blick in die Weiten des allwissenden Internets offenbarte, dass sich die Preislage im Schrottsektor erheblich verändert hatte. Noch im Frühsommer hörte man von 1,30 Euro und mehr pro Kilogramm Edelstahl. Ein Umstand, der mich überhaupt erst dazu bewogen hatte, mich auf dem Metallsektor zu versuchen. Doch was musste ich nun feststellen? Dreißig, allerhöchstens vierzig Cent waren Schrotthändler nur wenige Monate später bereit, für ein Kilogramm desselben zu zahlen. Die Finanzkrise war natürlich an allem schuld. Nun ja, die eigentlich Leidtragenden während der folgenden fünf Monate waren meine Eltern, die notgedrungen den Schrotthaufen in ihrem Vorgarten beherbergen mussten. Als schließlich die Preise wieder halbwegs lohnenswert waren, machte ich mich zusammen mit meinem Vater (denn ich brauchte ja ein Transportmittel und einen Verhandlungsführer) auf den Weg zu einem Schrottplatz in Berlin-Moabit – nach umfangreicher Recherche die vielversprechendste Adresse für diesen Zweck. Die gesamte Ladung, etwa 110 Kilogramm Stahl und weitere acht Kilogramm Aluminium, brachte etwa 120 Euro ein. Unglücklicherweise verlangte der Vater die Hälfte des Ertrags für Lager- und Transportkosten.

Merke
Ein gemischtes Depot und großzügige Anlagezeiträume erlauben größtmögliche Gewinne. Bei sich abzeichnenden Verlusten sollten wertlose Metalle jedoch schnell abgestoßen werden.

SCHNORREN 2.0

Eine beliebte Form des Gelderwerbs in gesellschaftlichen Randgruppen stellt das Schnorren dar. Ob Problemjugendlicher, Obdachloser oder Freizeitgammler, bei dieser Tätigkeit sind Kommunikationsfähigkeit und ein gepflegtes Auftreten gefragt, um seine Vorzüge als verdienter Empfänger einer kleinen Zuwendung bestmöglich hervorzuheben. Kleine Defizite in der äußeren Erscheinung lassen sich leicht durch das Mitführen sympathischer Maskottchen wie Tiere oder Kinder überspielen.

Wer jedoch den direkten Umgang mit Menschen scheut oder sehr hässlich ist, dem hilft wie immer das Internet. Auf einer eigenen Website kann man mithilfe eines Spendenlinks zu Paypal oder ähnlichen Dienstleistern beziehungsweise der Nennung der eigenen Bankverbindung ebenso effizient wie zeitsparend um Geldzuwendungen werben. Einmal eingerichtet und mit einer schönen Geschichte garniert, die die Notwendigkeit dieser Maßnahme anschaulich illustriert, wird ein ständiger Geldfluss sichergestellt, sofern man über die entsprechenden Besucherzahlen verfügt. Auch im Internet kann man mit Tieren den moralischen Druck auf potenzielle Spender erhöhen. Bestes Beispiel dafür ist der Erpressungsversuch eines Herrn Krohm, der 2005 auf seiner Website damit drohte, das süße Häschen Bernd zu schlachten, sollte nicht rechtzeitig die geforderte Geldsumme durch Spenden zusammenkommen. Anscheinend hatte er damit einigen Erfolg, doch Bernd musste trotzdem dran glauben. Wenn auch vermutlich nur in der digitalen Fantasie.

Expertentipp
kannst natürlich auch ein kind verstümmeln und bettelnd auf die straße setzen – damit kann man so viel geld verdienen, dass du es später mit dem mercedes abholen kannst

Man darf sich wie beim analogen Pendant natürlich nicht in Zurückhaltung üben. Durch negative oder unqualifizierte Kommentare sollte man sich ebenso wie beim Schnorren in der Fußgängerzone nicht aus der Ruhe bringen lassen. Fragen nach der Verwendung des Geldes am besten mit einer Gegenfrage beantworten und auf die Zusammenhänge im kausalen Gefüge der Marktwirtschaft verweisen, das wirkt entwaffnend und sympathisch zugleich.

Merke
Fragen kostet nichts.

DER KÖRPER ALS KAPITAL

Sex sells. Das weiß heutzutage jedes Kind. Welche Verdienstmöglichkeiten ergaben sich wohl in körperlicher Hinsicht? Prostitution kommt einem da womöglich als Erstes in den Sinn. Doch darin sah ich nicht gerade meine berufliche Erfüllung. Mal abgesehen von einigen unschönen Nebeneffekten wie den Auswirkungen auf das gesellschaftliche Ansehen. Telefonsex wäre eine weniger schmuddelige Alternative. Also her mit der 0190er-Nummer und schon kann es losgehen. Oder doch getragene Unterwäsche feilbieten? Als Frau kann man damit bestimmt einiges verdienen.

Eine interessante Variante des Unterwäschethemas bieten auch Internetseiten, auf denen man sogenannte »Körperabfälle« verkaufen kann. Dieser Hinweis kam von einer Expertin und führte mich zu www.pantiesparadise.de, wo man neben getragenen Höschen vom alten Haargummi über Gipsabdrücke von Ärschen, abgefüllte Körperflüssigkeiten, benutztes Klopapier bis hin zum Abonnement für die täglich anfallenden Badabfälle wirklich alles findet, was das Fetischherz begehrt. Ganz schön beachtlich. Aber auch ganz schön ekelhaft. Und da wären wir wohl beim Haken an all diesen Sachen: Ich bin für solcherlei Dinge insgesamt überhaupt nicht zu haben. Manche mögen das prüde nennen. Doch was soll's – so will ich nicht reich werden. Obwohl auch Experten eine Menge solcher oder ähnlicher Tipps auf Lager hatten. Vermutlich kann man als Frau nur reich werden, wenn man etwas mit Sex macht. Beate Uhse ist hier als positives Beispiel anzuführen. Obwohl die Dame natürlich in einer ganz anderen Liga gespielt hat.

Expertentipp

Ich weiß eine Aktion mit der du vielleicht viel geld machen kannst. Diese Idee wurde dir vielleicht schon gesagt oder du hast selbst drüber nach gedacht: Ein Kalender mit Dessous bilder von dir, du siehst gut aus und es gibt bestimmt sehr viele kunden.

Eine weitere und zugleich gesellschaftlich hoch angesehene Möglichkeit, den Körper mithilfe des Sexappeals zum Gelderwerb zu nutzen, bestünde natürlich darin, Hollywoodschauspielerin oder Supermodel zu werden. Da ich kein schauspielerisches Talent besitze, müsste ich es wohl besser als Model versuchen. Mit einem Gewicht von nahezu 70 Kilo bei einer Körpergröße von 1,70 Meter müsste ich vielleicht noch ein bis zwei Kilogramm abnehmen, um auch bei den großen Haute-Couture-Schauen dabei sein zu können. Oder aber ich mache es wie die Frau Stahnke und präsentiere einem interessierten Fernsehpublikum erst einmal meine inneren Werte, um dann doch noch in Hollywood groß rauszukommen.

Merke
Ein gesunder Geschäftsgeist in einem gesunden Körper.

OZAPFT IS!

Eine Möglichkeit, jenseits von Prostitution und Pornografie aus dem eigenen Körper Kapital zu schlagen, sind Medikamententests und das Spenden von Blut oder Blutplasma. Da für Medikamententests eine relativ lange Vorlaufzeit mit aufwendigen Untersuchungen besteht und die Auswahl an Tests, für die gesunde Menschen erforderlich sind, eher klein ist, kann es lange dauern, bis man etwas Geeignetes findet. Alle verlockenden Angebote, die ich auftun konnte, musste ich entweder als »zu jung«, »zu alt« oder »zu gesund« wieder verwerfen. Mit Diabetes oder Depressionen hätte ich da eindeutig bessere Chancen gehabt.
Blieb also, medizinisch benötigte Flüssigkeiten zu spenden. Nach kurzer Recherche war klar: Plasma kann man sehr viel öfter spenden als Blut, etwa alle fünf Tage, wohingegen Blut höchstens alle sechs Wochen entnommen werden darf. Zudem bekommt man für Blut nicht immer und überall

auch Geld, da eine solche Spende eher als lebensrettende Maßnahme in Notfällen benötigt wird und man ja auch selbst einmal betroffen sein könnte. Wer dafür Geld verlangt, sollte sich schämen. Die Plasmaspende hingegen ist ein rein kapitalistisches Unterfangen und daher frei von moralischen Bedenken. In »Plasmaspendezentren« wird den Spendewilligen wie am Fließband das kostbare Gut entnommen und es ist auch völlig klar, dass es dafür eine Entschädigung gibt. Natürlich spendet man auch hier für einen guten Zweck, allerdings werden solche Zentren von Pharmaunternehmen betrieben, um daraus Medikamente herzustellen, die ja auch wieder verkauft werden. Also keine falsche Betroffenheit und auf in die nächstgelegene Zapfstation. Ich entschied mich für eine »Filiale« der ZLB Plasma Services in Berlin-Mitte.

Ich wurde freundlich empfangen und musste zunächst einige Formulare ausfüllen, bevor es zu einer ersten Begutachtung durch das Fachpersonal an einem der vielen Counter kam. Die zuständige Mitarbeiterin durchforstete meine Formulare auf etwaige Unzulänglichkeiten und wurde zusehends positiver gestimmt. »Haben Sie eine Tätowierung? Nein? Wie schön.« Wenig später dann: »Piercings? Nein? Ohrlöcher? Keine Ohrlöcher? Hervorragend!« Geradezu euphorisch wurde sie, als sie schließlich die Venen an meinen beiden Armen ins Visier nahm: »Aaaaaaah! Wunderbar!«. Für einen kurzen Moment wähnte ich mich unter einem Rudel hungriger Vampire.

Bei ihrem ersten Besuch in diesem ominösen Zentrum begleitete ich die Frau Feller, einerseits um Fotos für Dokumentationszwecke zu machen, andererseits wollte ich mir das auch einmal anschauen. Vielleicht wäre das auch für mich eine gute Geldeinnahmequelle. Doch ein erster Blick in die verglaste Spenderhölle ließ mich erschaudern … Schnell war mir klar, dass ich mich auf keinen Fall in die Hände dieser Blutsauger begeben würde. Ich hielt mich also unauffällig im

Hintergrund, nahm auf der Wartebank Platz und blätterte in den bereitgestellten Zeitschriften.

Nach einer ausgiebigen ärztlichen Voruntersuchung, Blutbild, AIDS- und Hepatitis-Tests und dergleichen mehr, weiteren Formularen und eidesstattlichen Versicherungen, die vor jeder Spende wiederholt werden müssen (»Nein, ich habe mir seit meinem letzten Besuch im Plasmaspendezentrum kein Heroin gespritzt«), kann es losgehen. In einem Raum mit etwa 40 Spenderliegen wird man an eine Maschine angeschlossen. Dafür legt zunächst eine Bedienstete den Zugang, der in eine summende Maschinerie führt, die das Blut aus der Vene zapft. Zur Unterstützung des Blutflusses muss man ab und zu ein dafür vorgesehenes Stück Schaumgummi drücken. Das Blut wird in der Maschine in feste und flüssige Bestandteile getrennt und das flüssige Plasma in einem Behälter aufgefangen. Pro Spende immerhin fast ein Dreiviertelliter.

Die festen Bestandteile werden anschließend zusammen mit Kochsalzlösung in die Vene zurückgeführt. Diese Trennung und die anschließende Rückführung der nicht benötigten Teile ermöglichen auch die bereits erwähnte Häufigkeit des Spendens. Beim Blutspenden gehen alle Bestandteile verloren und die Bildung der roten Blutkörperchen dauert relativ lange. Plasma hingegen wird sehr schnell wieder neu gebildet. Der eigentliche Spendevorgang dauert etwa 30 Minuten. Je nachdem, wie lange man vorher warten muss, kann sich der gesamte Zeitaufwand allerdings auch locker auf drei Stunden belaufen.

Hat man genügend Zeit und keine Angst vor Blut und Spritzen, ist die Plasmaspende die ideale Lösung für den kleinen Gelderwerb zwischendurch. Pro Spende erhält man 20 Euro, außerdem gibt es Bonuszahlungen für Stammspender. Wer sich regelmäßig dem Prozedere unterzieht, bringt es locker auf etwa 100 Euro im Monat. Obendrauf gibt's noch kostenlose ärztliche Rundumuntersuchungen. Was will man mehr?

Merke
Spende gut – alles gut.

WANDELNDE WERBUNG

Man sieht sie bei Regen und bei Sonnenschein, mal im schlichten Sandwichplakat, mal im Grillhähnchenkostüm: die Werbeboten der modernen Großstadt. Sie haben einen offenkundig sehr entspannten Job und sind immer an der frischen Luft. So eine Gelegenheit müsste man doch auch einmal auftun. Für das Anhäufen von Startkapital sollte mir nichts zu doof sein. Und so schaltete ich eines schönen Tages eine Anzeige auf dem Marktplatz kijiji.de, in der ich diverse Dienstleistungen feilbot, unter anderem das Tragen von Kleidung für Werbezwecke. Zwar erhielt ich einige Antworten, doch etwas Verwertbares war nicht dabei.

Im Laufe unseres Projekts tat sich dann aber doch noch eine lukrative Möglichkeit auf, als wandelnde Werbebotschafterin in Erscheinung zu treten. Ich warb für ein IT-Consulting-Unternehmen über mehrere Wochen mithilfe einer schönen grauen Baseballkappe, bestickt mit dem Firmenlogo. Kurz zuvor äußerte ich auf meinem Blog, dass ich überlegte, mir ein Tattoo zu Werbezwecken stechen zu lassen. Nach den empörten und warnenden Reaktionen der Leserschaft bezüglich dieses Vorhabens verwarf ich aber den Gedanken wieder zugunsten der Kappe.

Dass ich da nicht vorher drauf gekommen bin! So kann man sich einmal fühlen wie Axel Schulz, der schon seit Jahren festes Inventar der beliebten Chartshows von Oliver Geißen ist und stets eine Sponsorenkappe trägt. Weil ich solche Kopfbedeckungen sehr unkleidsam finde, habe ich mir Alternativen überlegt. Wie wär's denn beispielsweise mit einem großen Aufnäher auf der Rückenpartie der Jacke? Oder auf der Gesäßtasche der Jeans? Naja, wenn man auf zeitraubende Stickarbeiten steht, ist das sicherlich nicht schlecht. Ich entschied mich für die

Expertentipp
Du solltest von Bench Geld dafür verlangen, dass Du ihren Pulli trägst.

kostengünstige Alternative: Aufkleber aus dem heimischen Drucker. Die zu füllende Werbefläche bot ich bei eBay an. Für den Zeitraum von drei Monaten wollte ich mich in diesem Aufzug öffentlich zur Schau stellen. Zur Veranschaulichung noch ein paar Bilder – fertig. Das Problem war nur, dass ich als Werbefläche anscheinend keine große Attraktivität ausstrahlte. Nur so lässt sich erklären, dass auch nach sieben Tagen noch kein Gebot auf dieser fantastischen Auktion zu verbuchen war. Na gut. Dann eben nicht. Aber so musste ich mich wenigstens nicht zum Vollhonk machen. Immerhin hätte auch ein Hersteller für Inkontinenzprodukte ein Gebot für einen Euro abgeben können.

Auch wenn es zunächst recht simpel klingt, aber es ist tatsächlich gar nicht so einfach, ständig mit einer Baseballkappe herumzulaufen, und es erfordert doch mitunter eine beachtliche Portion Überwindung, vor allem wenn man sich samstagabends durch einen vermeintlich angesagten Stadtteil bewegt. Ich hatte immer das Gefühl, dass ich von meinen Mitmenschen gemustert wurde. Vielen schien die Frage ins Gesicht geschrieben, weshalb ich, eine Frau Mitte zwanzig in ganz normaler Straßenkleidung, eine Kappe trug, auf der so offensichtlich Werbung platziert war. Ein Basecap mit dem Markenzeichen eines Sportartikelherstellers hingegen wäre vermutlich kaum aufgefallen. Doch immerhin: Die ganze Sache spülte schließlich 150 Euro in meine gähnend leere Millionärskasse.

Im Gegensatz zu einer erfolglosen Aktion ein paar Wochen vorher: Ich hatte mich bei einer Online-Plattform angemeldet, die darauf spezialisiert ist, die Rückseiten von Laptops zu vermarkten. Die Werbeträger waren größtenteils Studenten wie ich und mussten einen Aufkleber mit der entsprechenden Werbebotschaft auf ihrem Laptop anbringen. Soweit alles kein Problem. Über den gesamten Kampagnenzeitraum hinweg (sechs Wochen) musste ich jedoch zweimal pro Woche ein Foto von mir auf diese Portalseite laden, das bewies, dass ich mich samt zur Schau gestelltem Laptop in einer total angesagten Location aufhielt. Mehr als zweimal habe ich das natürlich nicht geschafft, und so gab's am Ende auch keine Kohle für mich. Stattliche 60 Euro waren mir so durch die Lappen gegangen.

Den gescheiterten ersten Versuch schob ich auf mein schlechtes Timing. Und so probierte ich noch einmal mein Glück, als sich mehr Menschen für unsere Unternehmung interessierten. Zu versteigern hatte ich diesmal eine Werbefläche auf der Rückseite meines Laptops. Die Frau Feller sollte doch mal sehen, was eine Harke ist und wie man so was geschickter anstellt. Diesmal hatte ich zwar mehr Glück, denn es fand sich immerhin ein williger Bieter, doch mehr als ein Euro Erlös war nicht drin. Der Höchstbietende platzierte auf meinem Rechner ein Werbebanner für seine Mountainbiker-Website. Ein sehr nerviger Mensch, der schon für seine Werbefläche in meinem Klickvorschlagwohnzimmer → *siehe: Innovatives* um das letzte Pixel gefeilscht hatte. So forderte er auch in diesem Fall eine lückenlose und am liebsten tägliche Berichterstattung mit »Beweisfotos« der Laptoprückseite im Einsatz. In der obligatorischen eBay-Bewertung machte er seinem Ärger Luft: »O.K. Könnten aber mehr Fotos sein.« So ein Heckenpenner. Schade – ich hatte meine Standardbewertung »Alles bestens – gerne wieder« bereits abgegeben. Im Gegenzug blieb mir nichts anderes übrig, als den bescheuerten Aufkleber in fummeliger Kleinarbeit abzuknibbeln. Von den Überresten schoss ich noch ein schönes Foto.

Merke
Ein Basecap macht noch keinen Boxprofi.

BACKWAREN

Als sich die Weihnachtszeit näherte, wurde von mehreren Seiten der Wunsch nach Weihnachtsbäckerei an mich herangetragen. Eltern und Freunde schätzen meine exquisiten und vor allem schmackhaften Konditoreierzeugnisse sehr. Ja, ich kann ohne Übertreibung sagen, dass meine Kreationen stets gerne gegessen werden und auch als Geschenk immer Freude bereitet haben. Doch gerade für diese Tätigkeit sind Zeit und Muße unabdingbar. Hektik ist da völlig fehl am Platze. Sonst kann man es gleich vergessen. So wehrte ich alle Vorstöße diesbezüglich vehement ab, war ich doch gerade in der Millionärswerdung gefangen und hatte keine Zeit fürs Backen. Bis mir schließlich der Vater vorschlug, meine Mühen finanziell zu entlohnen. So sah die Sache natürlich schon anders aus und unter diesen Voraussetzungen würde ich sicherlich die eine oder andere Mußestunde finden. Doch um ausreichend Kapital aus der Sache zu schlagen, musste ich die Sache noch ausweiten. Think big. Ich entschied mich dazu, eine nicht unerhebliche Menge an Gebäck herzustellen und diese im großen Stil zu vertreiben.

Zunächst musste ich festlegen, welche Gebäcksorten ich herstellen wollte. Um für jeden Geschmack das Passende zu haben, entschied ich mich für sechs verschiedene Sorten. Der Einkaufszettel umfasste zwar nur eine Seite, doch die Mengen an Mehl, Butter, Zucker, Nüssen und Eiern ließen das Kommende bereits erahnen, als sie sich auf dem Küchentisch türmten: Es würde harte Arbeit werden. Zwei Tage benötigte ich für die Herstellung der verschiedenen Teige und das Backen. Bei all der Plackerei durfte ich jedoch die wichtigsten Tugenden nicht vernachlässigen: Geduld und Präzision. Nur so gelingt ein wirklich gutes Gebäck. Vor allem die Geduld wurde auf eine harte Probe gestellt. Mehrere hundert Plätzchen annähernd gleich aussehen zu lassen ist bei Weitem kein Kinderspiel.

Als sich schließlich mehrere Kilogramm Gebäck auf dem Küchentisch stapelten, konnte ich kurz durchatmen, bevor ich mich ans Verpacken machte: Sortenweise abgepackt in kleine, mit Sternchen bedruckten Tüten und mit einem schönen Aufkleber versehen, ließ sich das fertige Werk durchaus sehen. Nachdem neben meinen Eltern noch weitere Großabnehmer im Verwandten- und Bekanntenkreis gefunden waren, machte ich mich an die Auslieferung. Meine Kalkulation hatte ergeben, dass sich bei einem Preis von 2 bis 2,50 Euro pro 100 Gramm (je nach Sorte) ein Reingewinn von etwa 350 Euro ergeben würde. Und tatsächlich konnte ich alle Plätzchen unters Volk bringen. Ein schöner Erfolg, der auch nicht durch die abfälligen Kommentare des Kontrahenten geschmälert werden konnte, der meine Aktion als lächerlich und kleingeistig abtat. Sollte er doch. Hatte sich hier womöglich eine lukrative Geldquelle für mich aufgetan? Sollte ich gar eine Konditorei eröffnen? Manchmal entwickelt sich ja aus einer simplen Geschäftsidee die ganz große Nummer. Man denke nur an die Gebrüder McDonald, die auch mit einer einfachen Burgerschmiede anfingen. Da kann man sich noch eine Scheibe abschneiden in Bezug auf das gewisse Etwas. Zum Beispiel könnte ich die erste Konditorei mit Drive-In-Funktion ins Leben rufen: die »Fahr-vorbei-Konditorei«.

Merke
Heute back ich, morgen brau ich und übermorgen bin ich Millionär.

DER DIGITALE HAUFEN
OK

In dem Buch ›The Long Tail‹, oder zu Deutsch ›Der lange Schwanz‹ von Chris Anderson geht es nicht, wie man vermuten könnte, um bahnbrechende wissenschaftliche Erkenntnisse der Genitalvergrößerung, sondern um neuartige Vermarktungsmöglichkeiten im Internet. Hierin wird vor allem der Blick auf die Nischen abseits des Mainstream-Marketings geschärft. Mit der passenden Idee und nötigen Spezialisierung auf ein Betätigungsfeld, das aufgrund seiner eher geringen Erträge noch vor ein paar Jahren kaum rentabel war, lässt sich heutzutage mit modernen Mitteln tatsächlich eine Menge Geld machen. Man stelle sich einmal ein Spezialgeschäft für mongolisches Reiterzubehör vor. Auch in der besten Geschäftslage würde solch ein Geschäft binnen kurzer Zeit den Bach runtergehen. Wer aber schlau ist und so etwas gut aufzieht, kann im Internet genau diese Nische ausfüllen. Und damit noch gutes Geld machen. Auch abseits von mongolischem Reiterzubehör lässt sich so von zu Hause aus der eine oder andere Euro erwirtschaften und das lästige Flaschenschleppen zur Gewinnung von Startkapital vermeiden.

NEUES VOM CLIXER

Einer der vielen Blogleser-Expertentipps lautete, doch einmal sogenannte Paidmailer auszuprobieren. Hinter diesem seltsamen Fremdwort verbergen sich Dienste, die dafür bezahlen, dass man Werbe-E-Mails liest. Dieses Prinzip gibt es in vielen Varianten von unzähligen Anbietern. Nach kur-

zer Recherche entschied ich mich für den wohlklingenden Dienst »earnstar.de«, angeblich einer der etabliertesten und mitgliederstärksten. Also schnell das Registrierungsformular ausgefüllt und los! Hier eine fantasievolle Variante des Vornamens und da ein Zahlendreher bei Anschrift und Telefonnummer kann unter Umständen vor ungewollten Produktofferten schützen. Man weiß ja nie, bei wem die mit den Daten hausieren gehen. Die Registrierung war schnell erledigt. Auf meiner persönlichen earnstar-Seite wurden mir fortan allerhand lukrative Angebote unterbreitet. So zum Beispiel die Teilnahme am »iPhone Gewinnspiel«. Dafür winkte eine earnstar-Gutschrift von 1,50 Euro. Schmales, aber schnell verdientes Geld, will man meinen. Und vielleicht gewinnt man ja auch noch.
Doch Vorsicht ist geboten. Ein Blick in die AGB hält so manche Überraschung parat. Zum Beispiel, dass die Daten zu Werbezwecken an Dritte weitergegeben werden können. So scheint es, dass viele Gewinnspiele diese Bezeichnung wörtlich nehmen: so viele Daten wie möglich zu sammeln, um diese dann gewinnbringend zu vermarkten. Also beließ ich es bei dieser einen Teilnahme und entschied mich für die Kleckerbetragvariante des Werbemail-Lesens. Täglich trudelten ein oder zwei earnstar-Mails ein. Über einen Bestätigungslink in der Mail erhält man eine Gutschrift zwischen einem und sechs Cent. Man kann sich denken, dass es recht langwierig ist, mit dieser Methode an ein Vermögen zu kommen. Inzwischen bin ich schon fast seit einem Jahr dabei und bei einem Guthaben von 13 Euro angelangt. Ambitioniertere Menschen versuchen, den Umsatz durch geworbene Neumitglieder zu erhöhen. Man spricht hier von sogenannten Refjägern (kurz für Referral-Jäger). Von den gelesenen und bestätigten Mails profitiert nicht nur der Werber, sondern auch der Geworbene. Das geht sogar weiter bis in die vierte Ebene. Wirbt das geworbene Mitglied also weitere Mitglieder, verdient man immer mit.

Eine stilistisch und grammatikalisch stark verbesserungsfähige Variante der Paidmailer ist »Superclix«. E-Mails mit Betreffs wie: »Yvonne, gewinnen Sie ein 600 Euro IKEA Gutschein!«, »Yvonne günstig in alle deutschen Netze SMSen?« oder »Yvonne, Zeit für neues Körpergefühl nach Weihnachten!« überschwemmen seit nunmehr anderthalb Jahren täglich mein virtuelles Postfach. Ein Klick auf das eingebettete Werbebanner öffnet ein Browserfenster mit den entsprechenden Informationen und beschert dem »Clixer« zwei »Clix«. Haben sich diese auf 1.000 oder mehr summiert, kann man sich den schönen Betrag von zehn Euro oder entsprechend mehr auszahlen lassen. Wenn man nach dem »Clix« auf die entsprechende E-Mail auch noch an einem Gewinnspiel oder einer Umfrage teilnimmt, winken zwischen zehn und 30 weitere »Clix«. Beim Kauf eines beworbenen Produktes sogar bis zu 600! Verlockend. Immerhin habe ich es ohne Produktkäufe und lediglich mithilfe einiger Umfragen und Gewinnspiele binnen eines Dreivierteljahres auf 2.000 Clix gebracht und erhielt tatsächlich innerhalb weniger Tage den angeforderten Betrag von 25 Euro.

Allerdings führte das auch recht schnell zu unzähligen Belästigungen, und das, wo ich doch fast überall den gleichen Zahlendreher eingebaut hatte. Zu Hochzeiten waren das locker zehn unerwünschte Telefonate am Tag. Auch das Abbonieren von Newslettern über diesen Dienst trieb mitunter seltsame Blüten. Schnell verdiente Clix im Tausch gegen meine E-Mail-Adresse schienen ein gutes Geschäft, zumal die bestellten Newsletter ohnehin alle in einem separaten Postfach landeten. Meine Versuche, mich eine Woche später wieder abzumelden, glückten zwar zu 90 Prozent, verifizierten allerdings auch meine E-Mail-

Merke
Ein Kaufmann macht durch allzu großes Rühmen die Ware, die ihm feil ist, nur verdächtig. Das wusste schon Horaz.

Adresse und so erhielt ich pro Abmeldung geschätzte 20 neue Newsletter. Angebote für Genitalvergrößerungen sind zwar bislang noch nicht dabei, dennoch ist das ein beachtlicher Schwanz, der immer länger wird.

JEDE MEINUNG ZÄHLT

Eigentlich war ich auf der Suche nach sogenannten microjobs. Das sind klitzekleine stupide Arbeiten, die kein Computer erledigen kann. Zum Beispiel Schrift auf Bildern identifizieren, die Relevanz von Werbebannern bezüglich bestimmter Suchbegriffe bewerten oder automatische Übersetzungen korrigieren. Die Suche nach derlei Aufträgen gestaltete sich recht schwierig und ich fand immer wieder zurück zu Amazon mit seiner Plattform »Mechanical Turk«. Doch bei denen gab es leider einen Haken. Voraussetzung für die Auszahlung der Geldbeträge war, dass man ein US-amerikanisches oder wahlweise indisches Bankkonto vorweisen konnte. Findige Leute hätten sich jetzt einfach eins besorgt, doch der Aufwand für vermutlich recht wenig Lohn hielt mich davon ab. Denn das ist natürlich der Knackpunkt. Solcherlei Tätigkeiten bringen erst mal verdammt wenig Geld. Im Schnitt zwischen zwei und fünf Cent für einen sogenannten HIT (Human Intelligence Task). Das rechnet sich natürlich erst, wenn man sehr schnell und effizient ist, doch selbst dann kommt man wohl selten über fünf Dollar pro Stunde. Für Inder mag das okay sein, für mich ist das nix. Also wieder ein paar Stunden für Recherche in den Sand gesetzt.
Doch dadurch stieß ich immerhin auf etwas Ähnliches wie die Paidmailer: bezahlte Umfragen. Die erste Plattform, auf der ich mich anmeldete, hatte den wohlklingenden Namen »In your opinion« und konnte mit vollmundigen Versprechungen aufwarten: Eine Umfrage würde etwa zehn Minuten

dauern und zwischen fünf und zehn Euro einbringen. Bereits ab 20 Euro konnte man sich sein Guthaben auszahlen lassen. Klang verlockend. Auf die erste Umfrage musste ich zehn Tage warten, dann bekam ich per Mail eine »Einladung zu einer Umfrage: Konsolen Spieler (XBox…)«. Zwar besaß ich kein derartiges Gerät, doch nahm ich die Einladung an und folgte dem eingebetteten Link. Noch bevor es losging, wurde ich in zweierlei Hinsicht enttäuscht. Zum einen sollte die Umfrage etwa 20 Minuten dauern, zum anderen gab es dafür nur zwei Euro. Mir war eigentlich schon klar, dass kein Mensch für zehn Minuten Frage-Antwort-Spielchen zehn Euro rausrücken würde und deshalb regte es mich nicht weiter auf. Stattdessen machte ich mich an die Umfrage. Nach zehn Minuten Fragerei über alles Mögliche (meine Wohnsituation, Haushaltseinkommen, meinen Internetanbieter, meinen Mobilfunkanbieter und so fort), nur nicht über besagte Spiele-Konsolen, brach die Umfrage ab. Ich erhielt die tröstende Nachricht, dass sie schon genügend Teilnehmer mit meinen Parametern im Boot hatten und mich also nicht gebrauchen könnten. Leider würde ich natürlich auch das Geld nicht bekommen, aber schon bald käme bestimmt eine neue Umfrage für mich. Oh nein. Ganz bestimmt nicht. Umgehend meldete ich mich wieder ab. Meine geheime Ahnung, dass das eine ganz raffinierte Methode ist, um schöne handliche und vor allem ganzheitliche Datenpakete zu schnüren, behalte ich aber für mich. Nicht, dass man da Ärger bekommt. Eigentlich aus reiner Neugier meldete ich mich bei einem weiteren Anbieter namens »Lightspeed« an. Gleiches Konzept, gleiche Versprechungen, gleiche Einladungen. Und wer hätte das gedacht: Zwei von mir durchgeführte Umfragen brachen nach jeweils zehn Minuten ab, nicht ohne vorher noch einiges an Informationen herauszupressen. Die selbstverständlich nicht der Wahrheit entsprachen.

Merke
Deine Meinung interessiert kein Schwein!

SPREADSHIRT

Was haben Junggesellenabschiede und ›Deutschland sucht den Superstar‹ gemeinsam? Außer der Tatsache, dass sich bei beiden Angelegenheiten die Hauptdarsteller zum Vollhonk machen müssen? Oder dass man hier wie da kurz davorsteht, langfristige Knebelverträge zu unterschreiben?
Man hat es jeweils mit teilweise recht kunstvoll gestalteten T-Shirts zu tun! Bei den Junggesellen bevorzugt irgendein Motiv, das den Bräutigam im Vollrausch in einer unvorteilhaften Pose zeigt. Bei DSDS ist es die zur Entscheidungsshow angereiste Anhängerschaft der Castingkandidaten, die es sich nicht nehmen lässt, im einheitlichen Look zu erscheinen. Das eigens dafür gestaltete Shirt mit motivierenden Sprüchen darf da natürlich nicht fehlen.
Es scheint also, dass man auch ohne besondere Vorkenntnisse eine eigene Modekollektion auf die Beine stellen kann. Tatsächlich bieten sich im Internet einige Möglichkeiten, ohne großen Aufwand seine eigenen Shirts zu gestalten. Bei manchen Anbietern kann man sogar noch weitergehen: Wer von seinen Gestaltungskünsten besonders überzeugt ist, eröffnet bei einem Dienst wie *spreadshirt* einen eigenen Online-Shop. Mit der lästigen Herstellung hat man nichts am Hut und erhält mit jedem verkauften Kleidungsstück eine Provision. Finanzielles Risiko: Null. Und wenn man es richtig anstellt, lässt sich sogar ganz gutes Geld verdienen.
So wie bei der Geschichte um den siebenjährigen David, der nach einer Narkose beim Zahnarztbesuch noch ziemlich vollgedröhnt ist und die Welt nicht mehr versteht. Der Vater des Jungen filmt die humoristische Szene und stellt das Video für Freunde und Bekannte auf YouTube. Nach drei Tagen hatten sich schon über drei Millionen Menschen den Clip angesehen. Es folgten diverse Einladungen zu Fernsehshows. Reißenden Absatz fanden schließlich auch die eigens gestalteten Merchandise-Artikel wie T-Shirts und Aufkleber. Darauf zu sehen die

tiefgründige Frage des Jungen an den Vater »Is this real life?«. Die Familie hat inzwischen nach eigenen Angaben durch das Video eine »niedrige sechsstellige Summe« eingenommen.

Der *Spreadshop* war eine meiner ersten zeitraubenden Tätigkeiten. Die Idee, online T-Shirts zu vertreiben, klang verlockend und ich meldete mich umgehend an. Doch schon im Anmeldeprozess musste ich die erste schwierige Frage beantworten. Wie sollte mein Shop heißen? Dazu musste ich ja erst mal wissen, welchen Themas ich mich annehmen sollte. Ich wollte natürlich nicht einfach irgendwelche profanen Sprüche wie »Ich bin 30. Bitte helfen Sie mir über die Straße« oder gar Zicken- und Flittchen-Shirts verkaufen. Das gab es ja ohnehin schon. Vielleicht sollte es etwas mit der Million zu tun haben? Während unzähliger Recherchestunden hatte ich immerhin die eine oder andere Perle an Zitaten zum schnöden Mammon ausfindig machen können. Diese in angemessener Form aufs T-Shirt gebannt sollten doch eigentlich ein Verkaufsschlager sein. Gesagt, getan. Und wie sollte das Ganze nun heißen? Nach kurzer Bedenkzeit kam ich schließlich auf den Namen »Geldwäsche«. Komisch eigentlich, dass der noch frei war.

In den folgenden Tagen machte ich mich zunächst an die Shopgestaltung. Einige Anpassungen am Design hier und da, dann noch ein schöner Hintergrund mit Dollarzeichen-Tapete – fertig war mein Shop. Fehlte nur noch ein Produkt. Mein erstes Motiv verschlang etliche Stunden Arbeit. Und wurde prompt nicht akzeptiert, weil es so ornamental verschlungen war, dass es für die Produktion nichts taugte. Dazu ist zu sagen, dass man bei der Bedruckung zwischen zwei Verfahren wählen kann. Da wäre zunächst das Standardding, das man auch von besagten Junggesellenabschieden kennt. Das Motiv wird zuerst auf eine Folie gedruckt und anschließend auf das T-Shirt übertragen. Das ist auch die einzige Möglichkeit, Pixelbilder, also Fotos, aufs T-Shirt zu bekommen. Weil das aber erstens billig und nach Copyshop aussieht und zweitens nach der fünften Wäsche ausgeblichen ist, kam das natürlich nicht in Frage.

Stattdessen die zweite Möglichkeit: Flex- oder Flockdruck. Dabei wird das Motiv von einem Schneidplotter aus einer Folie geschnitten und aufs T-Shirt gepresst. Langlebig, strapazierfähig und sehr ansehnlich. Dafür braucht es saubere Vektorgrafiken und die einzelnen Teile dürfen natürlich nicht zu klein sein, damit der Plotter auch eine Chance hat. Weil das aber bei meinem ersten Motiv eben nicht der Fall war, gelangte es nicht in meinen Shop. Mist. Die Zeit war also umsonst gewesen. Beim zweiten Anlauf lief aber alles glatt und so konnte ich schließlich mein erstes Motiv begrüßen, ein Zitat aus dem Film »Ace Ventura«. Ein paar Tage später folgte als weiteres Motiv ein Zitat von einem Herrn namens Werner Mitsch: »Geldgeschenke sind phantasielos. Vor allem kleine.« Und schließlich kurz nach dem Erscheinen meines Superhits, eigentlich thematisch nicht ganz passend, aber wo, wenn nicht hier, hätte sich das besser einbetten lassen: das ultimative Uschi-International-Fanshirt → *siehe Kapitel 10 »One Hit Wonder«*.

Bis ich weitere Motive hochladen konnte, mussten aber erstmal mindestens fünf T-Shirts verkauft werden. Denn die Leute dort hatten ja jedes Mal Arbeit mit der Freigabe eines Motivs. Und tatsächlich, nachdem unser Vorhaben einer größeren Zahl Internetnutzer bekannt geworden war, konnte ich einige T-Shirts an den Mann oder die Frau bringen. Reich wurde ich dabei mit einer Provision von zwei bis drei Euro pro T-Shirt allerdings nicht. Viel mehr wollte ich aber nicht draufschlagen, denn allein die reinen Produktionskosten für einen dreifarbigen Druck auf einem American-Apparel-T-Shirt (man will ja

> **Expertenmeinung**
> typisch deutscher fehler wie mir scheint, wenn man viel verlangt bekommt man auch viel.....??? ich weiß ja nich wieviel du da schon eingenommen hast und wie der einkaufspreis für die dinger is, aber meist funktioniert die aktion nicht. [...] aber billiger mehr dumme [...]

auch Qualität anbieten) beliefen sich auf 25 Euro. Und mehr als 30 Euro für ein T-Shirt würde auch ich nicht berappen wollen. Für die Million hätte ich jedoch selbst bei einer Provision von zehn Euro pro Stück 100.000 T-Shirts verkaufen müssen. Vielleicht hätte ich mir den Tipp eines Experten diesbezüglich doch stärker zu Herzen nehmen und stattdessen in großem Stil in China produzieren sollen. Hohe Stückzahlen unter zweifelhaften Bedingungen produziert riechen ja geradezu nach Profit.

Geht man durch die Straßen Berlins, so trifft man auf allerhand schriftliche Mitteilungen der verstörenden, amüsanten, aber auch vulgären Art. So zum Beispiel auf einem Mülleimer in Schöneberg, auf dem handschriftlich der Ausspruch »Ich fick dein Leben« vermerkt wurde. Oder aber in einem Hauseingang an der Urbanstraße »Um 2 bei Karl, was?«. Oder einfach nur mal »Autos nerven«. Von den meisten Menschen als unschöne Schmiererei empfunden, fristen diese Ergüsse ein tristes Schattendasein. Ich aber finde, dass es einige dieser Aussagen durchaus verdient hätten, in einen neuen Rahmen gerückt zu werden, um so eine gewisse Bedeutungsschwere zu erreichen.

Genauer gesagt sollten diese Aussprüche unbekannter Menschen Thema einer T-Shirt-Serie sein. So spart man sich auch ein gutes Stück Arbeit, denn man muss weder Hirn noch Hände großartig anstrengen, um an ein schönes Ergebnis zu kommen. Den Anfang machte der für alle Lebenslagen passende und daher unschlagbare Ausspruch »Ich fick dein Leben«. Ein Foto desselben hatte ich ja bereits gemacht. Dieses galt es nun so aufzubereiten, dass es den Druckanforderungen genügte. Jetzt noch ein Produkt damit gestalten und ab in meinen Shop namens »Die Weisheiten der Straße«. Finanzieller Erfolg: Knapp 50 Euro innerhalb eines Jahres.

Merke
Jeder kann Mode schöpfen! Ob man damit auch Wert schöpft, steht auf einem anderen Blatt.

CROWDSOURCING

Schon vor einiger Zeit hatte ich auf einschlägigen Gestalter-Blogs über dieses Phänomen gelesen, und in den Kommentaren ging es meistens hoch her. Gegner und Befürworter leisten sich erbitterte Grabenkämpfe. Wer darüber bloggt, hat auf jeden Fall einige Kommentare sicher. Aber worum geht es genau auf solchen Crowdsourcing-Plattformen? Inzwischen gibt es davon eine ganze Menge mit unterschiedlichen Ansätzen. Bei Jovoto.de oder designenlassen.de geht es mehr um die grafische Lösung. Unternehmen loben dort Wettbewerbe über Logos oder ganze Websites aus. Die Ausschreibung kommt mal von einem Selbstständigen, der eine Grundausstattung braucht, und mal von einem großen Konzern, der auf die Dienste der Community setzt.

Es gibt aber auch Dienste wie bonspin.de, eine Art Online-Brainstorming-Plattform, bei der Ideen für alles Mögliche gefragt sind.

Grundsätzlich erst einmal nicht schlecht. Die ausschreibenden Firmen bekommen eine Vielzahl an Vorschlägen, die sie für das Geld niemals von einer einzigen Agentur bekommen würden. Die Teilnehmer bekommen die Chance, einen Job zu machen, mit dem sonst eben nur eine professionelle Agentur beauftragt worden wäre. Gesetzt den Fall, man ist Gewinner des Contests, winken Ruhm und Geld. Aber das ist auch genau der Punkt. Als Teilnehmer investiert man eine Menge Zeit in eine Sache mit finanziell sehr ungewissem Ausgang. Spätestens, wenn sich mehrere hundert »Designer« einen Wettbewerb um 200 Euro Preisgeld für Logogestaltung plus Website für ein Startup-Nagelstudio liefern, wird es absurd.

Diese Plattform-Geschichte war nichts für mich. Doch ein Crowdsourcing-Hinweis von einer Freundin weckte mein Interesse. Die BILD-Zeitung vermutete unter der Leserschaft ungeahnte Mengen kreativen Potenzials und lobte unter dem Motto »Bild Dir Deine Werbung« einen Wettbewerb für BILD-Werbeplakate aus. Ich klickte auf den Link in der E-Mail und war auf das Schlimmste gefasst. Was ich da sah, ließ mich tatsächlich erschaudern. Die meisten der bisher eingereichten Entwürfe setzten anscheinend voll auf das Motto »Sex sells«. Jede Menge schlecht fotografierter spärlich bekleideter Damen in aufreizenden Posen waren dort zu bestaunen. Dazu tolle Sprüche, wie »Bild – nichts als die nackte Wahrheit«. Ein weiterer Trend schienen private Kinder- oder Haustierfotos zu sein. Das passte irgendwie immer. Und war auch immer irgendwie bescheuert. Einige ganz gute Entwürfe waren allerdings ebenfalls zu finden. Anscheinend tummelten sich doch ein paar richtige Gestalter unter den Preisaspiranten. Immerhin lockte ein Preisgeld über mehrere tausend Euro. Ich entschloss mich dazu, einen halben Tag darauf zu setzen und mir etwas zu überlegen. Wenn ich dann etwas Vorzeigbares hätte – gut. Wenn nicht, auch gut. Ich holte mir einen Kaffee und machte mich ans Werk. So wie das manchmal ist, kam die Idee schnell. O.K. – nicht der Oberhammer, aber immerhin: Ich machte mich daran, altbekannte Werbesprüche auf die Bildzeitung umzutexten. Dabei kamen so absurde Sachen heraus wie »Seit wir BILD lesen, fühlt sich dein Haar viel kräftiger an«, »Bild – so wertvoll wie ein kleines Steak«, oder »Bild – man sagt, sie habe magische Kräfte«. Darunter jeweils in winziger Schriftgröße »wissenschaftlich umstritten«. Schnell noch in ein Dokument gesetzt, hier und da noch ein wenig geschoben, und fertig waren die Entwürfe. Aus meinem Preisgeld wurde natürlich nichts. War das vielleicht doch eine Spur zu selbstironisch für die Damen und Herren? Oder womöglich einfach nur doof?

Wenn ich mir das so anhöre, war das einfach nicht ausgereift. Ein halber Tag – was soll denn dabei rumkommen? Belangloses und Austauschbares. Aber recht hatte Florian wohl insofern, als man auf derlei Tätigkeiten nicht allzu viel Zeit verschwenden sollte. Zu ungewiss ist der Ausgang, zu schlecht überhaupt die Entlohnung. Eigentlich geht's wieder mal nur darum, dass alle alles günstig haben wollen. Bei my-hammer.de werden ja auch schon seit einiger Zeit die Handwerker verramscht. So gesehen ist das in fast allen Branchen nichts Neues.

Dennoch probierte ich so ein Crowdsourcing-Ding mal aus. Ich meldete mich bei »bonspin« an. Dort werden Ideen und Lösungen für alle erdenklichen Problemstellungen gesucht. Zum Beispiel, wie man das Parkplatzproblem in einer Kleinstadt lösen könnte oder welchen Namen ein neues Fleischwarenerzeugnis aus Formfleisch tragen könnte. Die Ausschreibenden verteilen dabei nach und nach auf einen oder mehrere Vorschläge Ideenpunkte. Als Ideenerzeuger kann man diese sammeln und zu gegebener Zeit in Sachwerte oder Bares eintauschen.

> **Merke**
> Crowdsourcing – Mit vielen wertvollen Ideen und dem Wenigen aus einem Viertelliter Geld.

Ich hab auch tatsächlich ein paar Punkte zusammenbekommen. Viel war das nicht, aber immerhin mehr als ich dachte. Natürlich hatte ich auch Zeit investiert, aber wer ab und zu Lust hat, sich Gedanken über irgendein fremdes Problem zu machen, der sollte sich da ruhig mal umsehen. Mit einem vernünftigen Auskommen oder gar der Millionärswerdung hat das aber dann nichts zu tun.

ES FOLGT EIN KURZER WERBEBLOG

Eine wirklich lukrative Einnahmequelle, die es einem ermöglicht, ohne großen Zusatzaufwand an etwas Geld zu kommen, blieb bei mir lange Zeit ungenutzt. Ein erster Anlauf in Sachen Google-Adsense gleich zu Anfang des Versuchs brachte so ziemlich überhaupt nichts, weil wir schlicht und ergreifend keine Websitebesucher hatten.

> **Expertentipp**
> Du hast ja überhaupt keine Werbung auf deinem Blog! Der dürfte doch inzwischen gut besucht sein! Probiers doch mal mit google adsense!

Auf Anraten unzähliger Experten nach Bekanntwerden unseres Vorhabens wurde ich schließlich dennoch tätig. Den zeitweise exorbitanten Besucherandrang musste man doch ausnutzen und so platzierte ich in die Marginalspalte das Google-Script, das meinen Blog immer wieder mit den schönsten Werbebeiträgen zum Thema Geld und mich mit dreißig US-Cent pro Klick versorgte. Jetzt müssten die Besucher nur noch fleißig klicken. Ob sich das wirklich lohnt? Ein Blick aufs Adsense-Konto einige Tage später sollte es zeigen: Dort hatte sich wie von Zauberhand ein Sümmchen von 16 Dollar angesammelt. Das brachte mir aber zunächst nichts. Auszahlungen werden nämlich erst ab 100 Dollar vorgenommen.

Auch ich liebäugelte mit dem Standardverfahren des Branchenriesen. Doch bevor ich es richtig in Gang setzen konnte, erhielt ich einige Angebote von Menschen, die gerne einen Link oder ein Werbebanner zu ihrer Webpräsenz auf meiner Startseite wissen wollten. Nun gut, gegen entsprechendes Entgelt war das selbstverständlich möglich. Ist sowieso viel persönlicher, diese direkte Form der Ansprache. Und was soll ich sagen, binnen kürzester Zeit hatte ich dadurch gut 400 Euro beisammen. Menschenskinder, war das einfach! Doch ohne großen Besucherandrang wäre das nie möglich gewesen.

Merke
Werbung – Weil Sie es sich wert sind.

49
DAS GLÜCK
ERZWINGEN
10
J
Q
K
A
A

Schon seit frühester Kindheit ist mir klar, dass ich keine Spielernatur bin. ›Mensch ärgere dich nicht‹ und ›Mau-Mau‹ waren mir verhasst, weil ich es langweilig fand, nur durch pures Glück zu gewinnen oder – was eindeutig häufiger vorkam – zu verlieren. An Spielen, die neben dem Glück auch gewisse Fähigkeiten voraussetzen, fand ich mehr Gefallen, doch auf Kindergeburtstagen und an verregneten Wochenenden kam man um den typischen Spielebrei nicht herum. Zu meinem Leidwesen waren auch noch jedes Mal andere Kinder mit von der Partie, die um keinen Preis verlieren konnten, mit an Besessenheit grenzendem Eifer ans Werk gingen und ebendiesen auch von allen Mitspielern einforderten. Schrecklich war das. Und sollte sich nach Möglichkeit nicht noch mal wiederholen. Doch dem Spieleglück konnte ich auch bei der Millionärwerdung nicht aus dem Weg gehen.

SPORTWETTEN

Was sollte ich mit meinem mühsam erwirtschafteten Startkapital anfangen, um daraus mehr zu machen? Seriöse Möglichkeiten der Geldanlage wie das klassische Sparbuch oder ein Tagesgeldkonto scheinen zwar eine sichere Bank zu sein, sind allerdings vollkommen ungeeignet, wenn man schnell reich werden muss. Zumal ich erst ein paar Euro zusammenhatte. Vielleicht genug für ein paar Kugeln Eis, aber kein Fall für den freundlichen Bankberater. Stattdessen sollte es also um einiges gewinnbringender investiert werden. Das bedeutet aber, dass mit der Höhe der potenziellen Rendite auch das Risiko steigt, dass ich mein Geld wieder loswerde. Auf der Suche nach einer profitablen Geldanlage stieß ich auf die Möglichkeit der Sportwetten. Anstatt mich in zwielichtige Neuköllner Wettbüros zu schleichen, entschied ich mich für die anonymere Online-Variante. Die Wahl fiel auf einen der laut diversen Internetforen größten und seriösesten Anbieter – sofern man bei Sportwetten überhaupt von Seriosität sprechen kann.

Die Einrichtung eines Wettaccounts ging schnell und einfach vonstatten. Um die geforderte Volljährigkeit unter Beweis zu stellen, musste nur noch per Mail eine Ausweiskopie nachgeliefert werden. Mittels Kreditkarte zahlte ich das Startguthaben ein, und schon konnte es losgehen. Der schwindelerregende Betrag von 2,48 Euro, den ich durch das Sammeln von Pfandflaschen verdient hatte, wurde direkt in die erste Fußballwette investiert (Deutschland – Finnland). Scheinbar ein todsicheres Ding. Aber auch nur scheinbar. Die deutschen Fußballrecken hatten sich eine ordentliche Packung abgeholt, und ich war mein Geld wieder los. Das sollte mich aber nicht davon abhalten, mein Glück ein zweites Mal auf die Probe zu stellen.

Einen Tag nach Florians Glücksspielniederlage flatterte eine E-Mail in mein Postkästchen. Im Rahmen eines »Friendship Programms« lud er mich ein, mich ebenfalls auf dem Wettsektor zu betätigen. Doch rein freundschaftlich war diese Einladung natürlich nicht, schließlich würde er mit 20 Euro davon profitieren, dass ich mich anmeldete. Weil aber auch mir ein Bonus von 20 Euro winkte, nutzte ich dieses schöne Angebot selbstverständlich und zahlte die angeforderten zehn Euro Startkapital ein. Zuvor studierte ich die AGB und Bonusbedingungen aufs Genaueste. Wie man sich denken kann, verhält es sich nicht so, dass man zehn Euro einzahlt, dann die 20 obendrauf bekommt und sich postwendend 30 Euro wieder auszahlen lassen kann. Die Auszahlung des Bonus ist, wie sollte es anders sein, an gewisse Bedingungen geknüpft. Die 30 Euro auf meinem Wettkonto mussten zunächst knapp sieben Mal komplett aufs Spiel gesetzt werden. Wer sich nach dieser Vorüberlegung leicht verdientes Geld verspricht, hat entweder in Mathe nicht aufgepasst oder nicht alle Latten am Zaun.

Der Verkauf von unnützem Hausrat sorgte wieder für Liquidität. Ohne Umwege investierte ich das Geld in mein Wettkonto. Unter dem Eindruck der scheinbar sicheren und doch verlorenen ersten Wette wollte ich jetzt etwas risikofreudiger an die Sache gehen. Ohne großen Plan kombinierte ich wahllos verschiedene Wetten miteinander, was sich auch positiv auf den zu erwartenden Gewinn auswirkte. Hier ein Fußball-Länderspiel, dort eine Boxveranstaltung, und warum nicht auch mal bei einer Sportart wetten, von der man überhaupt keine Ahnung hat? Beispielsweise das mysteriöse Lacrosse. Wichtig war ja nur, dass die Mannschaft, auf die ich setzte,

Hintergrundwissen: Kombiwetten

Kombiwetten sind sehr beliebt, kann man doch aufgrund der hohen kombinierten Quoten von sehr großen Gewinnen träumen. Allerdings ist die Chance dafür dementsprechend gering. Während man es bei einzelnen Spielen (für Einzelwetten) durchaus schaffen kann, die Wahrscheinlichkeiten besser als der Buchmacher einzuschätzen, wäre es extrem schwierig, das für 4 oder 5 Spiele zu erreichen. Unser Tipp ist daher: Wenn schon Kombiwetten, dann nur 2 oder 3 Spiele kombinieren und nicht mehr!

Quelle: www.wettbasis.com

Ahnung davon hat. Insgesamt kombinierte ich fünf Wetten miteinander, die insgesamt eine Gewinnquote von 4,2 erzielten. Aus meinen eingesetzten 48 Euro würden, gesetzt den Fall, es funktioniert, wie von Zauberhand 201,60 Euro. Was soll man sagen? Es klappte tatsächlich! Der erste Verlust von 2,48 Euro war vergessen, und es stellte sich ein gewisses Hochgefühl ein. Verdammt, war das einfach! Der Verstand sagte natürlich »Da haste jetzt einfach Glück gehabt. Nimm das Geld und lass es bleiben!« Auf der anderen Seite schien das wirklich eine Möglichkeit, schnell an viel Geld zu kommen. Mit dem schwer verdienten monatlichen Auskommen sollte man wohl besser die Finger davon lassen, aber in unserem Fall handelte es sich ja nur um »Spielgeld«. Und das musste in der Tat möglichst schnell vermehrt werden. Wer da das Risiko scheut, hat schon verloren.

Meine erste Wette sollte das Pendant zum Einstieg von Florian werden. Zumal er in der Zwischenzeit schon einmal dermaßen abgeräumt hatte, dass es mir fast die Sprache verschlug. 200 Euro! Wie geil ist das denn? Nachdem die deutsche Mannschaft das WM-Qualifikationsspiel gegen Finnland so schön vergeigt hatte, spekulierte ich auf eine weitere Niederlage gegen Russland. Zeitungsberichte über die seit der EM sehr starken Russen mit ihrer nicht mehr ganz so geheimen Geheimwaffe Arschawin befeuerten meine unpatriotischen Hoffnungen. Und weil die Spannung nicht groß genug sein konnte, machte ich noch einen weiteren Einsatz auf die Niederlage Vitali »Dr. Steelhammer« Klitschkos gegen Samuel Peter am selben Abend. Irgendeine innere Stimme sagte mir, dass er verlieren würde. Wer sich noch erinnern kann, weiß natürlich, dass meine Stimme unrecht hatte und all meine Hoffnungen bitter enttäuscht wurden. Meine zehn Euro Eigeneinzahlung waren einfach so im Äther der Spekulation verpufft.

In den nächsten Tagen war ich stark gefesselt. Und es lief nicht schlecht. Ich ging zum Live-Wetten über, was es ermöglicht, spontan auf den Spielverlauf zu reagieren. Gleichzeitig heißt das aber auch, dass man dazu getrieben wird, bis tief in die Nacht am Rechner zu sitzen und die unterschiedlichen Spielverläufe zu verfolgen. Irgendwo auf der Welt gibt es immer ein Spiel, auf das man wetten kann. Das Interessante an diesem

Modus ist, dass sich, je nach Spielstand, die Gewinnquoten fast im Sekundentakt ändern. Das gerade noch geschlagen geglaubte Team, mit einer entsprechend hohen Gewinnquote, kann schon im nächsten Moment wieder den Anschluss finden, was wiederum Auswirkungen auf die Quote hat. Neben dem relativ naheliegenden Tipp des 3-Weg-Ergebnisses (endet das Spiel unentschieden oder gewinnt die eine oder andere Mannschaft) kann man auf alles Erdenkliche eine Wette abschließen. Fällt zwischen der 50. und 60. Minute ein Tor? Was passiert im Spiel als Erstes? Gibt es einen Elfmeter? Was passiert als Letztes? Fehlte nur die Wette, ob sich der Torwart zwischen der 89. und 90. Minute ans Gemächt greift. Diese Wetten lassen sich wiederum mit anderen Spielen kombinieren. Gibt man sich diesem Treiben ein paar Stunden hin, ist das Hirn reichlich aufgeweicht. Dass ich mich langsam zum lichtscheuen Glücksspielnerd entwickelte, war dabei eher Nebensache, denn es klappte erstaunlich gut. Die Konkurrentin war sichtlich nervös.

> **Expertentipp**
> Traue dem schönen Schein ;-) nicht! Aus dem anfänglichen Spaß kann schnell eine Sucht werden. Ich weiß, wovon ich rede und habe Jahre gebraucht, davon loszukommen!

Mir blieb noch der Bonus von 20 Euro, den ich auf meine Einzahlung erhalten hatte. Also nachgedacht und fit gemacht: Was sollte damit passieren? Wie konnte ich damit arbeiten und aus diesem Minimaleinsatz maximale Gewinne holen? Schon die Denkweise ist wohl jedem gemachten Millionär suspekt. Ohne eigenes Risiko und hohe Einsätze hat es wohl kaum einer in der Welt zu Geld gebracht. Aber ich hatte ja auch gar nicht viel mehr und war vom ersten Experiment, was das Wetten angeht, eigentlich schon geheilt. Man muss es sich nur einmal mathematisch vor Augen führen. Egal, wie gut eine Mannschaft ist: Die Wahrscheinlichkeit, auf den Gewinner zu tippen, liegt immer bei 50 Prozent: Entweder es gewinnt die eine oder eben die andere.

Wenn als mögliches Resultat auch noch ein Unentschieden in Betracht kommt, ist die Chance, richtigzuliegen, noch kleiner. Blöd nur, dass auf Florian diese Gegebenheit scheinbar nicht zutraf. Ein ums andere Mal musste ich mir seine Erfolge brühwarm auftischen lassen. Immerhin brachte er auch jedesmal einen beachtlichen Einsatz und eben auch ein hohes Risiko mit. Aber *herrgottnochmal,* warum konnte das nicht einfach mal sensationell in die Hose gehen? Wie kann man nur 50 Euro in eine Kombiwette investieren, die aus *fünf* schon für sich selbst genommen riskanten Tipps besteht, und dann auch noch alle fünf Tipps richtig haben? Und das nicht nur einmal, sondern *mehrmals* innerhalb weniger Tage? Fast glaubte ich an Manipulation.
Innerhalb von zehn Tagen hatte ich meine knapp 50 Euro Startkapital aus eBay-Verkäufen allein durch Sportwetten auf 600 Euro *verzwölffacht.* Natürlich habe ich auch oft genug verloren, aber insgesamt rechnete sich das Ganze. Ich merkte aber auch, wie stark ich plötzlich davon eingenommen war. Gewann ich eine Wette, so stellte sich tatsächlich ein berauschendes Gefühl ein. Verlor ich, so setzte ich alles daran, mein Geld durch noch riskantere Wetten wieder reinzuholen. Vor unserem kleinen Versuch konnte ich nie nachvollziehen, warum Glücksspiel auf manche Menschen eine magische Anziehungskraft ausübt. Doch nun erwischte ich mich dabei, wie ich in jeder freien Minute vorm Rechner saß, die neuesten Live-Wetten studierte und immer höhere Beträge setzte. Ich verlor komplett den Bezug zum Geld. Es sind ja nur ein paar abstrakte Zahlen, die man da in den virtuellen Wettschein einhackt. Das ist etwas anderes, als im echten Leben mal eben 300 Euro aus der Brieftasche zu nehmen und dem schmierigen Quotenwächter auszuhändigen. Vermutlich hat diese Form des Wettens weitaus mehr Potenzial dazu, jemanden komplett zu ruinieren. Aber zu diesem Zeitpunkt war diese Erkenntnis bei mir noch nicht angekommen. Dafür lief es ja auch noch viel zu gut.

Vorerst wollte ich nichts weiter einzahlen und lediglich den Bonus einsetzen. Entweder er verpuffte ebenso schnell oder er bescherte mir noch ein paar Taler. Da mir das ganze Herumüberlegen vor jedem Spiel zu aufwendig war, hielt ich mich an eine ganz einfache Strategie: Ich besah mir die Quoten und tippte immer auf die (laut Quote) Favoriten und setzt immer nur einen Betrag von einem Euro. So verteilte ich das Risiko wie in einem gut gemischten Aktiendepot. Dachte ich mir. Zunächst ging das ganz gut auf und aus den 20 Euro wurden nach ein paar Tagen 50. Seltsamerweise verringerte sich der Betrag dann doch wieder und ich verlor recht schnell die Lust an der Sache. Das war mir eindeutig zu zeitraubend. Immerhin hatte ich das Geld mittlerweile so oft gesetzt, dass ich mir das verbliebene Gesamtguthaben von knapp 40 Euro eines schönen Tages schließlich auszahlen lassen konnte. Immerhin also nix verloren, sondern meinen Einsatz vervierfacht. Doch um welchen Preis? Die Zeit, die ich damit verplempert hatte, geht auf keine Kuhhaut!

Die große Ernüchterung kam zwangsläufig. Denn mit den schnellen Gewinnen kam auch die undisziplinierte Vorgehensweise. Außerdem hatte ich bisher wohl einfach unverschämtes Glück gehabt. Damit sollte in der 90. Minute einer Begegnung zwischen dem FC Chita und MVD Rossii Moskau Schluss sein. Ich wettete mit 200 Euro darauf, dass kein Tor mehr fallen würde. Nur knapp 30 Sekunden später fiel doch noch eins in der Nachspielzeit. Was war denn das jetzt? 90 Minuten lang ein absolut lahmes Rumgekicke und dann so was! Das Spiel war doch verkauft! Den Wetteinsatz war ich los. Und das für eine lumpige Gewinnquote von 1.01. Wäre das gutgegangen, hätte ich einen lausigen Gewinn von zwei Euro gehabt. Glücklicherweise hatte ich mir in der Zwischenzeit nach und nach 500 Euro auszahlen lassen und auf mein Bankkonto transferiert. Mir schwante, dass ich besser damit aufhören sollte,

Merke
Don't try this at home! Schnelle Gewinne wirken zwar verlockend, stellen sich aber nicht zwangsläufig ein.

bevor ich auf die Idee kommen würde, wieder Geld einzuzahlen, und schließlich alles los wäre. Außerdem ging dabei einfach viel zu viel wertvolle Zeit drauf, die an anderer Stelle fehlte.

VIRTUELLES ZOCKEN

Online-Casinos bieten Spannung und Spaß in der heimeligen Atmosphäre der Anonymität. Eines schönen Abends beschloss ich, mich bei einem Online-Casino anzumelden. Kurz zuvor hatte ich von einer »todsicheren« Roulette-Methode gelesen und mich etwas in die Materie eingearbeitet. Viel Zeit brauchte ich auch gar nicht, denn es klang geradezu verlockend logisch: Man setzt immer nur auf ein und dieselbe Farbe, beispielsweise auf Rot. Der erste Einsatz sollte möglichst gering sein. Sagen wir 50 Cent. Nehmen wir an, es fällt Schwarz, dann ist man seinen Einsatz natürlich los. Man setzt erneut auf Rot, verdoppelt den Einsatz allerdings auf 1 Euro. Es fällt wieder Schwarz, man verdoppelt auf 2 Euro und setzt erneut auf Rot, es fällt Schwarz, man verdoppelt auf 4 Euro und setzt erneut … und es fällt Rot! Gewonnen! Der gemachte Einsatz wird verdoppelt und man gewinnt also 8 Euro. Zuvor hatte man bereits 50 Cent + 1 Euro + 2 Euro + 4 Euro gesetzt. Macht zusammen 7,50 Euro. Man hat also insgesamt 50 Cent gewonnen, also genau den Betrag, mit dem man angefangen hat. Das klang ja geradezu unglaublich und war doch so verblüffend einfach! Dass man da nicht schon selbst drauf gekommen ist.

Die jahrelangen »Online-Casino«-Spamattacken hatten ihre Wirkung bei mir anscheinend doch nicht verfehlt. Was ansonsten direkt im digitalen Papierkorb verschwand, unterzog ich im Rahmen unseres Versuchs einer genaueren Prüfung. Auch ich hatte zum Thema Roulette etwas recherchiert und stieß zwangsläufig auf das vermeintlich todsichere bereits von Yvonne beschriebene System. Na sicher! So musste es doch gehen, ohne großes Risiko an Geld zu kommen. Oder gab es da womöglich einen Haken? Weshalb sollte man denn noch arbeiten gehen, wenn man mit so einer einfachen Methode an Geld kommen kann? Anstelle morgens zur Arbeit zu erscheinen, ginge es jeden Tag ins Casino. Dort könnte man sich in schöner alter James-Bond-Manier auch noch zahllose Wodka-Martini hinter die Binde gießen. Na dann: Ihre Einsätze, bitte.

Eine kleine Recherche sollte mir einen möglichst seriösen Casinobetreiber bescheren, doch das war gar nicht so einfach. Ich las mich durch Foren und Blogs, aber an quasi jedem Anbieter hatte auch irgendjemand etwas auszusetzen. Schließlich entschied ich mich für »Casino-Euro«, keine Ahnung, ob das eine gute Wahl war, doch irgendwo musste man ja anfangen. Ich meldete mich an, öffnete eine Flasche Rotwein, zündete mir in Gedanken ein dicke Zigarre an und startete den Spielgeld-Modus. Ich gab mir eine halbe Stunde, wenn ich danach im Plus war, wollte ich Geld einzahlen.

Mit 1.000 Euro in Spielgeld ging ich an einen Tisch mit Fünf Euro Mindesteinsatz. Mit diesem begann ich auch: Fünf Euro setzen. Verloren. Verdoppeln auf zehn. Verloren. Verdoppeln auf 20. Gewonnen! Und wieder von vorne: Fünf Euro setzen. Verloren. Verdoppeln auf zehn. Schon gewonnen! Und wieder: Fünf Euro setzen. Verloren. Und so weiter. Nach zehn Minuten hatte ich 20 Euro gewonnen. Wahnsinn! Das ist ja wie eine Gelddruckmaschine. Dann kam der sechste Durchgang: Fünf Euro setzen. Verdoppeln auf zehn. Verdoppeln auf 20. Verdoppeln auf 40. Verdoppeln auf 80. Verdoppeln auf 160. Verdoppeln auf 320. Verdoppeln auf 640. Doch halt: Ich hatte ja nur noch 385! Das gibt es doch nicht. Siebenmal hintereinander die gleiche Farbe. So ein Pech aber auch!

Doch die halbe Stunde war noch nicht vorbei und so tat ich, was jeder vernünftige Mensch getan hätte: Ich wechselte zu den niedrigeren Einsätzen. Ich wollte möglichst dort testen, wo ich später auch tätig sein wollte, und begab mich an einen Tisch mit dem Mindesteinsatz von zehn Cent und einem Maximaleinsatz von 50 Euro. Zunächst verlief alles

nach Plan. Doch bereits nach einigen wenigen Spielen kam dasselbe Problem zum Vorschein. Ich konnte maximal neun Runden hintereinander meinen Einsatz verdoppeln. Doch dann war Schluss, weil sich der Maximaleinsatz nun mal nur auf 50 Euro belief. Selbst wenn das Konto noch so voll war. Ich wagte einen weiteren Versuch auf einem noch niedrigeren Limit. Aber auch dort ging die Taktik nicht auf.
Was sollte man dazu sagen. Wie unwahrscheinlich, dass bei gleicher Verteilung von roten und schwarzen Feldern und nur einer grünen Null zehnmal hintereinander nur eine Farbe fällt! Und doch war es mehr als einmal vorgekommen in weniger als einer Stunde. Vermutlich, weil es eben doch nicht so unwahrscheinlich ist. Das gleiche Prinzip wie beim Wetten: Egal, wie oft vorher die eine oder andere Farbe gefallen ist, vor dem Spiel ist nach dem Spiel. Die Wahrscheinlichkeit verändert sich ja nicht. So gesehen habe ich vielleicht doch einen recht seriösen Anbieter aufgetan. Immerhin wurde mir schon im Spielgeldmodus vor Augen geführt, dass das todsichere Roulette-Prinzip in der Regel auch den finanziellen Tod zur Folge hat. Und so verließ ich etwas wehmütig das virtuelle Casino und kehrte zurück auf den Boden der mathematischen Tatsachen.
Ein paar Tage später wollte auch Florian sein Glück im Online-Casino versuchen. Mit besagtem System. Meine Niederlage, die mich immerhin kein Geld gekostet hatte, konnte ihn nicht davon abhalten, es sofort mit richtigem Geld zu versuchen. Im Gegenteil: Wahrscheinlich war er von seinen Wetterfolgen derart geblendet, dass es ihm in den Fingern juckte, mir auch in diesem Bereich seine Überlegenheit zu demonstrieren. Ich gab ihm eine Woche.

Ich ignorierte die Unkenrufe und machte mich ans Werk. Wäre doch gelacht. Da mir für ein richtiges Casino die passende Montur fehlte, zog ich es ebenfalls vor, mich bei einem Online-Casino anzumelden. Amüsanterweise nicht im »Casino-Euro«, sondern im »Euro-Casino«. Ob sich das bei denen so verhält wie

zwischen der »judäischen Volksfront« und der »Volksfront von Judäa« aus dem »Leben des Brian«? Die Verwirrung ist komplett, wenn man beachtet, dass im Claim des Euro-Casino »powered by Casino-Euro« steht. Vielleicht teilen sie sich ja aus Kostengründen einen Briefkasten auf der schönen Insel Malta?
Der Registrierungsvorgang ging ähnlich zügig vonstatten wie bei den Sportwetten. Daten eingeben – Ausweiskopie schicken – fertig. Zunächst musste man aber natürlich einzahlen. Ich zweigte 50 Euro von meinem Millionärskonto ab und kassierte dafür einen zusätzlichen Bonus von 50 Euro. Mit 100 Euro konnte ich also das System auf die Probe stellen. Ebenfalls an einem Tisch mit dem Mindesteinsatz von zehn Cent und einem Maximaleinsatz von 50 Euro. Über knapp zwei Stunden ging das stupide Farbensetzen gut. Ich hatte schon ganz ansehnliche Gewinne gemacht, als natürlich der unvermeidbare Fall eintrat: Auch nach neun Runden war die gesetzte Farbe nicht gefallen. Ich war so weit wie am Anfang. Nicht nur, dass das extrem langweilig war; es brachte auch finanziell gesehen rein gar nichts. Und so glamourös wie vom Websitebetreiber versprochen war das jetzt auch nicht gerade. Ich klickte auf den Auszahlungsbutton und verzichtete damit auf meinen Bonus. Für die Auszahlung hätte ich diesen vierzigmal einsetzen müssen. Und dann wäre davon garantiert nichts mehr übrig gewesen. Als das Geld wieder sicher auf meinem Konto war, löste ich den Zockeraccount auf. Rien ne va plus.

Merke
Der Zufall hat kein Gedächtnis.

GLÜCKSSPIEL SALONFÄHIG

Neben Sportwetten, Online-Roulette und sonstigen im Allgemeinen eher gering geschätzten Methoden der Geldvernichtung gibt es noch so manch salonfähige Varianten, die ebenfalls ausprobiert werden wollten. Wer also zum schnöden

»Geld aus dem Fenster werfen« nach Alternativen sucht, dem kann ich hier einen guten Tipp geben: Rubbellose kaufen!

So beschloss ich eines Tages, eine größere Investition zu tätigen. 50 Stück zum Preis von jeweils einem Euro sollten mich zum reichen Mann machen. Der nette Kioskmann schaute zwar ein wenig verstört, händigte mir aber schließlich doch den beachtlichen Stapel aus. Am bereitgestellten Lottoscheinausfüll- und Rubbellosstehtisch waltete ich meines Amtes und rubbelte, dass die Fetzen flogen. Der erhoffte Großgewinn blieb natürlich aus. Das höchste der Gefühle war ein Einzelgewinn von 5 Euro bei einer Handvoll Scheine. Insgesamt kam ich auf 28 Euro. Nicht schlecht, nur 22 Euro Verlust gemacht! Weil ich jetzt schon einmal hier war, füllte ich noch schnell eine Reihe auf einem Lottoschein aus. Den Rest ließ ich mir auszahlen und schlich mich aus dem Laden. Wie ich einige Tage später feststellen musste, wurde auch aus dem erhofften Lottogewinn nichts. Immerhin drei Richtige. Knapp daneben.

Hintergrundwissen
Idioten-Steuer

Eine freiwillige Abgabe von Leuten, die mit Wahrscheinlichkeiten nichts am Hut haben. Kommt normalerweise in Form von Lotteriescheinen daher.

(Frei übersetzt nach ›Urban Dictionary‹)

Expertenkommentar

In Japan gab's mal einen Typen aus einer Fernsehshow, der musste ein Jahr nackt in einem Zimmer hausen, möbliert nur mit einem Bett. Seinen »Lebensunterhalt« bestritt er durch die Teilnahme an Preisausschreiben. Neben Hundefutter und einem Karton Schampus kam ab und zu auch was Verwertbares dabei rum.

Preisausschreiben – welch schönes Wort. In der heutigen schnelllebigen Zeit verheißt es Ruhe und Bedacht. Omis und alte Tanten nehmen an Preisausschreiben teil. Abends beim Fernsehen lösen sie eifrig Kreuzworträtsel und schreiben die gesuchten Lösungswörter auf eine Postkarte. Der Einsendeschluss liegt oftmals in weiter Ferne, sodass sie, wenn sie etwas gewonnen haben, schon gar nicht mehr wissen, weshalb. Nachdem ich im Internet wahllos an unzähligen Gewinnspielen teilgenommen hatte und natürlich keinen Gewinn vorweisen konnte, wollte ich damit eigentlich abschließen. Doch eine Berichterstattung im Fernsehen lenkte meine Aufmerksamkeit erneut auf dieses Thema.

Der Bericht handelte von einer Familie, die geradezu besessen war von Preisausschreiben und an allen nur denkbaren Verlosungen teilnahm. Und weil das so häufig geschah, kam hin und wieder etwas dabei herum. Und das nicht zu knapp! Das Haus, in dem sie wohnten, hatten sie gewonnen, ebenso unzählige Einrichtungsgegenstände und Küchengeräte. Was sie nicht gebrauchen konnten, verschenkten oder verkauften sie. Die logische Schlussfolgerung war selbstverständlich: Wenn man nur oft genug mitmacht, gewinnt man auch.

Also kaufte ich im Kiosk meines Vertrauens fünf schöne und zugleich preiswerte Rätselhefte. Sie trugen solch illustre Namen wie ›Meine Pause‹ oder ›Gute Laune‹ und für den sensationellen Preis von 50 Cent pro Zeitung winkten jeweils 20 Rätsel, die allesamt prämiert wurden. Mal mit etwas Bargeld, mal mit einer Kaffeemaschine oder gar einer Hüpfburg für Kinder. Ich wollte es professionell angehen und setzte mich daher ordentlich an den Schreibtisch, statt mich aufs Sofa zu lümmeln. Bereits nach kurzer Zeit hatte ich eine gewisse Routine erlangt und wenn ich mal nicht weiterwusste, half der Blick in ein Online-Kreuzworträtsellexikon. Doch gab es auch Tücken: Mitunter waren recht passable Preise an spezielle Rätselformen geknüpft, die mir nicht so schnell von der Hand gingen und bei denen auch die Online-Hilfe versagte. Verflixt! Mir ging es doch nicht um den Ratespaß! Es half nichts, manche Rätsel mussten ungelöst bleiben! Schließlich hatte ich am Abend 90 Prozent aller Lösungswörter beisammen und es zeigte sich, dass das Internetzeitalter auch bei Frauen-Freizeit-Zeitschriften Einzug gehalten hatte: Man konnte die Lösungen online einreichen. Hervorragend! So sparte ich auch noch das Porto.

Doch was hatte noch gleich der verlosungssüchtige Familienvater erzählt? Es ist wichtig, immer besonders markante Postkarten einzusenden. Etwa mit einem gezackten Rand oder einem speziellen Papier. Bei der Auslosung dann würde die Hand der Glücksfee eine auffällige und haptisch interessante Postkarte gegenüber einer schnöden Standardkarte bevorzugen. Oh Mann! Dass ich als Gestalter daran nicht gedacht hatte! Vermutlich war das der Grund, weshalb ich nicht einen einzigen Preis gewann. Der läppische Ausdruck meiner Lösungsworte war einfach in der Masse untergegangen.

Nein. Nach Preisausschreiben stand mir nun wirklich nicht der Sinn. Stattdessen möchte ich über eine vermeintlich glamourösere Form des Glücksspiels berichten: die Welt des Pferderennsports. Die Konkurrentin und ich verabredeten uns an einem diesigen Februarsonntag an der Trabrennbahn Mariendorf im Berliner Süden. Direkt neben einem riesigen Altersheimkomplex gelegen, machte das Ensemble einen recht tristen und abgeranzten Eindruck. Das Hauptgebäude der Rennbahn mit den überdachten Tribünen hatte definitiv bessere Zeiten gesehen. Was wohl zuerst da war? Altersheim oder Rennbahn? Handelt es sich vielleicht um ein strategisch günstig gelegenes Altersdomizil für Glücksspielveteranen? Sollte es hier möglicherweise nur so wimmeln vor vermögenden Witwen? Vielleicht war das keine schlechte Anlaufstelle für Heiratsschwindler. Tatsächlich schienen die wenigen Besucher zu großen Teilen aus dem angrenzenden Seniorenstift rekrutiert zu sein. Eine skurrile kleine Welt, in die man da eingedrungen war. Von vermögenden Witwen allerdings keine Spur. Wer, wie ich im Vorfeld, an ein dekadentes Happening mit ausladenden Hüten und Lachshäppchen denkt, liegt vollkommen falsch. Bockwurst und Bier sind hier schon eher zu Hause.

Ohne jegliches Fachwissen, aber mit dem festen Willen, etwas Geld zu gewinnen, ging es also los. Ein Blick in die Zeitschrift ›TraberWelt‹ gab Aufschluss über die anstehenden Rennen. Unter den Pferden fanden sich so wohlklingende Namen wie ›Oliver Kahn‹, ›Freetown‹ oder ›Trail of Dust‹. Nur auf welches Pferd sollte man jetzt setzen? ›Oliver Kahn‹ klang ja erst mal ganz lustig. Ist bestimmt ein reiner Titan. Im Kleingedruckten verbargen sich diverse Statistiken zu den letzten Rennen, die man zwecks Entscheidungshilfe zurate ziehen konnte. Aus einer kleinen Altherrenrunde in unserer Nähe hörte man immer wieder Tuscheleien über dieses eine Pferd, welches heute auf jeden Fall gewinnen würde. Um es also nicht unnötig kompliziert werden zu lassen, tippte ich erst einmal auf den Sieg des Favoriten der Altherrenrunde.

Der Herr Flechsig machte es sich mal wieder einfach. Vom Gefühl her hätte ich auch gerne auf besagtes Pferd gesetzt, wollte aber natürlich nicht denselben Tipp abgeben wie er und entschied mich für das laut Statistik favorisierte Tier. Welches dann tatsächlich als letztes ins Ziel kam.

Das Glück sollte mir auch bei den Pferdewetten hold sein. Mithilfe der Glücksspielsenioren erzielte ich direkt beim ersten Rennen einen Gewinn von elf Euro. Im weiteren Verlauf des Nachmittags lief es dann weit weniger gut. Die hilfreichen Herren hatten anscheinend noch eine Verabredung zum Tanztee und waren plötzlich von der Bildfläche verschwunden. Und so verschwanden auch nach und nach meine Gewinne. Am Ende des Renntages landete ich mit 19 Euro in den Miesen. Wenigstens war die Konkurrentin nicht besser dran. Trotzdem mal wieder eine vollkommen ungeeignete Maßnahme, um ans große Geld zu kommen.

Besser hätte ich es nicht sagen können. Der Traber-Titan von Mariendorf bescherte mir in meinem letzten Rennen zwar tatsächlich einen Gewinn von sage und schreibe vier Euro, doch insgesamt hatte ich mit 22 Euro Verlust noch schlechter abgeschnitten als der Herr Flechsig. Hinzu kamen noch die Kosten für zwei Bier und eine dicke Erkältung, die ich in der zugigen Halle erworben haben musste. Es war aber auch ein verdammt grauer Tag gewesen …

Merke
Die goldenen Zeiten des Trabrennens sind passé. Ohne den Rat verdienter Veteranen ist man aufgeschmissen.

DEN SPIESS UMDREHEN

Warum nicht einfach mal den Spieß umdrehen und selbst ein Glücksspiel oder eine Verlosung starten? Das unterliegt in Deutschland zwar relativ strengen Auflagen, allerdings könnte es sich mit der passenden Idee doch lohnen, solch ein Vorhaben anzugehen. Seit geraumer Zeit erfreuen sich beispielsweise Hauslotterien größter Beliebtheit. Ein Haus hatte ich zwar jetzt nicht zu verlosen, aber immerhin ein recht ansehnliches Schloss im Grünen. Einen passenden Anlass zur Verlosung gab es auch schon. Zwecks Berichterstattung über unseren kleinen Versuch wurden Yvonne und ich nach Potsdam in die Sendung ›Trackback‹ → *siehe Kapitel 15 Minuten Ruhm* bei Radio Fritz geladen. Und weil ich immer gut zugehört hatte, wusste ich natürlich, dass es beim Radio zum guten Ton gehört, eine Kleinigkeit zu verlosen. Da wollte ich mich natürlich auch nicht lumpen lassen. Feierlich verkündete ich, unter allen Geldzuwendungen, die mich innerhalb der nächsten sieben Tage erreichen würden, ein Schloss im Grünen auszuloben. Dabei merkte ich an, dass auch Zahler von kleinen Beträgen an der Verlosung teilnehmen würden. Ja, das war sehr großzügig. Bei so einem Gewinn musste es doch Spenden hageln. Aber mal wieder sollte es ganz anders kommen. Denn entweder hatte niemand zugehört oder die Hörer hatten mit ihrem Geld Besseres vor. Einzig einen Zahlungseingang konnte ich innerhalb der nächsten Tage verbuchen. Bei dem edlen Spender handelte es sich um einen Arbeitskollegen, der mir 1,85 Euro überwies. Das machte wenigstens die Gewinnermittlung einfach. An einem Sonntagnachmittag er-

Hintergrundwissen
Eine Tombola veranstalten

Die Beantragung einer Lotterie / Tombola erfolgt formlos und sollte folgende Angaben enthalten:
- Name und Anschrift des Veranstalters
- Zeit und Ort der Veranstaltung
- Anzahl der Lose, aufgestellt nach Gewinn- und Nietenlosen
- Lospreis
- Art der Gewinnermittlung
- Empfänger des Reinertrages

(Quelle: http://www.berlin.de)

folgte bei Kaffee und Kuchen die Übergabe des Gewinns: ein sehr schönes und massives altes Vorhängeschloss – idyllisch gelegen in einem Basilikumtopf.

Im Rahmen der Veräußerung überschüssiger Besitztümer hatte ich ja bereits eine Inventur und ein Ranking aller Hausratgegenstände durchgeführt. Die 60 subjektiv unbeliebtesten Gegenstände wollte ich nun loswerden. Dabei waren das größtenteils keine schlechten Dinge. Neben weniger hochpreisigen Artikeln wie einem Kamm, Luftschlangen oder einer defekten Knoblauchpresse fanden sich auch wertvolle Produkte wie eine ›Wayne's-World‹-DVD, ein Fernseher und das kleine Handbuch für Volkspolizisten. Man hätte jetzt einfach versuchen können, alles auf eBay zu verticken. Aber für diese Produkte hatte ich mir etwas anderes ausgedacht. Und zwar eine Verlosung in Form eines Bingo-Spiels. Für den Schnäppchenpreis von 3,99 Euro konnten sich Interessenten einen Bingoschein mit 5x5-Zahlenreihen sichern. Mithilfe einer eigens dafür gekauften Bingozahlenziehungsmaschine wollte ich alle zwei Tage fünf Gewinnzahlen ermitteln und über den Blog verkünden. Dabei galt wie immer das beliebte Motto »Wer zuerst kommt, der mahlt zuerst«. Sprich: Wer zuerst eine vollständige Zahlenreihe auf seinen Bingoschein gemalt hatte, der konnte sich auch einen schönen Preis aussuchen. Am Ende würde vermutlich die defekte Knoblauchpresse übrig bleiben.

Was ich dabei vollkommen außer Acht ließ, war der Umstand, dass man sich für die Genehmigung von derlei Aktionen durch allerhand bürokratische Vorschriften arbeiten musste. Aber dafür fehlte mir einfach das Interesse. Man wird doch wohl noch eine kleine Bingoveranstaltung durchführen dürfen! Ich ließ es darauf ankommen und machte die Aktion publik. Doch die erhofften zahlreichen Reaktionen blieben aus. Und ohne Teilnehmer kein Bingo. Anscheinend hatte ich kein gutes Händchen für das Promoten von derlei Veranstaltungen. Vielleicht waren aber auch die Sachpreise einfach zu ramschig. Man weiß es nicht. Desillusioniert sagte ich die Sache ab. Vielleicht war das auch besser so. Immerhin hielt ich mich hier in einer rechtlichen Grauzone auf.

Merke
Humoristische Verlosungen bringen zwar Freude, aber kein Geld ein.

IM TRÜBEN FISCHEN

Wie bereits an anderer Stelle erwähnt, bin ich immer schon keine große Freundin von Spielen mit allzu hohem Glücksfaktor gewesen und Kartenspiele fand ich eigentlich von vornherein doof. Als ich im zarten Alter von 14 Jahren das Skatspielen, zugegeben recht mühsam, erlernte, änderte sich das allerdings. Zwar ist man dabei auch von den zugeteilten Karten abhängig, doch erst durch gutes Spielen kann man mit einem guten Blatt auch gewinnen. Problematisch ist allerdings, dass man nicht selten im Team spielen muss, und das geht eigentlich nur mit Mitspielern, die sich auf einem ähnlichen Niveau bewegen. Andernfalls ist man entweder genervt von Leuten, die nix blicken, oder, was noch schlimmer ist, gar selbst Zielscheibe des Hasses.

Mit dem Pokern bin ich das erste Mal auf einer Party in Kontakt gekommen und es hat zunächst keinen bleibenden Eindruck hinterlassen. Ich war vollkommen überfordert damit, mir die Reihenfolge der Pokerhände zu merken, wer wann was setzt und erhöht und was ich überhaupt zu tun hatte, und so schied ich recht schnell aus der Runde aus und tröstete mich damit, dass ich für Glücksspiel sowieso nichts übrighatte. Der Pokerfreund wird an dieser Stelle natürlich mahnend den Zeigefinger erheben und dozieren, dass Poker kein reines Glücksspiel, sondern vielmehr ein »Skill Game« ist, ja dass man es sogar als Sport bezeichnen muss.

Es sollte vorerst noch einige Zeit ins Land gehen, bis ich mich eingehender damit beschäftigte. Ausschlaggebend waren einige Anregungen von Experten, die mir rieten, es doch einmal mit Poker statt mit schnöder Wetterei zu versuchen. Einer schrieb gar, dass ein Bekannter, nachdem der arbeitslos geworden war, nun sein Auskommen durch Online-Poker hätte. Und das nicht zu knapp. Mehrfach wurde mir die Anmeldung bei einer Plattform namens »Pokerstrategy« ans Herz gelegt. Und weil dies mit einem Einstiegsbonus von 50 Dollar auf einer Pokerplattform meiner Wahl versüßt wurde, schaute ich mir die Sache schließlich einmal an. Ein wesentlicher Pluspunkt beim Poker war ja immerhin, dass man nicht im Team spielen musste.

Durch die vielen vorangegangenen Anmeldungen auf was weiß ich wie vielen Internetseiten für allen möglichen Firlefanz war ich zunächst sehr zurückhaltend, wollte ich mich doch nicht schon wieder in irgendwelchem hoffnungslosem Kleinscheiß verrennen. Doch ich hatte Zeit und Muße, eine

Tasse Kaffee bei der Hand und war zunehmend von der Materie gefangen. Was mich besonders positiv stimmte, waren die vielen Ermahnungen, die an jeder nur erdenklichen Stelle angebracht wurden. Dass man nicht auf den schnellen Erfolg hoffen soll, immer schön fleißig üben und sich ständig verbessern muss, dass man viel Geduld und Bedacht aufbringen und vor allem ein gutes Bankrollmanagement haben muss. Also immer genug auf der hohen Kante behalten, damit man auch eine lange Durststrecke ohne Schaden übersteht.

Ich entschied mich für die Pokervariante »Fixed Limit Texas Hold'em«. Fixed Limit klang nach begrenztem Verlust und Texas Hold'em hatte ich schon öfter gehört. Das sollte es also werden. Ohne mich zu registrieren, durfte ich die Einsteiger-Theorieartikel lesen. Das machte alles einen soliden und aufgeräumten Eindruck. Vor allem war es hervorragend erklärt, sodass ich mich immer wieder dabei ertappte, wie ich laut mein Erstaunen über neue Erkenntnisse kundtat. Wieso hatte ich dieses simple Spielchen nicht schon viel früher verstanden? Die besagten 50 Dollar Startkapital gab's natürlich erst nach der Registrierung und auch erst dann, wenn man ein kleines Quiz bestanden hatte.

Dennoch stand die Frage im Raum, weshalb man einfach so 50 Dollar Startkapital bekam, ohne eigenes Geld einzahlen zu müssen. Ein Blick ins Kleingedruckte offenbarte den einfachen Grund: Die Herrschaften verdienen am gewonnenen Geld mit. Dafür, dass sich Spieler über dieses Portal bei einem Pokeranbieter anmelden, bekommen sie von jedem *rake* (der Hausanteil des Betreibers), das auf das Konto eines ihrer Schützlinge geht, etwas ab. Also haben sie auch ein Interesse daran, dass man gut pokert, und versorgen die Mitglieder mit entsprechendem Lernmaterial. Das leuchtete mir ein.

Ein Pokeranbieter war schnell gefunden und mir blieb ein Wochenende Vorbereitungszeit, bis das Startguthaben dort eintreffen würde. Ich las die fünf Einsteigerartikel wieder und wieder, bläute mir Tischpositionen und Starthände (die beiden Karten, die man zu Beginn erhält) so gut es ging ein und übte mit einem analogen Kartenspiel die Abläufe. Relativ schnell wurde mir klar: Wenn man sich genau an die Anleitung hält, spielt man nur äußerst selten. Und das ist auch das erklärte Ziel: Man soll ein *rock*, also ein Fels, werden. Nur ausgewählte Hände spielen, dafür aber das Maximum aus ihnen herausholen.

Schließlich war es so weit und ich wagte einen ersten Versuch. Ich hatte mir verschiedene Hilfspapiere ausgedruckt, zum einen die Übersicht über die Starthände, zum anderen für die drei Setzrunden am Flop, Turn und River jeweils einige Blätter mit Anweisungen. Trotz meiner immensen Lernbereitschaft hatte ich natürlich bei Weitem nicht alles Wissen abrufbereit und das sollte mir schließlich nicht sofort zum Verhängnis werden. Ich wählte einen Tisch mit den niedrigsten Einsätzen und nahm im virtuellen Hinterzimmer Platz. Noch bevor ich recht wusste, was geschah, hatte ich eine spielbare Starthand. Ich wühlte in den Papierstapeln, fand mich nicht zurecht, geriet in Hektik und stieg schließlich am Turn aus. Eine falsche Entscheidung, wie sich herausstellte. Doch nach einigen weiteren Runden gewann ich schließlich einen Überblick über den Ablauf und die Software und hatte meine Unterlagen halbwegs im Griff. Nach einer Stunde verließ ich den Tisch mit 49 Cent Gewinn. Ein gutes Omen, obwohl doch ein recht kläglicher Stundenlohn. Meine anschließende Analyse mithilfe der Unterlagen offenbarte zwar einige Fehler, doch insgesamt hatte ich mich recht wacker geschlagen.

Nach etwa drei Wochen, in denen ich zehnmal für jeweils anderthalb Stunden gepokert hatte, konnte ich gut 1.000 Hände vorweisen, was natürlich ein Fliegenschiss im Pokeruniversum ist. Ich musste kaum noch meine Unterlagen benutzen und ging aus jeder Partie mit etwa einem Euro Gewinn raus. Ich fühlte mich sicher. Ich hatte den Überblick. Ich wusste, wie es lief. Ja, es machte sogar Spaß! Ich freute mich jedes Mal wie ein kleines Kind, wenn ich einem Vollidioten eins reinwürgen konnte. Ich nahm die »Fische« aus, die unwissenden Gambler, die ohne mit der Wimper zu zucken ihr Geld unter die Leute bringen wollten. Es war an der Zeit, in Phase 2 einzutreten.

Statt mich auf reine Anweisungen zu verlassen wie »Mit Flushdraw, OESD oder doppeltem Gutshot setzt oder erhöhst du einmal« ging es nun ans Eingemachte: Mithilfe von Wahrscheinlichkeiten, *Odds* und *Outs* und *Pottodds* ging es nun darum, zu verstehen, warum man etwas so oder so machen sollte. Hilfreich war natürlich, dass ich mich schon vorher als *rock* bewährt hatte: Stur wurden alle Blätter weggelegt, die Mist waren. Nach 20 Spielen und drei geopferten *Big Blinds* (*Small Blind* und *Big Blind* sind Zwangseinsätze, die von zwei Spielern zu Beginn jeder Runde entrichtet werden müssen) wurde ich zwar sehr ungeduldig und schrie und tobte, legte aber dennoch zuverlässig meine Karten weg. Wenn ich allerdings mal eine richtig gute Hand hatte und schon eine Weile am Tisch saß, wussten die Mitspieler natürlich, was Sache war, und gaben meist sehr schnell auf. Frustrierend, wenn man mit zwei Assen nur die Zwangseinsätze abstaubt und dann wieder neun Spiele warten muss. In Phase 2 wurde man dann dazu angehalten, nicht mehr ganz so felsig zu sein. Man sollte auch hier und da mal mit einem Blatt, das man vorher aufgegeben hätte, einen *Flop* (die ersten drei Karten, die aufgedeckt werden) für einen kleinen Einsatz sehen, Blinds attackieren und die eigenen Einsätze öfter verteidigen

Die Umstellung auf Phase 2 geriet allerdings vorerst zum Desaster. Es wurde prophezeit, dass man das etwas häufigere Spiel auf Dauer nur erfolgreich durchbringen konnte, wenn man alle anderen neuen Ratschläge verinnerlicht hatte und anwenden konnte.

Und das dauerte. Mit meinem toll ausgedachten Zwischending aus Einsteiger- und Fortgeschrittenenmodus verlor ich ganz schnell wieder meine erspielten zehn Euro. Es half alles nichts, es musste situationsabhängig aus Kopf und Bauch heraus passieren. Die alten Spielnotizen wanderten in den Müll und ich zwang mich, die Rechnerei zu verstehen. In der Theorie ist das ja alles noch ganz einfach. Doch unter Zeitdruck stellt sich das schon als schwieriger heraus: Ich sitze im Big Blind und der Small Blind schiebt zu mir. Nun geht die Rechnerei los: Ich hab nix getroffen, halte aber Overcards. Hmm. Kein möglicher Flushdraw, kein Straightdraw in Sicht. Ich hab 6 Outs und im Pott liegt schon ein ganzer Dollar. Das macht Pottodds von … PLÄRRPLÄRRPLÄRR! SIE HABEN NOCH 10 SEKUNDEN. Ich hab nicht als Letzte erhöht, also keine Contibet. Und 3 Leute sind noch mit in der Hand … NOCH 3 SEKUNDEN. Ach, was soll's. Ich schiebe lieber erst mal.

Und dann kommen auch noch die unwägbaren Mitspieler hinzu. Eine meiner bislang letzten Runden brachte mich fast um den Verstand: Schon seit einer Stunde hatte ich diese blöde »burbalakovna« auf dem Kieker. Laut Avatar auch eine Dame und von denen gab es nicht allzu viele. Schon sechsmal hatte ich gegen die den Kürzeren gezogen und war ausgestiegen. Und jedes Mal hatte sie mit einem absoluten Schrottblatt derart aggressiv gespielt, dass am Ende nur noch ein weiterer Hanswurst mit am Showdown war, der noch schlechtere Karten hatte. Doch endlich war es so weit. Ich hielt zwei Asse, die beste Starthand, die es gibt, und saß in mittlerer Position. Gleich aus erster Position gab es eine Erhöhung von einem sehr zurückhaltenden Spieler. Zwei Könige womöglich? Frau b. geht mit und ich erhöhe nochmals. Alle anderen Spieler steigen aus. Der Flop kommt 7, 5, 8 *Rainbow* (alle Karten von einer anderen Farbe). Vielleicht ist eine Straße unterwegs? Hm. Die anderen beiden schieben, ich setze und sie gehen mit. Der Turn bringt eine 3 hervor. Der Schüchterne schiebt und Frau b. setzt. Wie bitte? Sie setzt in meine Initiative, hat sie womöglich eine fertige Straße? Doch wie sollte das gehen? Die hätte sie ja auch zuvor dann schon haben müssen. Hatte ich etwas übersehen? Ach was, die blufft doch nur. Ich erhöhe. Der Schüchterne steigt aus und Frau b. geht mit. Der River bringt eine Sechs. Au weia. Das ist definitiv eine Straße. Ich wähne mich schon geschlagen. Doch Frau b. schiebt zu mir. Was sollte das denn jetzt? Hattse nun was? Dann wirdse doch noch ein bisschen Geld von mir haben wollen und was setzen. Ich war verwirrt und blickte nichts. Doch ich besann mich. Wahrscheinlich hattse gar nix und ich setze jetzt einfach. Basta. Sie geht mit und zeigt Karo 3 und Herz 7. Zwei Paare. Ich hab dummerweise nur eins und bin fassungslos. Mit so einer Hand würde man doch vor dem Flop nicht zwei Erhöhungen mitgehen! Oder doch? War womöglich Betrug im Spiel? Ich war in einer Stimmung, in der es nicht ratsam ist, weiterzuspielen. Und so verließ ich den Tisch, wie es auch vier Runden zuvor schon ein Herr getan hatte, der in einer recht ähnlichen Partie auch gegen Frau b. verloren hatte.

Merke
Pokern als Mittel des Reichwerdens ist nur zu empfehlen, wenn man über reichlich freie Zeit verfügt. Die Bildungsferne des Pokeraspiranten sollte nicht allzu groß sein, da grundlegende mathematische Kenntnisse vonnöten sind, um Erfolg zu haben. Arbeitslose Akademiker haben hier die besseren Karten.

Ich kam zu dem Schluss, dass es doch recht langwierig ist, durch Pokern reich zu werden. War ja eigentlich klar und wurde mir auch in der Pokerschule eingebläut. Man muss viel und regelmäßig üben. Außerdem sehr diszipliniert sein und wissen, wann Schluss ist. Eigentlich nichts für typische Spielernaturen, will man meinen. Und darum vielleicht genau das Richtige für mich. Doch mir fehlte ja die Zeit! Ich kann unmöglich jeden Tag pokern. Arbeitslos müsste man sein. Dann hätte man genug Zeit und Muße dazu und könnte zudem noch ein Leben in spätrömischer Dekadenz führen. Eine herrliche Vorstellung!

DER PREIS
?
!
IST HEISS

Wie hieß die erste Quizshow im deutschen Fernsehen?
a) Kennst du Europa?
b) Weißt du was von Opa?
c) Raten Sie den Fauxpas.

TICKTACKTICKTACKTICKTACK

»Ähm, puh … ich nehm Antwort A.«

»Sind Sie ganz sicher? Wollen Sie nicht vielleicht das Publikum befragen?«

»Hm, naja …«

»Oder einen Vokal kaufen?«

»Tja … also nein. Ich bin ganz sicher. Antwort A.«

»Nun gut. Dann wollen wir mal sehen. Die richtige ANTWORT … lau-tet … … AAA! Die erste Quizshow im deutschen Fernsehen lief 1953 und hieß ›Kennst du Europa?‹. Damit haben Sie unseren SONDERPREIS abgeräumt. Ein Erlebniswochenende in Bitterfeld! Herzlichen Glückwunsch! Freuen Sie sich?«

»Und wie!«

Seit den Anfängen des Fernsehens gibt es diverse Möglichkeiten des schnellen Geldgewinns durch Quizshows. Eine gute Sache auch für unseren Zweck, bieten diese doch die hervorragende Möglichkeit, mit etwas Allgemeinbildung und Glück ein beträchtliches Preisgeld einzustreichen. Auch viele Leserexperten waren sich einig darin, dass das ein guter und richtiger Weg ist.

Expertentipp
Wer wird Millionär besuchen oder andere Ratesendungen.

Bereits kurz nach dem Beginn unseres kleinen Versuchs meldeten wir uns beide bei ›Wer wird Millionär?‹ an. Gegen die Zahlung von einem Euro und nach der erfolgreichen Beantwortung einer Qualifikationsfrage wurde man in den »Bewerberpool« aufgenommen, aus welchem die Teilnehmer schließlich ausgelost werden. Absurdes Element ist dabei der Umstand, dass man sich so oft bewerben kann, wie man möchte, um seine Chancen zu erhöhen. Selbstverständlich muss man jedes Mal einen Euro dafür löhnen. Wir konnten uns an fünf Fingern abzählen, dass wir nicht sofort aus der wahrscheinlich mehrere Millionen Menschen zählenden Anwärterschaft ausgelost werden würden, und so schauten wir uns beizeiten nach realistischeren Alternativen um.

DAS QUIZ MIT JÖRG P.

Man sagt ja, dass der frühe Vogel den Wurm fängt. Ich persönlich glaube, das ist Quatsch. Wie soll denn der Vogel mit verquollenen Augen und in geistiger Umnachtung den Wurm überhaupt erkennen? An einem Sonntagmorgen im November wurden die Konkurrentin und ich zur Vorsprache ins Mercure Hotel an der Berliner Charité geladen. Um zehn Uhr mussten wir auf der Matte stehen. Eine Veranstaltung am Vorabend hatte ihre Spuren hinterlassen und ich fühlte mich eher als zerfledderter Zwitscherling denn als wurmgeiler Raubvogel. Aber es war ja für den guten Zweck: Trotz des Status als Konkurrenten hatten wir uns zusammen beim ›Quiz mit Jörg Pilawa‹ beworben, das uns unermesslichen Reichtum bescheren sollte. Dieser würde dann anhand einer komplizierten Rechnung unter uns aufgeteilt werden, je nachdem, wer wie viele Fragen richtig beantwortet hatte. Vor dem großen Gewinn galt es nur noch, dieses Casting hier hinter uns zu bringen. Reine Formsache. Allerdings sah die Frau Feller an diesem Morgen auch nicht gerade taufrisch aus.

Den Plan des schnellen Quizshow-Reichtums hatten natürlich noch andere, mitunter recht schräge Vögel. Als wir am Hotel eintrudelten, standen dort vor dem Eingang schon etliche Zweierpaare, die Zigaretten heißrauchten und wertvolle Tipps tauschten. Auf einem Flipchart in der Hotellobby stand der Ablauf des Tagesprogramms geschrieben. Das 10-Uhr-Casting war offenbar nicht das einzige heute, laut Chart folgten noch drei weitere Durchgänge um 12, 15 und 17 Uhr. Vermutlich mit ebenso vielen Teilnehmern wie jetzt. Dass diese Prozedur zeitgleich in acht weiteren großen Städten stattfand, erfuhren wir aber erst später. Ich hatte mir natürlich vorher überlegt, einfach total locker zu sein. Ich war stark verkatert, was diesen Zustand eigentlich begünstigen sollte, aber das Warten, das Hotel und die Leute machten mich plötzlich ziemlich nervös. Endlich ging es los. Die Pforte zum Tagungsraum à la »Fleur de plastique« öffnete sich verheißungsvoll und gab vier Mitarbeiter preis, die für den reibungslosen Ablauf sorgten. Routiniert verteilten sie Aufkleber mit Namen und Kennziffer an alle Castingfreunde, so auch an uns, die wir als Letzte in den Saal schlichen. Na toll – 13a und 13b.

Wir setzten uns nach ganz hinten, um die Konkurrenz im Auge behalten zu können. Und auch weil sonst kein Platz mehr frei war. Der Obercaster sprach einige flotte Begrüßungsformeln in den Raum und gab eine kurze Einführung in das zu erwartende Prozedere. Zuerst würde es eine kurze Vorstellungsrunde geben und im Anschluss daran noch einen kleinen Wissenstest. Für diejenigen, die Wissenstest und Vorstellungsrunde zufriedenstellend absolvierten, wartete dann als Highlight ein Videointerview. Der Scheff spulte die Informationen routiniert ab, als hätte er sie schon mehrere Tausend Mal vorgetragen, inklusive kleiner Scherzchen, über die natürlich alle artig lachten. Wir auch. Immerhin wurde man genauestens observiert. Und griesgrämige Menschen sind in Quizshows bestimmt nicht gerne gesehen.

Während der Vorstellungsrunde schmolzen meine Hoffnungen auf das schnelle Quizshowgeld dahin, denn die Konkurrenz war stark: Da waren beispielsweise zwei lautstarke Damen. Beide um die 60, sehr füllig und mit einer ausgeprägten Berliner Schnauze ausgestattet. Schon in der Hotellobby war das dynamische Duo kaum zu bremsen gewesen. Jetzt hatten sie noch einmal eine Schippe draufgelegt. Und das kam gut an. Castingpersonal und Teilnehmer waren gleichermaßen begeistert. Viel leiser, aber nicht weniger skurril die nächste Paarkonstellation: zwei befreundete Finanzbeamte. In drögem Schreibstuben-Gemuffel stellten sie sich gegenseitig vor. Der eine mit beachtlicher Körperfülle gesegnet, der andere dagegen ziemlich schmächtig. Die beiden hatten was. Ob sie sich ihrer humoristischen Ausstrahlung bewusst waren? Ich stellte mir vor, wie sie in ihrer Freizeit als Unterhalterduo auf Hochzeiten auftraten. Weit weniger speziell, aber bestimmt immer gerne gesehen: Zwillinge. Anfang zwanzig, weiblich, gutaussehend und das charmante Lächeln serienmäßig. »Gott, wie langweilig«, dachte ich. Als sie auch noch davon erzählten, dass sie immer alles zusammen machen und wie unzertrennlich sie sind, wäre ich am liebsten aufgesprungen, hätte ihnen das sorgfältig gelegte Haar verwuschelt und geschrien: »Es gibt ja wohl nichts Klischeehafteres als euch! Raus hier!«

Florian blieb natürlich sitzen. Und die Zwillinge kamen selbstverständlich hervorragend an. Doch sah man auch bei anderen artig applaudierenden Teilnehmern die Augen hasserfüllt funkeln. Für die letzte und unerträglichste Darbietung zeichnete schließlich eine »Schauspielerin« verantwortlich, die mit viel zu lautem hysterischem Organ eine dermaßen übertriebene und zugleich dämliche »Wie ich meinen Mitspieler kennenlernte«-Geschichte zum Besten gab, dass selbst der Obercaster sein Entsetzen kaum verbergen konnte und froh schien, als es endlich vorbei war. Nun ja, im Gegensatz zu den Jute-Laune-Muttis hatte unser Vortrag eher den Esprit eines stotternden Zweitakters, irgendwie skurril oder sonderbar waren wir wohl auch nicht und gutaussehend rosig-frisch an diesem Morgen schon gar nicht. Konnten wir das Ruder noch rumreißen? Unsere letzte Hoffnung ruhte auf dem Wissenstest. »Wer das nicht lesen kann, sollte sich am besten in die erste Reihe setzen. Und mal zum Augenarzt gehen.« »HAHAHA.« Artig-nervöses Gelächter läutete die Fragerunde ein, deren Antworten wir zu 30 Prozent bereits aus dem Internet kannten. Alle anderen Fragen konnte ich zumeist ohne großes Nachdenken beantworten und dem Kontrahenten erging es ähnlich. So verließen wir also den Raum und warteten mit Spannung die zehnminütige Auswertung ab.

Nach einigen Dankesworten für die kostbare Zeit, die man geopfert hatte, und die schöne und unterhaltsame Zeremonie, der man beiwohnen durfte, schritt der Castingscheff zur Urteilsverkündung. Neben dem dynamischen Damenduo, den Finanzbeamten und den Zwillingen hatten sich noch drei weitere Paare für das anschließende Videointerview qualifiziert – wir nicht. Alle anderen zum Teil von weither angereisten und daher umso enttäuschteren Mitstreiter wurden mit tröstenden Worten und Appellen an den Sportsgeist in den tristen Sonntag verabschiedet. Doch nicht ohne den Hinweis, dass man sein Glück durchaus noch einmal versuchen könnte. Wenn sich beim nächsten Mal der Partner bewerben würde, könnte man also durchaus in der gleichen Konstellation noch einmal vorbeischauen. Zusammen mit den anderen Verlierern drängten wir aus dem stickigen Raum hinaus an die frische Luft, wo bereits die nächste Fuhre Kandidaten-Material hoffnungsvoll in die Zukunft blickte. Bei einem Kaffee werteten wir die Niederlage professionell aus. Schuldzuweisungen waren hier eindeutig fehl am Platze, da wir beide keine allzu gute Figur abgegeben hatten. Zwar hatten wir

Expertenmeinung
Beim Casting war ich im letzten Jahr auch mal. Ich war bitter enttäuscht und tat meinen Frust damals auf meinem Blog kund.

uns durchaus in Schale geworfen, Lederschuhe statt Sneakers und dazu Kragen angelegt, doch vielleicht war gerade das auch ein Fehler gewesen und wir hatten nicht authentisch gewirkt? Wahrscheinlich waren wir einfach uninteressant. Statt in die Vollen zu gehen und in der Vorstellungsrunde von unserem Versuch zu berichten, sagten wir plötzlich Sachen wie: »Ich bin hier mit dem Florian. Wir studieren zusammen Grafikdesign.« Uiuiui! Oder gar: »Wir haben uns bei der Aufnahmeprüfung kennengelernt.« Alter! Was war das denn? Wer so bescheuert ist, muss sich nicht wundern, rauszufliegen. Wenn die Herrschaften jede Woche für drei Sendungen aus schätzungsweise 500 Pärchen auswählen können und man nicht mal eine total ausgeflippte Kennenlerngeschichte vorzuweisen hat, geschweige denn in der Lage ist, halbwegs interessante Fakten aufzutischen, dann sollte man es sportlich nehmen und die ganze Sache schnell wieder vergessen. Und das taten wir auch.

Bis ich eines schönen Tages im Dezember erneut Castingpost erhielt. Da wir beide seinerzeit eine Bewerbung abgeschickt hatten, war dies wahrscheinlich die schon erwähnte zweite Chance. Wieder ging es ins Mercure Hotel, diesmal allerdings zur freundlicheren 15-Uhr-Zeit. Da wir den Ablauf bereits kannten und keine allzu großen Hoffnungen hegten, sahen wir das eher als Formsache an. Als Gelegenheit, die man zwar nutzen, aber nicht überbewerten sollte. Ausgeschlafen und unverkatert lungerten wir in Turnschuhen und Pullover in der Lobby herum und musterten das Casting-Volk. Ob die wohl ahnten, welch unspektakuläre Prozedur sie erwartet? Beim Einlass erhielten wir diesmal die Nummern 19a und b. Zur großen Überraschung war der Obercaster diesmal eine Dame und die Ansagen wirkten noch nicht ganz so ausgeleiert wie beim vorherigen Mal. Das änderte natürlich nichts an der Tatsache, dass der Ablauf genau der gleiche war. Diesmal waren wir allerdings so schlau, bereits in der Vorstellungsrunde von unserem Millionen-Versuch zu berichten. Fast möchte ich behaupten, dass wir irgendwie interessant erschienen, denn die Scheffin wirkte ganz zufrieden. Derart spektakuläre Paarkonstellationen wie beim ersten Mal waren allerdings ohnehin nicht dabei. Die anschließende Fragerunde hielt keinerlei Überraschungen bereit, denn die Fragen waren exakt die gleichen wie beim ersten Mal und vermutlich reine Formsache.

Die zehnminütige Wartezeit vor der Urteilsverkündung brachten wir erneut in der Lobby zu. Statt das Treiben von Ferne beobachten zu können, wurden wir jedoch von anderen Teilnehmern zu unserem Millionärsversuch befragt, was die Warterei enorm beschleunigte. Im Geiste sahen wir uns schon auf dem Nachhauseweg, als wir erneut im Tagungsraum Platz nahmen. Es folgten die üblichen Dankesworte, dann die Verkündigung. Gleich an zweiter Stelle wurden unsere Namen aufgerufen. Wir sahen uns an. Das gibt's doch nicht! Waren wir tatsächlich so saucool gewesen, dass die uns ausgesucht hatten? Menschenskinder. Wir mussten erneut vor die Tür treten und darauf warten, uns im Videointerview zu beweisen.

Unsere »Das wird ja sowieso nix«-Laune wich einem gewissen Optimismus. Jetzt also nur noch das Videointerview. Und schon ging's los: Wir wurden gebeten, uns nebeneinander auf zwei Stühlen zu platzieren. Ein Castinggehilfe brachte gefährlich nah vor uns eine Kamera in Stellung, und es dauerte gefühlte Ewigkeiten, bis die passende Einstellung gefunden war. Auch unsere Sitzposition war der Obercasterin noch nicht genehm und bedurfte der langwierigen Anpassung. Plötzlich war ich doch wieder nervös, denn das ganze Prozedere wirkte nicht gerade entkrampfend. Die Aufforderung, sich möglichst nicht zu verstellen und locker zu sein, tat ihr Übriges. Wie uns die Scheffin sagte, würden die Videos in der Castingzentrale von einer Art Über-Obercaster gesichtet. Um diesen nicht zu langweilen, wäre es ratsam, möglichst nett und interessant zu wirken, da ansonsten auch gerne mal der Fast-Forward-Knopf betätigt würde. Denken, sprechen, lächeln, interessant sein, in die Kamera schauen. O.K., dann mal los. Erneut sollten wir uns in Kurzform gegenseitig vorstellen und erklären, wieso wir gemeinsam antreten wollten. Dann noch ein paar Fragen der Castingchefin – und schon waren wir durch. Ich konnte überhaupt nicht einschätzen, was für ein Bild wir abgegeben hatten und wie unsere Chancen zu werten waren. Wir konnten nur noch hoffen, dass unser kleines Video beim Bundesobercaster Anklang fand.

Merke
Man kann fürs Fernsehen auch optisch benachteiligt sein, aber man braucht eine Geschichte. Auch für die öffentlich-rechtlichen Programme.

HANGING ON THE TELEPHONE

Monikas Vater hat 5 Töchter – Lele, Lala, Lulu, Lolo. Wie heißt die 5. Tochter? Mit dieser hochwertigen Fragestellung sah ich mich konfrontiert, als ich eines Nachts ins 9Live-Programm reinzappte. Der Sender, der nicht nur ehemaligen Big-Brother-Stars eine zweite Karriere ermöglicht, sondern auch nach eigenen Angaben monatlich Gewinnbeträge von über einer Million Euro auszahlt. Also Telefon her und reich werden. Angefeuert vom »Hot Button«, der laut Augenkrebs verursachender Einblendung jeden Moment zuschlagen würde, probierte ich gefühlte 100 Mal durchzukommen. Der grenzdebile Moderator tat ein Übriges, mich für dieses schaurige Schauspiel zu begeistern. Welch teuflischen Drogencocktail muss man einnehmen, um das über mehrere Stunden durchzuhalten? Mit jedem gescheiterten Anrufversuch rauschten auch gleichzeitig 50 Cent durch die Leitung. Der Button war heiß – trotzdem wurde in der Zeit zwischen Geisterstunde bis halb drei morgens kein einziger Anrufer durchgestellt. Stattdessen erhöhte sich alle paar Minuten der Jackpot, um mich und die anderen armen Seelen bei Laune zu halten. Als mein Hirn schon im Begriff war, sich aufzulösen, wurde dem Treiben endlich ein Ende gesetzt. Und zwar mit Wolfgang aus Leverkusen-Opladen, der auch wusste, dass Monika und nicht Lili die richtige Antwort ist … Wolfgang war um 5.000 Euro reicher. Und ich um 45 Euro ärmer, wie sich einige Wochen später auf meiner Telefonrechnung herausstellen sollte. Wofür hatte ich mir hier eigentlich die halbe Nacht um die Ohren geschlagen? Eine schreiende Ungerechtigkeit.

Neues Spiel – neues Glück: Deutsche Städte mit »e« an zweiter Stelle wurden ein paar Wochen später in der nervenaufreibenden Sendung ›MasterQuiz‹ auf Super RTL gesucht. Zwölf Städte an der Zahl. Angeregt durch die Gewinnsumme von gut 10.000 Euro versuchte ich es diesmal im Sekundentakt. Und wider Erwarten klappte es, in die Sendung durchzukommen! »Äh ja, Florian aus Berlin hier. Ich würde mal auf ›Dessau‹ tippen.« Die sonst wie ein Duracell-Häschen agierende Moderatorin hielt aus Spannungsgründen kurz inne, um dann doch zu verkünden, dass ich falschlag. »Schaaaade, Florian.« Ich probierte es noch ein paarmal und landete schließlich im Callcenter des Senders. Dort sprach man mir großzügigerweise einen Trostpreis von fünf Euro zu. Aber mehr war nicht zu holen. Andere Anrufer hatten ebenso wenig Glück wie ich. Denn die Damen und Herren vom ›MasterQuiz‹ hatten sich das ganz geschickt ausgedacht: Die Leute wurden erst einmal mit einigen vermeintlich leichten Städten wie Leipzig und Heidelberg angefixt. Bei den restlichen Lösungen handelte es sich um kleine Käffer, die gerade mal eben den Status Stadt verdient haben. Das ist so ähnlich wie auf den Namen Rumpelstilzchen zu kommen. Oder hat schon einmal jemand etwas von Beeskow, Meisenheim oder Veringenstadt gehört? Mein Bedarf an derlei Geldschneiderei war fürs Erste gedeckt. Ich versuchte meine Schmach zu vergessen, war aber hocherfreut, als der Fünf-Euro-Gewinn tatsächlich meinem Konto gutgeschrieben wurde.

Blankes Entsetzen erfüllte mich dann einige Tage später. Laut Kontoauszug belief sich meine Telefonrechnung für den abgelaufenen Monat auf satte 125 Euro. Selbst schuld, könnte man da sagen. Dass es sich bei diesen Call-in-Gewinnspielen um hirnerweichende Kost handelt, war ja irgendwie klar. Trotzdem wollte ich es ausprobieren. Man weiß schließlich nie. Dass sich aber dahinter tatsächlich ein seltsames Geschäftsmodell verbirgt, zeigte ein Bericht im ARD-Magazin »Plusminus« aus dem Jahr 2007. Dort berichteten zwei ehemalige 9Live-Mitarbeiter von gefälschten Anrufern und einem »Hot Button«, der nicht durch Zufall, sondern von Redakteuren ausgelöst wurde. Kursierende Videos auf Youtube unterstützten die Vorwürfe. In einem Clip bringt ein versehentlich offen gelassenes Mikro der Moderatorin den Sender in Bedrängnis. Eine schöne Sammlung der 9Live-Unglaublichkeiten findet man auch auf dem Blog des Journalisten Stefan Niggemeier (stefan-niggemeier.de).

Merke
Wenn man schon nicht einschlafen kann, sind Dauerwerbesendungen eine preiswerte Alternative. Solange man nichts kauft.

WER WIRD MILLIONÄR

›Wer wird Millionär?‹ – die Champions League unter den Quizshows. Sitzt man einmal auf dem heißen Stuhl, kann seine Nervosität in den Griff bekommen und ist dann auch noch einigermaßen helle im Kopf, hat man gute Chancen, mit einer beachtlichen Summe nach Hause zu gehen. Im Jahr 1998 erstmals in Großbritannien unter dem Namen ›Who wants to be a millionaire?‹ gesendet, erfreut sich das Quizshowformat heute weltweit größter Beliebtheit. In über 100 Ländern wird die Show inzwischen unter Lizenz produziert und ausgestrahlt. Ablauf und Aussehen ist dabei überall gleich. Die Studioaufbauten,

Musikeinspielungen, Kameraschwenks und die Lichtsetzung sind genauestens vom Lizenzgeber vorgeschrieben und dürfen nicht verändert werden. Es scheint, als wäre die Entwicklung solcher Sendekonzepte selbst eine gute Methode, um reich zu werden. Die Produktionsgesellschaft Celador jedenfalls verkaufte ihr Sortiment an Fernsehformaten inklusive ›Who wants to be a millionaire?‹ für 106 Millionen Britische Pfund.

Wir hatten uns ja bereits als Kandidaten beworben, aber da es sich nicht gerade um einen Geheimtipp handelte, war die Chance, in die Sendung zu kommen, verschwindend gering. Und so passierte auch rein gar nichts. Bis sich eines Tages im Januar das Schicksal zu wenden schien. Plötzlich gab es von Spiegel Online → *siehe Kapitel 9 »15 Minuten Ruhm«* bis zu Portalen wie gmx oder web.de großes Tamtam um unser Vorhaben. Dabei hatten wir bisher noch keine nennenswerten finanziellen Fortschritte gemacht. Und doch hagelte es Presseanfragen. Unter anderem fanden wir auch eine Mail von der ›Wer wird Millionär?‹-Redaktion in unserem Postfach: »Wir hätten großes Interesse, einmal mit Ihnen zu sprechen, da wir überlegen, ob Ihre Aktion auch in den Rahmen unserer Show passen könnte. Wenn von Ihrer Seite auch Interesse besteht, dann melden Sie sich doch kurz …«

Ich war geradezu schockiert. Florian hockte in einem Seminar und hatte wahrscheinlich noch gar keine Ahnung von dem freudigen Ereignis. Nun war Handlungsfähigkeit gefragt und in Windeseile antwortete ich dem Redakteur: »Und ob wir da Interesse hätten!« Der Rückruf ließ nicht lange auf sich warten und ich versuchte unter großen Anstrengungen, möglichst locker mit dem Herrn zu plaudern. Ha! ›Wer wir Millionär?‹ – da hatten wir doch schon ganz andere Sachen durch! Diesen Anschein jedenfalls wollte ich erwecken. Keine Ahnung, ob das geklappt hat, aber er schien sehr an uns interessiert. Schließlich wollte er wissen, ob wir schon eine Antwort auf unser Pilawa-Casting hätten. Von unseren Quizshowambitionen hatte er also auf unseren Blogs gelesen. »Bis jetzt noch nicht«, gab ich zur Antwort. Das war gelogen. Zwei Tage zuvor hatten wir bereits die Absage erhalten. Den Bundesobercaster hatte unser Videointerview offenbar nicht vom Hocker gerissen. Doch wenn ich zugab, dass wir bereits so schnell eine Absage erhalten hatten, hielt uns der gute Mann vielleicht nicht für telegen genug. Ob dieser schnellen und gewandten Lüge, die mich selbst verblüffte, hielt ich mich für sehr professionell. »Hm, verstehe«, sagte der Redakteur, »aber wenn ihr zu Pilawa geht, können wir das natürlich nicht mehr bringen.« Ja, das ist natürlich klar. Ich zeigte mich verständnisvoll. Keiner wollte so eine Geschichte nur in aufgewärmter Fassung präsentieren. Man kennt das ja. »Also haltet mich auf dem Laufenden mit Pilawa! Ich seh derweil mal, ob wir hier was mit euch machen können«, sprach er und legte auf. Ich starrte eine Ewigkeit aus dem Fenster. Dann besann ich mich, rannte ein paarmal kreischend durch die Bude und rief Florian an.

Es dauerte fast eine Woche, bis sich der Redakteur erneut meldete. Ich war gerade in der Siebdruckwerkstatt der Uni und stellte Autogrammkarten für Uschi International → *siehe Kapitel 10 »One Hit Wonder«* her, als mein Handy klingelte. Die Werkstatt liegt tief im Keller und der Empfang war dementsprechend dürftig. Ich reckte mich vor einem Fenster so gut es ging in die Höhe, um mein Telefon mit ausreichend Empfangswellen zu versorgen, und meldete mich schließlich zu Wort. Hochkonzentriert lauschte ich den Worten des Redakteurs. Er schien in Hektik und hatte nicht viel Zeit, sagte aber, dass unsere Chancen nicht schlecht stünden und wir uns noch einmal pro forma bewerben sollten. Je schneller, desto besser. Dann könnte man die notwendigen Schritte einleiten und uns auswählen. »Äh, ja dann machen wir das doch mal«, brachte ich hervor und schon war das Gespräch wieder beendet.

Man kann sich kaum ausmalen, was danach passierte. Aber alles der Reihe nach. Der Kollege und ich führten, wie uns geheißen ward, erneut eine Online-Bewerbung durch. Kostenpunkt wie immer ein Euro. Und dann hatte ich auch noch eine total bescheuerte Qualifikationsfrage, die ich nicht beantworten konnte. Ich versuchte auf die Schnelle etwas Passendes zu googeln, aber es reichte nicht. Die Zeit war bereits abgelaufen. Argh! Wie ärgerlich. Also noch mal anmelden. Noch mal den Euro bezahlen, noch mal eine Frage – hoffentlich nicht die gleiche. Aber Glück gehabt. Nun gut. Insgesamt hatten die Leute also schon drei Euro an mir verdient. Es war an der Zeit, mir das Geld zurückzuholen!

Gegen Abend traf ich mich mit Florian. Wir wollten eine schöne E-Mail an den Redakteur verfassen und ihm mitteilen, dass wir unsere Online-Bewerbung durchgeführt hatten. Und auch, dass es vielleicht bald einen ›Stern-TV‹-Beitrag über uns gäbe und der entsprechende Redakteur sehr an der ›Wer wird Millionär?‹-Geschichte interessiert wäre. Und immerhin war ja der Moderator auch noch derselbe Mann wie der Quizmaster. Wie wir so an unserem Text herumformulierten, überkam mich plötzlich ein mulmiges Gefühl. War das denn überhaupt rechtens, dass wir so offensichtlich bevorzugt wurden, nur weil wir eine Website hatten und eine Handvoll lächerlicher Versuche unternommen hatten, irgendwie an Geld zu kommen? Wir wollten doch alles auf legalem Wege machen, aber war das nicht irgendwie ein bisschen illegal? Von wegen strenger notarieller Überwachung der Abläufe und so was alles?

Schließlich äußerte ich meine Zweifel laut. Florian schaute mich an, zuckte zunächst die Schultern und sagte so etwas wie:

»Ach komm, lass uns einfach mal sehen, was passiert.«

»Na gut. Aber findest du nicht doch, dass das irgendwie gegen die Regeln ist?«

»Natürlich isses gegen die Regeln! Aber was kümmert *uns* das?«

»Ja. Naja. Hast ja recht.«
Also weiter. Wir mussten ein schönes knackiges Schreiben verfassen. Wir wollten wortgewandt und witzig erscheinen. Schlagfertig. Fernsehtauglich. Schließlich gab ich zu bedenken, was denn wäre, wenn das alles klappen würde und auch das mit dem ›Stern-TV‹-Beitrag und die auch noch über die ›Wer-wird-Millionär?‹-Sache berichteten.
»Wäre das nicht merkwürdig?«
»Was denn?«
»Na, sagen wir mal, du kuckst ›Stern-TV‹. Und dann kommt so ein Beitrag über zwei so Vögel, die gerne reich wären, und mit Öffentlichkeit und Website und so weiter. Und dann sind die beiden ganz zufällig bei ›Wer wird Millionär?‹. Alle beide. Zufällig ausgewählt aus was weiß ich wie vielen Millionen Bewerbern. Zufällig gerade jetzt, wo sie versuchen, Millionäre zu werden.«
»Ja, naja …«, er rutschte auf seinem Sitz herum. »Hab ich mir ja auch schon überlegt.«
»Und?«
»Ist schon etwas komisch. Aber denk doch mal an die Kohle!«
»Mach ich ja! Deswegen kann ich ja nicht vernünftig denken!«
»Also: Das Angebot kam ja von denen höchstpersönlich! Weshalb ist das jetzt unser Problem?«
»Stimmt. Aber das mit dem ›Stern-TV‹-Beitrag sollten wir trotzdem sagen. Und vielleicht können wir ja anmerken, dass das vielleicht für Außenstehende etwas merkwürdig sein könnte. Nur so als private Rechtfertigung? Vielleicht könnte man das Problem ja dann irgendwie anderweitig lösen.«
»Hm. Na gut. Also dann mal los.«
Weit entfernt von der geplanten Gewitztheit trugen wir schließlich unser Anliegen vor: »… dass wir vom Gewissen her doch ein paar Bedenken haben, denn eigentlich sehen unsere ›Spielregeln‹ ja vor, dass alles ganz transparent und fair

abläuft.... Zum anderen wurden wir von einigen Fernsehanstalten angefragt... Soeben habe ich auch mit A. H. von Stern TV gesprochen und dieser signalisierte, dass das vermutlich kein Problem sein dürfte, sondern vielmehr sogar ein interessanter Sachverhalt...«
Die Antwort ließ nicht lange auf sich warten: »... dass Sie sich Gedanken um die Fairness ihres ›Duells‹ machen, ehrt Sie sehr. Ihr Eindruck, Sie beide würden als Bewerber gegenüber den normalen Kandidaten bevorzugt, ist nicht ganz richtig. Wir bieten ihnen lediglich die Chance, sich gezielt bei uns zu bewerben. Selbstverständlich müssten Sie nach Ihrer Bewerbung das gleiche Prozedere durchlaufen, das jeder andere Kandidat auch durchlaufen muss. D.h., dass auch Sie sich erst mit der richtigen Beantwortung einer bestimmten Anzahl von Fragen für die Sendung qualifizieren müssten.... Sie müssten dann auch noch als Schnellste die Auswahlrunde gewinnen, um endlich um 1 Million Euro zu spielen. So einfach wäre es also nicht gewesen. Wir respektieren ihre Entscheidung selbstverständlich und wünschen ihnen beiden alles Gute für Ihren Wettbewerb!«
Was soll das denn jetzt? Wie kann das denn sein? Was läuft hier? Zurückspulen, bitte! Aber ganz schnell! Wie kann man nur so blöd sein? Diese bescheuerten Bedenken! Warum konnten wir nicht einfach die Klappe halten? Warum konnte *ich* nicht einfach die Klappe halten? Wieso musste ich Florian zur Ehrlichkeit bekehren? *Wieso,* verdammt noch mal? Jeder andere hätte ohne mit der Wimper zu zucken alles über sich ergehen lassen. Aber nein! Wir mussten ja fair bleiben. Transparenz und Ehrlichkeit. Zur Hölle damit! Und ich war auch noch schuld! Hätte ich nix gesagt, wäre alles prima gewesen. Ich war am Boden zerstört und musste fast ein bisschen weinen. Florian tat mir leid. In meinen Augen hatte ich ihn um ein Vermögen gebracht. Hätte er dieses Experiment doch nur mit jemand Tougherem durchgezogen anstatt mit einem Waschlappen wie mir!

Dem ist eigentlich nichts hinzuzufügen, außer dass wir mit einer erneuten E-Mail versuchten, den Karren doch noch aus dem Dreck zu ziehen. Doch es half nichts. Wir hatten uns einfach zu dämlich angestellt. Yvonne war an allem schuld. Aber nein. *Ich* war schuld. Ich hätte mich nicht bequatschen lassen und stattdessen auf die Spielregeln des Kapitalismus verweisen sollen: Wer zaudert, hat schon verloren. Wir hatten ganz eindeutig verloren. Oder doch nicht? Vielleicht waren unsere Bedenken auch nur ein willkommener Anlass gewesen, die Sache ganz schnell wieder vom Tisch zu bekommen. Denn wenn das Ganze wirklich von ›Stern-TV‹ begleitet worden wäre, musste doch jedem klar sein, dass dadurch ein sehr merkwürdiger Eindruck beim Fernsehzuschauer entstehen würde. Auswahlverfahren hin oder her. Die erste Auslosung wäre einfach nicht mit rechten Dingen zugegangen. Das war zwar nur ein schwacher Trost, aber uns blieb nichts anderes übrig, als uns mit unserem Dilemma abzufinden. Immerhin waren wir ehrlich geblieben. Und das im Angesicht einer solchen Gelegenheit. Das musste uns erst mal jemand nachmachen! Und außerdem: Wie unwahrscheinlich war es wohl trotz Bevorzugung, letzten Endes auf dem Stuhl zu landen und die Million abzuräumen? Der Beigeschmack allerdings hielt sich noch eine Weile hartnäckig: Waren wir womöglich zu aufrichtig, und konnten wir so überhaupt jemals reich werden? Hätte, wenn und wäre …

Merke
Das ganze Leben ist ein Quiz.

MENSCHEN
TIERE
INNOVATIONEN

Im Jahr 2008 gab es laut der Kreditanstalt für Wiederaufbau knapp 800.000 Firmenneugründungen in Deutschland[1]. Das mag erst mal viel klingen, doch die Zahl der Neugründungen ist seit einigen Jahren rückläufig. Schlimmer noch: Über ein Viertel aller neu ins Leben gerufenen Unternehmungen geht innerhalb der ersten drei Jahre den Bach runter. Ein hartes Pflaster, auf das man sich da wagt, will man seine Existenz selbst in die Hand nehmen. Da braucht es schon ein paar innovative und vor allem gewinnträchtige Ideen.

> **Expertenkommentar**
> Ideen ausdenken, die die Welt braucht. Worauf man am besten ein Patent haben kann.

BERLINER LUFT *SPEZIAL*

Jesus konnte seine Anhängerschaft damals mit dem guten alten Wasser-zu-Wein-Trick beeindrucken, und das Rumpelstilzchen beherrschte die seltene Gabe, Stroh zu Gold zu spinnen. Bemerkenswert! Der ambitionierte Millionärsanwärter von heute sollte sich von derlei Budenzauber ruhig eine Scheibe abschneiden. Zum Beispiel, wenn es darum geht, aus dem Nichts Geld zu machen. Inspiration für derlei Vorhaben kam von unerwarteter Stelle: In einem berühmten Gassenhauer wird die Berliner Luft besungen. Angeblich soll die ja einen ganz besonderen Duft besitzen. Diesen Duft müsste

---

[1] Quelle: http://www.handelsblatt.com/unternehmen/industrie/immer-weniger-firmengruendungen-in-deutschland;2326376

man doch irgendwie konservieren und gewinnbringend an zahlungskräftige Berlin-Touristen veräußern können! Eine kurze Internetrecherche zum Thema sorgte für Ernüchterung. Da hatte doch tatsächlich schon jemand den gleichen Gedanken gehabt! In diversen Online-Shops wurde angeblich original Berliner Luft in Konservendosen angeboten. Eine ausgemachte Mogelpackung! Die »Besonderheit« des Duftes wurde anscheinend komplett ignoriert! Vermutlich wurden die Dosen nicht einmal in Berlin abgefüllt. Das konnte ich doch besser!

Ich überlegte, was für Berlin so typisch ist. Wie könnte man diese mysteriöse Besonderheit in Geruchsform aufbereiten? Wohlriechend würde diese Note mit Sicherheit nicht sein. Denn typisch für diese Stadt sind wohl eher die Düfte der unangenehmen Sorte: allgegenwärtige Hundehaufen auf den Gehwegen, Döner essende Menschen in der U-Bahn (mit extra Zwiebeln und Knoblauchsoße), muffige Ämter und verrauchte Eckkneipen. Sicher gibt es auch mal ganz angenehme Gerüche. Aber der Berliner betrachtet nun mal lieber die negative Seite der Medaille. Es stand fest: Eine Kollektion der unangenehmen Düfte musste her! Die nächsten Tage brachte ich damit zu, nach Möglichkeiten zu fahnden, wie man diese im heimischen Rahmen herstellen könnte.

Hintergrundwissen: Skatol

Das Skatol (von griechisch für »Kot, Mist«) ist eine sehr intensiv und unangenehm riechende Indolverbindung. Es bildet weiße Kristalle. Skatol kommt im menschlichen und tierischen Kot, im Mist [...], im Sekret der Zibetkatze und in sehr vielen Pflanzen als Bestandteil des Blütenduftes vor. Auch das Fleisch unkastrierter Eber enthält Skatol.

Quelle: Wikipedia

Zunächst bestellte ich mir mehrere hundert Luftpolsterkissen, die normalerweise für Versandzwecke eingesetzt werden. Darin wollte ich meine Düfte konservieren. Einen ersten Versuch unternahm ich mit der Note »Döner spezial«. Ein Parfum, das ausschließlich aus natürlichen Zutaten besteht: eine Knolle Knoblauch und eine große Zwiebel. Ordentlich mit dem Mixer behandelt und mit Wasser gemischt, entstand eine unangenehm riechende Brühe. Abartig, aber für meine Zwecke ganz ausgezeichnet! Die Tinktur wurde in homöopathischer Dosis mittels Einwegspritze in die Luftpolsterbeutel injiziert und diese danach schnell mit einem selbst gedruckten »Berliner Luft«-Aufkleber versiegelt. Fertig war die erste Produktionscharge! Bei Weitem abstoßender sollte es beim nächsten Duft werden. Eigens für die Produktion der Note »Tretmine« orderte ich beim Onlinechemieshop meines Vertrauens eine übelriechende Chemikalie namens Skatol → *siehe Kasten links.*

Unkastrierte Eber? Bei der Verarbeitung in der zum Labor umfunktionierten Küche war also Vorsicht geboten. Nicht, weil die Substanz sonderlich giftig wäre, sondern vielmehr, weil schon winzige Mengen eine langfristige Geruchswirkung erzielen. Bewaffnet mit zwei Lagen Haushaltshandschuhen und Atemschutzmaske machte ich mich also an die Arbeit und löste eine Messerspitze des Pülverchens in etwas Wasser auf. Die Befüllung erfolgte erneut mittels Einwegspritze mit anschließender Versiegelung durch einen Aufkleber. Jetzt fehlte nur noch die im Vergleich zu den vorangegangenen Düften harmlose Variante »Rauch und Suff«. Einige Reste Zuckerrohrschnaps im Eisfach kombiniert mit ein paar Bröseln Tabak waren hier vollkommen ausreichend, um ein authentisches Geruchsbild zu schaffen. Blieb nur noch das logistische Problem der Lagerung. Die gut 500 Beutel verströmten trotz sorgfältiger Versiegelung einen so bestialischen Gestank, dass an eine Zwischenlagerung in den eigenen vier Wänden nicht zu denken war. Also ab in den Keller damit! Bis ich mir überlegt hätte, wie ich das übelriechende Souvenir unters Volk bringen würde, wären sie dort gut aufgehoben, so der schlaue Gedanke. Das sollte sich kurze Zeit später als Trugschluss herausstellen.

An meiner Wohnungstür klebte ein Zettel: »Bitte mal beim Hausmeister melden. Grüße, Kolk.« Ah ja. Das konnte nichts Gutes heißen. Wie von mir verlangt, sprach ich also beim Hausmeister vor: »In der Wohnung über Ihrem Keller gab's nen Rohrbruch. Alles komplett unter Wasser! Aber Sie hatten ja nüscht drinne, außer diesen komischen Beuteln hier. Der Rest war so nass und dreckig – die hab ich in den Müll geworfen. Was ham se denn damit gemacht? Das stinkt ja fürchterlich.« Stolz übergab er mir eine Lidl-Plastiktüte mit den wenigen geretteten Exemplaren meiner Berliner Luft. »Ach, nichts. Nur so ne Art Geschäftsidee. Besten Dank auch!« Zurück in der Wohnung besah ich mir die jämmerlichen Überbleibsel meiner tagelangen Mühen. Übrig waren knapp 20 Beutel Luft. Die meisten davon total plattgedrückt. Zum Glück hatte ich noch ein paar Exemplare »Döner spezial« sowie »Rauch und Suff« in meinem Abstellraum. Wenn ich diese an den Mann oder auch die Frau bringen könnte, wären wenigstens die Herstellungskosten wieder reingeholt. Reich werden würde ich mit dieser teuren, zeitfressenden und überhaupt bescheuerten Aktion wohl kaum. Egal. Irgendwie musste ich das jetzt wenigstens zu einem Abschluss bringen. Ich schnallte mir einen von einer Freundin entliehenen Bauchladen um und machte mich auf den Weg zum Kudamm. Dort vermutete ich allerhand zahlungskräftige Kundschaft. Zwar brauchte man für derlei Aktionen eigentlich einen Gewerbeschein für mobile Verkaufstände, aber das ignorierte ich einmal. Verlust hatte ich schon genug gemacht. Würden mich die netten Leute vom Ordnungsamt danach fragen, könnte ich immer noch sagen, dass es sich hier um ein Uni-Projekt handeln würde. Natürlich vollkommen unkommerziell. Und das wäre nicht mal gelogen. Am Ende des Tages hatte ich knapp fünf Euro eingenommen.

Merke
Mit dem Duft von unkastrierten Ebern lässt sich kein Vermögen machen.

DAS ERINNERUNGSFOTO

Berlin ist arm, aber immerhin sexy. Das scheint auch bei den immer zahlreicher anreisenden Touristen angekommen zu sein. Schnell kann man sie im Stadtbild ausmachen, erkennbar zumeist an quietschbunten »Berlin«-T-Shirts. In der U-Bahn drängen sie sich so schnell wie möglich in den Waggon, ohne zuerst die Aussteigewilligen zu beachten. Auf Gehwegen versperren sie, den Stadtplan studierend, den Weg für folgende Passanten, und ausgeliehene Fahrräder werden geschickt als heimtückische Straßensperren platziert. Doch all das nimmt man gern in Kauf, denn die Touristen bringen ein knappes Gut in die sexy Stadt: Devisen. Der findige Berliner hat dieses Spielchen natürlich schnell durchschaut und versucht, mal mehr und mal weniger erfolgreich, aus dem touristischen Treiben finanzielle Vorteile zu ziehen. Genannt seien die mobilen Verkäufer, die allerhand feilbieten können, vom überteuerten Erfrischungsgetränk bis zum notdürftig mit ein paar Spritzern Farbe versehenen Stein, der als Überbleibsel der Berliner Mauer angepriesen wird. Schnell und einfach verdientes Geld, will man meinen. Auch für angehende Millionäre ein weites Feld der Möglichkeiten.

Bislang war mir noch nüscht, aber auch wirklich nüscht in Sachen Geldmacherei eingefallen, das aus dem Nichts funktioniert. Berliner Luft – schön und gut. Doch so wirklich aus dem Nichts funktioniert das ja auch nicht. Aber irgendwas mit Touristen müsste her. Plötzlich hatte ich sie glasklar vor Augen: die Idee. Ich fotografiere Touristen. Genial. Diese sensationelle Eingebung muss man erst mal haben! Jeder kennt die Problemstellung: Am Reiseziel steht man vor einem der spektakulärsten Baudenkmäler weit und breit und lichtet dieses aus jedem nur erdenklichen Winkel ab. Leider passt es nicht ins Format und so geil wie im Reiseführer sieht's auch nicht aus. Also sucht man nach einem zusätzlichen Element, um das Motiv zu garnieren und für den Betrachter interessant zu machen. Am Ende landet man bei seiner eigenen Person. Ich neben den Pyramiden von Gizeh, wär' das nicht total originell? Das ist die einzig naheliegende Lösung, diese Dinger irgendwie in Szene zu setzen. Und das Allerbeste: Die Anverwandten müssen bei meiner Rückkehr anerkennen, dass ich auch wirklich dort war und tatsächlich diesen bescheuerten Safarihut aufhatte, weil mir sonst das Hirn verdampft wäre. Doch wie soll man es anstellen? In den seltensten Fällen kann ich selbst von mir in einigermaßen komfortabler Haltung ein vernünftiges Foto herstellen. Schon gar nicht, wenn das entscheidende Monumentalwerk als solches einwandfrei zu identifizieren sein muss. In der Gruppe mag das gehen, doch was, wenn man mal ein Gruppenfoto machen möchte? Und hier liegt der Hund begraben. Man muss jemanden fragen. Entweder den arabischen Souvenirverkäufer, dem das Wort »Kameradieb« quasi auf die Stirn tätowiert ist, oder aber den Ledersandalen-Opi mit analoger Kleinbild-Knipse, der schon mit dem Einschalten des Geräts vollkommen überfordert ist. Falls sich der Souvenirhändler doch als ehrliche Haut entpuppt, fehlen dann womöglich die beiden am äußeren Rand positionierten Urlaubsfreunde und beim Opi sind nur die Pyramidenfugen im Hintergrund scharf. Und hier setzt meine Geschäftsidee an: Ich mache Fotos von Touristen. Mit deren eigenen Kameras. Das Entscheidende und natürlich Einzigartige daran ist, dass ich mir erstens wirklich Zeit nehme, zweitens einigermaßen vernünftig fotografieren kann und auch mal einen total »gewagten« Bildausschnitt vorschlage. Mal was anderes eben. Und drittens sind mittlerweile sogar die billigsten digitalen Kleinbildkameras so gut, dass man damit bei Tageslicht ganz ansehnliche Bilder hinbekommt. Und das alles haben die Leute dann direkt auf dem Display und können es sich sofort ansehen. Und dann können sie selbst entscheiden, wie viel es ihnen wert war, von mir in dieses schöne Licht gerückt zu werden, ohne dass ich dabei den Prachtbau im Hintergrund vernachlässigt hätte.

Kein schlechter Gedanke eigentlich, den Yvonne da hatte. Nur eben, dass es nicht gerade originell ist, sich vor irgendwelchen historischen Bauten fotografieren zu lassen. Ich wollte da etwas weitergehen. Man selbst müsste ein interessantes Motiv abgeben. Wie beispielsweise die wahlweise in US- oder Sowjetarmeeuniform gekleideten Herren, die sich an exponierten und touristisch relevanten Orten in der Stadt als kostenpflichtiges Fotomotiv anbieten. So was in der Richtung sollte es wohl werden. Nur eben anders. Der Berliner Bär, der zwar das klassische Maskottchen der Stadt darstellt, aber doch schon etwas angestaubt wirkt, kam für mich nicht in Frage. Doch in der Welt der Bären wurde ich trotzdem fündig: Knut der Eisbär stellt den idealen Sympathieträger dar und wird von (fast) allen gemocht. Außerdem wurde Knut bereits erfolgreich in der Musik- und Stofftierindustrie kommerziell ausgebeutet. So wollte ich mich als Eisbär verkleidet an touristisch interessante Plätze begeben, um den militärisch gekleideten Herren Konkurrenz zu machen. Nur woher bekommt man solch ein Kostüm? In diversen Onlineshops wurden derlei Anzüge zwar angeboten, kosteten aber auch eine ganze Stange Geld. Wollte man etwas Vernünftiges haben, wäre man so um die 150 Euro los. Und das müsste ich erst einmal wieder reinholen. Ich entschied mich für die Möglichkeit der Kostümausleihe. So könnte ich mein Geschäftsmodell zunächst einmal einer Praxisprobe unterziehen. Im »Kostümhaus Graichen« in Spandau wurde ich fündig. In der verwinkelten Altbauwohnung hortete die Besitzerin allerhand Kuriositäten. Natürlich gab es da nicht nur ein Eisbärkostüm, sondern gleich mehrere in unterschiedlichen Ausführungen. Ich entschied mich für die Luxusvariante: ein haariger Overall, dazu passendes Prankenschuhwerk, Handschuhe und ein täuschend echter Eisbärkopf aus einem latexartigen Material. Schon die zweiminütige Anprobe sorgte für unkontrollierbare Schweißausbrüche. Wie sollte das erst im Einsatz werden?

Aber egal. Das war eindeutig das richtige Kostüm. Die nette Dame räumte mir sogar einen Rabatt ein, sodass ich für die Ausleihe übers Wochenende nur 50 Euro statt der eigentlich geforderten 90 Euro investieren musste.

Eines trüben Nachmittags im November machte ich mich also auf den Weg zum wohl bestbesuchten Baudenkmal Berlins, dem Brandenburger Tor. Ich trug ein selbstgemaltes Sandwichplakat mit der unverhohlenen Aufschrift »Ich fotografiere Sie mit Ihrer Kamera« und dem Bild eines sympathisch klickenden Fotoapparates. Um auch auf das internationale Publikum vorbereitet zu sein, stand das Gleiche noch mal in Englisch auf der Rückseite. Ich schaffte sagenhafte acht Euro und 48 Cent in anderthalb Stunden, dann verschwand plötzlich das Licht und mit ihm die Passanten. Macht also 5,60 pro Stunde – mehr als manche Coiffeuse hierzulande als Stundenlohn vorweisen kann. Nun mag manch einer sagen: Was für ein Witz, dafür geh ich doch nicht mal aus dem Haus. Doch hier ließen sich mehrere Argumente ins Feld führen. Erstens war es November und um die null Grad kalt, was bedeutet, dass nicht mal annähernd so viele Urlauber dort herumschlichen wie im Sommer. Zweitens haben mich die Menschen mit der Zeit weniger misstrauisch beäugt, was im Umkehrschluss heißt: Ich muss nur lange genug vor Ort sein, damit die Angst vor einem Diebstahl nachlässt. Wenn ich die 5,60 pro Stunde auf einen regulären Arbeitstag hochrechne, sind das immerhin fast 45 Euro. Nicht auszudenken, was im Sommer dabei rausspringen könnte. Vorausgesetzt natürlich, die Fotos sind tatsächlich gut. Und auch ein bisschen »verrückt«. Tja, dann kann man damit durchaus einiges erwirtschaften. Doch der beste Beweis für diese unschlagbare Geschäftsidee ist immer noch ein begeisterter Amerikaner, denn Amerikaner sind bekanntlich die größten Geschäftsleute: »Hey, I don't want a picture! But I like your idea!«, und dabei ließ er seine gepearlweißten Zähne aufblitzen.

Der Zeitpunkt für mein Vorhaben schien günstig: Es war das erste Adventswochenende, an dem das Geld vielleicht etwas lockerer säße als sonst. Da Eisbären eher selten sprechen, musste ich mir noch eine nonverbale und international verständliche Kommunikationsform überlegen, mit der ich die potenziellen Kunden locken könnte. Ich malte ein Schild, das schon von Weitem mein Anliegen signalisierte. Darauf in großen Buchstaben: »Knut & You! Take a picture!« Für einen Samstagmorgen zitierte ich Yvonne herbei. Sie war mir noch etwas schuldig, nachdem ich ihre Fotoaktion dokumentiert hatte. Gleiches sollte sie jetzt für mich tun. Als es an der Tür klingelte, hatte ich bereits meine Kostümierung angelegt. Ihr stand die Schadenfreude ins Gesicht geschrieben. Immerhin würde ich mich gleich zum Vollhonk machen.

Ach was, Schadenfreude. Ich hab mich fast totgelacht. Und das war ja wohl auch Sinn der Sache. Ganz ehrlich: Die Kostümierung hat mir gut gefallen und ich freute mich darauf, die Sache zu dokumentieren.

Also ging's los. Mit der U8 auf zum Alexanderplatz. Und es schien ein erfolgreicher Tag zu werden, denn noch auf dem Weg zur U-Bahn wurde ich von einigen Leuten angesprochen, die ihr Interesse an einem Erinnerungsfoto anmeldeten. Da ließ ich mich natürlich nicht lange bitten. Und schon hatte ich den ersten Euro verdient. Insgesamt schien mein Aufzug für Amüsement zu sorgen. In der U-Bahn konnten sich die meisten Fahrgäste nur mühsam ein Grinsen verkneifen. Und das, wo die Berliner selbst Brad Pitt ohne Umschweife ignorieren würden. Ich versuchte, mich so normal wie möglich zu geben, und setzte mich wie selbstverständlich auf einen freien Sitz. Der Herr gegenüber hatte sichtliche Probleme, so zu tun, als wenn das alles ganz normal wäre. Irgendwie war das auch für mich nicht ganz ununterhaltsam. Mit der Maskierung war ich gut getarnt. Ein vollkommen anonymer Spinner.

Zwischen Alex und Brandenburger Tor konnte ich innerhalb schweißtreibender fünf Stunden knapp 30 Euro einnehmen. Schwer verdientes Geld: Die Suppe lief mir unter diesem bescheuerten Kostüm nur so herunter. Dazu die lautstarken »Knuuhut«-Rufe der größtenteils mit Weihnachtsmann-Mützen bestückten und glühweintrunkenen Passanten. Ich hatte die Eisbärschnauze gestrichen voll. Also ab nach Hause und unter die Dusche. Ein zweiter Versuch, in dieser Kostümierung ein paar Euros zu machen, musste entfallen. Bei der Aktion hatte ich mir wohl eine ordentliche Erkältung geholt: Am nächsten Tag lag ich flach. Zeit, um meine Strategie zu überdenken. Wenigstens die Videodokumentation würde wohl einen humoristischen Beitrag für meinen Blog hergeben.

> **Merke**
> Was aus dem Nichts funktioniert, kann keinen Verlust bescheren.

DAS BEACHTLICHE KLICKVORSCHLAGWOHNZIMMER

Wenn das eigene Hirn schon mehrfach umgepflügt ist und einfach keine eigenen Einfälle mehr zutage kommen wollen, gibt es immer noch die Möglichkeit, sich auf fremden Äckern umzusehen. Zum Beispiel auf dem von Alex Tew, der den erfolgreichsten Versuch startete, mithilfe des Internets innerhalb kürzester Zeit reich zu werden. 2005 hatte er die Idee, Werbefläche auf seiner Million-Dollar-Homepage pixelweise zu verkaufen. Das Prinzip ist denkbar einfach: Er stellte eine Fläche von 1.000 x 1.000 Pixeln zur Verfügung. Für den Betrag von einem Dollar konnten sich die Interessenten einen Pixel als Werbefläche sichern. Die Pixelgrafiken wurden, je nach Wunsch, auf eine Website der Werbenden verlinkt. Schon nach kurzer Zeit wurden die Medien auf seinen ungewöhnlichen Versuch aufmerksam und sorgten durch weltweite Berichterstattung für Millionen Besucher. Ein Hype war geboren. Die Sache wurde zum Selbstläufer, bei dem er nicht mehr viel falsch machen konnte. Je mehr über seine Seite berichtet wurde, desto mehr Geld machte Tew damit. Und je mehr Geld er machte, umso mehr wurde über das Vorhaben berichtet. Nach einem halben Jahr war nahezu die gesamte Pixelfläche verkauft. Die letzten tausend Pixel versteigerte der geschäftstüchtige Engländer bei einer eBay-Auktion, die noch einmal 38.100 Dollar in seine Kasse spülte. Ehe er sich versah, war Alex Tew Millionär. Klar, dass es danach jede Menge Nachahmer gab, die ebenfalls innerhalb kürzester Zeit reich werden wollten. Genauso klar aber auch, dass etwas in dieser Art nur genau einmal funktionieren kann.

> **Expertenkommentar**
> Natürlich sollte es etwas sein, was es noch nicht gibt. Ich weiß, ist schwer.

Ich überlegte also, inwiefern ich das Prinzip »Pixel advertising« für meine Zwecke nutzen könnte, ohne diese Idee eins zu eins abzukupfern. Als Freund des Analogen und Absurden schien es mir reizvoll, die Sache von der digitalen in die reale Welt zu übertragen. Ich kam auf die Idee, meine eigenen vier Wände als Werbefläche anzubieten. Genauer gesagt: mein Wohnzimmer. Die ungenutzten Flächen der hohen Altbauwände würden sich ganz hervorragend für das eine oder andere Werbebanner eignen. Problematisch allerdings, dass in meinem Wohnzimmer nur wenig Publikumsverkehr herrscht, was natürlich nicht gerade zur Attraktivität der Werbefläche beiträgt. Man müsste einen Weg finden, das Wohnzimmer virtuell im Internet darzustellen. Besucher wären auf diese Art ja auch weit weniger lästig. Wer will schon wildfremde Menschen in seinen eigenen vier Wänden herumschleichen wissen? Nach langwieriger Recherche fand ich endlich einen Weg, der es auch mir als Menschen mit geringen Programmierkenntnissen ermöglichte, diese Idee in die Tat umzusetzen: Mit einer speziellen Panoramasoftware konnten viele einzelne Bilder automatisch zu einer virtuellen 360-Grad-Ansicht zusammengefügt werden. Im Nachhinein definiert man in der Panoramaansicht klickbare Bereiche, sogenannte Hotspots, die zu den Seiten der Werbetreibenden verlinken.

Soweit waren also die Probleme der technischen Umsetzung gelöst. Aber wie sollten die Pixel jetzt an die Wand kommen? Ich entschloss mich für eine »Malen nach Zahlen«-Variante. Aus einem Pixel in einer digitalen Vorlage würde ein handgemaltes Riesenpixel mit den Maßen ein mal ein Zentimeter an der Wand werden. Um die genaue Fläche zu ermitteln, die zum Verkauf stünde, machte ich mich im nächsten Schritt daran, die Wände meines Wohnzimmers auszumessen und das 1 x 1-Zentimeter-Raster darauf zu übertragen. Insgesamt kam ich auf 459.962 Quadratzentimeter. Würde ich also pro Quadratzentimeter einen Euro nehmen und die komplette Wandfläche bemalen können, so wäre ein Erlös von 459.962 Euro möglich (abzüglich des Geldes für die Unmengen an Farbe). Da ich mir beim besten Willen nicht vorstellen konnte, dass jemand einen Euro für einen Quadratzentimeter Wand bezahlen würde, senkte ich die Kosten auf einen Betrag von fünf Cent. Zumal mir auch eine Mindestbestellung von 100 »Pixeln« vorschwebte, wie sie Herr Tew seinerzeit festgelegt hatte. Darunter würde man einfach nichts mehr im virtuellen Panorama erkennen können. Und fünf Euro sitzen schon mal lockerer als 100 Euro. So wären immer noch knapp 23.000 Euro drin.

Für die Lizenz zum Gelddrucken fehlte jetzt nur noch eine schicke Website, in die das virtuelle Wohnzimmer eingebettet werden konnte, sowie eine schmissige Webadresse. Mit Klickvorschlag.de war die schnell gefunden. Gleichzeitig pinselte ich auch schon das erste Banner an die Wand. Aus Mangel an zahlender Kundschaft wollte ich mit einer Verlinkung zum eigenen Blog mit gutem Beispiel vorangehen. Und das sollte sich als zeitaufwendiger herausstellen als gedacht. Würden sich tatsächlich genug Interessenten melden und die gesamte Fläche belegt werden, könnte ich im nächsten Jahr nichts anderes machen, als mich diesem stupiden Unterfangen zu widmen. Aber so weit war es ja erst einmal noch nicht. Im Gegenteil: Um den ersten bezahlten Auftrag an Land zu ziehen, bedurfte es einiger Überzeugungskraft. Schließlich konnte ich die freundlichen Damen und Herren des Berliner geophon-Verlags überzeugen. Es sollte eine Katze mit Turban werden. Das etwas stumpfsinnig dreinblickende Tier bekam ein warmes Plätzchen am Ofen und ich meine ersten hart verdienten 200 Klickvorschlageuro. Die Konkurrentin ließ keine Gelegenheit aus, mir unter die Nase zu reiben, was für eine bescheuerte Idee das Klickvorschlagwohnzimmer doch wäre, und mich auf subtile Art moralisch zu sabotieren. Der Grund für derlei Reaktionen war wohl der, dass bei der guten Seele langsam die Nerven blank lagen. Inzwischen führte ich in unserem kleinen Wettstreit mit einigen hundert Euro. Kaum verwunderlich, bedenkt man, dass ihr in dieser Zeit nichts Besseres einfiel, als ihrer Verwandtschaft selbst gebackenes Weihnachtsgebäck → *siehe Kapitel 1 »Kleinvieh und der große Mist«* feilzubieten. Dass ich, was die Lukrativität des Projekts »Klickvorschlagwohnzimmer« anging, auch so meine Zweifel hatte, behielt ich aber lieber für mich.

Expertenmeinung

125 mal 40 Pixel, das wären ja 25 Euro! Naja, besser als in der scheiss Zone 30 geblitzt werden, wa? Nimm wenigstens satte Farbe, Raffzahn. Ich will in der Mitte zwischen den Türen stehn. So auf Augenhöhe. Wehe, das ist erst in drölf Monaten online, dann helf ich Dir tünchen!

Die nächsten Aufträge ließen auf sich warten, was bei mir aber nicht für besonders große Verstimmung sorgte. So konnte ich mich erst einmal wieder anderen vielversprechenden Möglichkeiten des Geldscheffelns widmen. Zum Beispiel dem Antesten von scheinbar todsicheren Roulette-Systemen → *siehe Kapitel 4 »Das Glück erzwingen«* oder dem Businessplan für die Ufo-Sekte → *siehe Kapitel 7 »Utopien oder: Best-of unrealisierte*

Geschäftsideen«. Die Pixel-Sache kam eines schönen Tages im Januar schlagartig wieder in Fahrt. Der schon so oft benannte Artikel auf Spiegel Online → *siehe Kapitel 9 »15 Minuten Ruhm«* bescherte auch dem Klickvorschlagwohnzimmer größere Bekanntheit.

Neben Blogkommentaren, Presseanfragen oder sonst wie gearteten Reaktionen auf unseren Versuch gab es auch mehrere Anfragen für Werbefläche im beachtlichen Klickvorschlagwohnzimmer. Ganz ausgezeichnet. Da war zum Beispiel eine Dame vom Bohmeier Verlag, dem Fachverlag für »Fach- und Sachbücher zur Magie, Esoterik und alternativen Weltsichten«. Oder ein Herr, der das »Femidom«, das Kondom für die Frau, beworben wissen wollte. Sofort machte ich mich daran, Antworten zu formulieren und Rechnungen zu schreiben. Für die Umsetzung erbat ich mir etwas Geduld. Handgemaltes braucht eben seine Zeit. Wie lange das wirklich dauerte, wurde mir erst jetzt klar. Ich kam mit der Pinselei kaum hinterher. Und nebenbei mussten wir uns noch überlegen, wie man die plötzliche Aufmerksamkeit für sich nutzen konnte. Also griff ich zu einem Trick, der es mir ermöglichte, alle Anfragen möglichst schnell abzuarbeiten. Ich druckte die geforderten Motive in entsprechender Größe aus und platzierte sie in bester Star-Schnitt-Manier an meiner Wand. Täuschend echt!

Merke
Mach mit, mach's nach, mach's besser.

Aber dennoch: Mit schnell und einfach verdientem Geld hatte diese Analogisierung des Pixel-Advertising mal gar nichts zu tun. Also hielt ich, was die weitere Anpreisung des Klickvorschlagwohnzimmers anging, den Ball flach. Trotzdem hatte sich dieses Vorhaben von allen Aktionen als die Lukrativste herausgestellt. Bis zum Ende des Versuchs hatte ich allein mit der Pinselei bzw. dem Plakatekleben gut 1.000 Euro verdient. Die Wohnzimmerwände konnten danach allerdings mal wieder ein wenig weiße Farbe gebrauchen.

DAS AKTUELLE TAUSCHOBJEKT

Der Kanadier Kyle MacDonald, der eine rote Büroklammer per Kettentausch in ein Haus verwandelte, lieferte mir eine weitere Geschäftsidee zum Abkupfern. Immerhin war mit diesem Vorgehen wenige Zeit später auch der deutsche Student Max Raschke erfolgreich, der von einer Autogrammkarte ausgehend zu einem wenn auch etwas abgeranzten Auto gekommen ist. Man kann dabei also von einer bewährten Methode sprechen. Abermals nicht besonders innovativ, diese Möglichkeit der Wertsteigerung nachzuahmen, doch sind in unserem Versuch, schnell ans große Geld zu kommen, gerade die bewährten und erprobten Methoden ein legitimes Mittel.

Vor allem weil wir darauf spekulierten, mit unserem Projekt eine breite Öffentlichkeit erreichen zu können, versprach ich mir von dieser Aktion eine Menge. Bei einer Vielzahl an Bloglesern würde es meines Erachtens auch entsprechend viele potenzielle Tauschpartner geben. Ich suchte also in meinem Hausrat nach einem Gegenstand, den ich definitiv nicht mehr brauchte, der aber trotzdem interessant genug wäre, um von jemandem eingetauscht zu werden. Als geeignet erschien mir eine »Daniel Küblböck«-Wackelfigur. Diese hatte ich vor einigen Jahren in einem Münsteraner Restpostenhandel gekauft. Die Umsetzung des ehemaligen Castingkandidaten bei ›Deutschland sucht den Superstar‹ in Wackelfigurform war wohl ein Ladenhüter, sodass die Figur zum Schleuderpreis von 50 Cent verkauft wurde. Um für diese schöne Figur auch einen Tauschpartner finden zu können, rief ich die Blogrubrik »Das aktuelle Tauschobjekt« ins Leben und stellte die Wackelfigur zum Tausch bereit. Neben der Veröffentlichung auf dem Blog erhoffte ich mir von einem ersten Radiointerview einige lukrative Tauschangebote. Aber nichts dergleichen passierte. Irgendwo dort draußen musste es doch jemanden geben, der eine in Plastik gegossene Nervensäge gebrauchen könnte!

Erst nach einigen Wochen wurde ich bezüglich eines möglichen Tauschhandels angesprochen. Eine Bekannte bot mir für den Wackel-Daniel einen etwas in die Jahre gekommenen Apple-Laserdrucker an, der aber angeblich immer noch zuverlässig seinen Dienst verrichtete. Natürlich willigte ich sofort ein, denn auch wenn es sich hier um einen alten Drucker handelte, so ist die Wertsteigerung zur Wackelfigur doch beachtlich. Nur abholen musste ich das gute Stück noch, und das gestaltete sich ohne geeignetes Transportmittel schwieriger als gedacht. Der Drucker befand sich zwar in Berlin, aber für mein Empfinden etwas weit abgelegen in Friedrichshain. Doch durfte ich aus Mangel an Angeboten nicht wählerisch sein. Also machte ich mich mit der Bahn auf den Weg, um das schwere und sperrige Teil abzuholen und mithilfe eines Seesacks zu mir nach Kreuzberg zu wuchten. Zu Hause angekommen, machte ich schnell ein paar Fotos und dachte mir eine wohlklingende Produktbeschreibung aus, um das Ding auf dem Blog anzupreisen. So ein Drucker würde sich mit Sicherheit leichter tauschen lassen. Weit gefehlt. Wieder passierte lange Zeit nichts. Bis sich ein Herr per E-Mail meldete, der mir ein ungewöhnliches Angebot machte. Beruflich betätigte sich der Tauschinteressent in der Welt der Dentalkosmetik. Als Betreiber der wohlklingenden Website »schluss-mit-dem-schnarchen.de« bot er mir im Tausch gegen den Drucker eine individuell angefertigte Anti-Schnarch-Schiene an. Nach anfänglicher Skepsis stellte sich heraus, dass dies tatsächlich ein verdammt guter Tausch wäre. Die Schnarchschiene sollte laut Liste 299 Euro kosten, was im Vergleich zum Drucker mit dem geschätzten Wert von 20 Euro ungefähr einer Verfünfzehnfachung entspricht. Sehr großzügig war dieses Tauschangebot. Doch ganz aus Selbstlosigkeit handelte der Dentalmensch wahrscheinlich nicht. Auf meinem Blog würde ich natürlich in anpreisender Art darüber schreiben, dabei den Namen des Dentalstudios nennen und die Website verlinken. So eine Art Product-Placement. In den nächsten

Tagen bekam ich ein kleines Päckchen. Darin befand sich die Abdruckmasse, mit deren Hilfe der Schnarchgeplagte selbst einen Gebissabdruck vornehmen kann. Dazu gab es noch einige Instruktionen sowie einen Gutschein für die individuelle Herstellung der Schnarchschiene. Optional ließe sich daraus auch eine individuell angefertigte Zahnbleaching-Vorrichtung herstellen. Na, wenn das nichts ist! Der Tauschpartner in der nächsten Stufe hätte also die Qual der Wahl.

Leider führte mich dieser Handel in eine Sackgasse des Tauschens. Denn danach konnte sich niemand mehr zur Fortführung der Tauschkette bewegen lassen. Das mag aber auch daran liegen, dass diese Aktion immer etwas stiefmütterlich behandelt wurde und aus Zeitmangel nebenherlief. Eine offensivere Anpreisung meiner Tauschgegenstände hätte möglicherweise mehr gebracht. So bin ich noch heute stolzer Besitzer eines unbenutzten Schnarchschienensets, das noch auf den Weitertausch wartet. Sollte sich also unter der werten Leserschaft jemand finden, der mit Schnarchproblemen zu kämpfen hat oder der neben einem Schnarchproblem schlafen muss, dem könnte ich mit dem entsprechenden Utensil aushelfen.

Merke
Auch bewährte Möglichkeiten des schnellen Reichwerdens führen nicht zwangsläufig zum Erfolg.

SPIRITUELLES AUS DEM OFEN

In regelmäßigen Abständen erfährt man aus Funk und Fernsehen von mehr oder weniger kuriosen eBay-Auktionen, in denen der Verkäufer aus einem materiell meist wertlosen Gegenstand eine Menge Geld herausholt. So zum Beispiel zwei Schwestern aus den USA, die ein einzelnes Cornflake versteigerten, das die Form des US-Staates Illinois aufwies. Ein Sammler, der sich auf derlei Kuriositäten spezialisiert hatte, kaufte die Maisflocke für sage und schreibe 1.350 Dollar (knapp 875 Euro). Ebenfalls bekannt geworden ist die Versteigerung eines angeschimmelten Toastbrots, auf dem angeblich ein Jesus-Gesicht zu sehen sein soll. Noch mysteriöser die Auktion der Neuseeländerin Avie Woodbury. Sie bot der interessierten Kundschaft zwei von einem Exorzisten in Flaschen abgefüllte Seelen an, die zuvor ihr Unwesen in ihrem Haus in Christchurch trieben. Für ein Gebot von 1.450 Euro wechselten die Fläschchen den Besitzer.

Bei dieser Art Budenzauber handelt es sich offenbar um ein lukratives Geschäftsfeld. Daher liegt es durchaus nahe, sich an solchen Tendenzen schamlos zu bereichern. Wäre es also ratsam, eine Europalette Cornflakes zu erwerben, um zwischen den Maisflocken die charakteristischen Umrisse der Insel Sylt zu entdecken? Oder sollte man vielleicht in seiner Küche einen gesundheitlich nicht unbedenklichen Toastbrotschimmel-Versuchsaufbau anlegen, mit dem Zweck, irgendwann das Konterfei des verstorbenen King of Rock'n'Roll vor sich zu haben? Das alles schien mir viel zu zeitraubend, kostspielig und auch reichlich bescheuert. Wie könnte man derlei Erscheinungen berechenbar, schnell, einfach und trotzdem authentisch genug erzwingen? Wer hätte gedacht, dass die einfache Lösung bei 220 Grad fettig vor sich hin schmort?

Als ich eines Abends nach einem drögen Theorieseminar nach Hause kam, hing mein Magen auf Halbmast. Ein Blick in den Kühlschrank verhieß allerdings nichts Gutes: Alles komplett ausgeräubert. Und soeben hatten die Läden geschlossen. Doch was ich dann, weit hinter den sieben Eisberge im letzten Winkel des Tiefkühlfachs, entdeckte, sorgte für feierliche Hochstimmung. Ich hielt eine noch fast halbvolle Tüte Pommes in den Händen! Diese hatten zwar allerhand Eis angesetzt, aber das sollte mich nicht daran hindern, daraus ein schlichtes, aber zweckerfüllendes Mahl zuzubereiten. Den Garungsprozess könnte ich in der Zwischenzeit sinnvoll mit dem Schreiben von E-Mails und dem Bloggen meiner Fortschritte als angehender Millionär nutzen. Ach – und in die Nachrichten könnte ich doch

auch mal schnell noch reinschauen. Als sich ein penetranter Geruch den Weg Richtung Wohnzimmer bahnte, war es bereits zu spät. Der Backofen qualmte ganz fürchterlich, und die ehemals eisigen Kanthölzer waren zu verknürzelten Kohlestückchen mutiert. Zur Strafe ging's also doch ohne Abendessen ins Bett. Ich machte mich daran, die jämmerlichen Überreste in den Müll zu befördern, als sich mir Erstaunliches unter den Pommesresten eröffnete. Der Abdruck auf dem versengten Backpapier erinnerte entfernt an den sympathischen Meister Yoda aus Star Wars! Beachtlich! Wenn sich solch ein Muster durch Zufall ergibt, was würde man da erst durch zielgerichtetes Pommes-Legen erreichen können? Ein ganzes Arsenal an vermeintlich unerklärlich-mysteriösen und gleichzeitig aus finanzieller Sicht lohnenswerten Erscheinungen ließe sich so erschaffen.
Am nächsten Tag kaufte ich eine Großpackung der billigsten Pommes, die ich finden konnte. Gleich als Erstes wollte ich mich an einem Erscheinungsklassiker versuchen: Jesus. Mit Photoshop bearbeitete ich ein Porträt des beliebten Heilands so, dass Details reduziert wurden und eine brauchbare Vorlage herauskam. Diese druckte ich aus und legte sie unter das Backpapier, um eine Legevorlage für die Pommes zu erhalten. Eine ganz schöne Fummelei. Ich stellte den Backofen auf Maximaltemperatur und wartete ab. Als ich die gebackenen Pommes vom Papier entfernte, war ich ob des guten Ergebnisses doch sehr erstaunt. Die Umrisse waren klar genug, um auf dem Papier eindeutig das Gesicht eines langhaarigen und bärtigen Mannes erkennen zu können. Diese Prozedur wiederholte ich ein paarmal, sodass ich aus den besten Versuchen auswählen konnte. Jetzt war es an der Zeit, geeignete Vertriebswege für meine Erscheinung auszuloten. Ganz klar ein Fall für eBay. Ich schoss ein paar Fotos vom triefenden Zeugnis meines Schaffens und machte mich daran, eine wohlklingende Produktbeschreibung zu texten. Dabei achtete ich darauf, mich an die Fakten zu halten. Ich wies ausdrücklich darauf hin, dass es sich hierbei nicht zwangsläufig um Jesus

handeln müsse. Es könnte auch Bob Marley sein. Die Erscheinung war nämlich in der Tat etwas zottelig geraten. Für die Auktion setzte ich sieben Tage an. Die Kategorie »Sammeln und Seltenes« erschien mir wie gemacht, um dieses künstlerisch wertvolle Unikat aufzunehmen. Es würde doch nicht mit rechten Dingen zugehen, wenn die eBay-Mitglieder sich nicht gegenseitig in einen religiös-ekstatischen Bieterrausch versetzten. Nur zur Sicherheit erwähnte ich die Sache auch noch mal auf meinem Blog, um noch mehr Leute begeistern zu können.

Leider fiel diese Auktion in eine Zeit, in der sich noch kaum jemand für unsere Machenschaften interessierte. Die maximal zehn Blogbesucher pro Tag hatten wohl nur begrenztes Interesse an religiösen Backofenerscheinungen. Es war nur noch knapp ein Tag übrig, und außer einer Beleidigung und einigen lustigen Anfragen von anderen eBay-Mitgliedern keine Spur von Auktionsfieber. Also versuchte ich die Verwandtschaft für die Abgabe eines Startgebots zu mobilisieren und konnte nach allerhand Überzeugungsarbeit meinen Schwager dafür gewinnen, einen Euro zu bieten. Das würde vielleicht andere Bieter aus der Reserve locken. Was soll man sagen. Natürlich war das nicht der Fall. Und so blieb die erste Erscheinung vorerst in der Familie.

Vielleicht hatte ich ja einfach einen ungünstigen Zeitpunkt erwischt? Doch wann, wenn nicht kurz vor Weihnachten, wären die Menschen für derart Religiöses empfänglich? Wenn sich auch vorerst kein finanzieller Erfolg einstellen wollte, so konnte ich doch wenigstens meine künstlerischen Erscheinungsfertigkeiten perfektionieren. Es folgten Erscheinungen namhafter Persönlichkeiten wie Barack Obama, Alf, Elvis (der aussah wie Johnny Cash) und Papst Benedikt XVI. (der mir total verunglückt ist und aussah wie Sinead O'Connor). Als plötzlich mehr und mehr über unser skurriles Vorhaben in den Medien berichtet wurde, schnellten auch die Blogbesucherzahlen und damit auch das Interesse an meinen Erscheinungen in die Höhe. Eine

Interessentin hat sich sogar dazu entschieden, bei mir für die Summe von 50 Euro ein solches Backofenporträt in Auftrag zu geben. Mit Signatur. Wenn diese Dame nicht gerade solch avantgardistische Erzeugnisse erwarb, beschäftigte sie sich anscheinend hauptsächlich damit, eine bemerkenswerte Sammlung an verblüffenden Psychotricks und Tests anzulegen (wie viele »F«s kannst du in dieser Textpassage zählen). Das Ergebnis ihrer Mühen präsentierte sie mittels Kommentarfunktion auf dem Blog der Konkurrentin. In gedruckter Form hätte das sicherlich ein beachtliches Werk ergeben, aber was sollte das denn bitte dort? Das Prinzip gefiel mir allerdings ganz gut: Die Konkurrentin wurde zugespammt, und ich durfte das Geld einsacken.

Merke
Eine Erscheinung macht noch keinen Reichtum.

DER KOFFER IN BERLIN

»Ich hab noch einen Koffer in Berlin. Der bleibt auch dort, und das hat seinen Sinn. Auf diese Weise lohnt sich die Reise. Denn wenn ich Sehnsucht hab, dann fahr ich wieder hin.«
An diese Zeilen musste ich denken, als ich eines Sonntags durch die Flohmarkthalle in Berlin-Treptow schlich, um das eine oder andere vermeintliche Schnäppchen ausfindig zu machen. Ich kam zu einem Stand, an dem der etwas kauzige Händler ausschließlich Koffer anbot. Ein gutes Geschäft witternd, verwickelte mich der alte Herr direkt in ein Verkaufsgespräch und unterrichtete mich über die Vorteile der einzelnen Exemplare. Beiläufig sagte ich, dass ich ja diese alten Koffer irgendwie schöner fände als diese neumodischen Trolleys, von denen er mich überzeugen wollte. Sofort holte er einen besonders alten Koffer hervor und sagte stolz: »Also dit is jetz ein original Berliner Koffer aus den 60ern! Schaun se mal – so was gibt's heutzutage gar nich mehr!«

Unwillkürlich musste ich an den alten Gassenhauer denken. Ich wusste zwar noch nicht, wozu ich dieses Teil gebrauchen sollte, aber da mir der findige Verkäufer einen guten Preis vorschlug, willigte ich in den Kauf ein. Nachdem ich den etwas sperrigen Koffer auf dem Fahrrad zu mir nach Hause balanciert hatte, fragte ich mich, was ich denn eigentlich damit anfangen wollte. Schließlich kamen mir wieder die Textzeilen der Frau Dietrich in den Sinn. Vielleicht könnte ich ja ein wenig Kapital aus der Angelegenheit schlagen, wenn ich den Koffer als »Koffer in Berlin« weiterverkaufen würde. Also überlegte ich mir, wie so etwas konkret vonstatten gehen könnte. Mir war klar, dass man dafür eine kleine ausgeschmückte Geschichte um den Koffer ranken lassen müsste, um das Objekt für potenzielle Käufer attraktiver zu machen. Als Verkaufsplattform sollte wieder einmal das altbewährte eBay dienen.

Für entsprechendes Bildmaterial zog ich ein paar Tage später mit meiner Polaroidkamera los, um den Koffer vor bekannten Berliner Sehenswürdigkeiten zu fotografieren. Denn der Käufer des Koffers sollte nicht den Koffer selbst bekommen, sondern die Bilder desselben, und der Koffer bliebe bei mir in Verwahrung. Einen Versand des Koffers an einen Ort außerhalb Berlins schloss ich in der Artikelbeschreibung aus. Sonst wäre die ganze Aktion ja auch sinnlos und aus dem Koffer in Berlin ein Koffer in Wanne-Eickel geworden. Und das will schließlich niemand.

So aber kann der Höchstbietende mit Recht behaupten, dass er noch einen Koffer in Berlin hat. Zum Beweis gegenüber Familie und Freunden hat er die Fotos. Insgesamt also wieder einmal viel Aufwand für einen im Vorfeld ungewissen Erlös. Um möglichst vielen Menschen die Chance auf ein Gebot in der eBay-Auktion zu ermöglichen, weitete ich diese auf neun Tage aus. Am Ende konnten sich tatsächlich einige Leute dazu durchringen, ein Gebot abzugeben. Am Ende stand trotzdem ein Verlust von einigen Euro.

Der Koffer wurde erfolgreich für 7,50 Euro ersteigert. Allerdings hatte ich dafür in der Flohmarkthalle 10 Euro bezahlt, und die Kosten für die Polaroids und die eBay-Gebühren kamen schließlich auch noch dazu. In der Reihe meiner kuriosen eBay-Auktionen sollte dies schließlich die letzte gewesen sein. Zu hoch war der jeweilige Aufwand, um am Ende doch einen Verlust einzufahren. Der Koffer wurde übrigens abgeholt, wobei mir versichert wurde, dass er in Berlin bleiben wird.

Merke
Geschäftsideen, die auf Liedtexten beruhen, rechnen sich einfach nicht.

UTOPIEN

Der Auslöser, sich Gedanken über mögliche Mittel und Wege zum Reichtum zu machen, ist vermutlich fast immer eine konkrete Problemstellung, die zumeist in kleinerer Runde beim Genuss alkoholischer Getränke diskutiert wird. Dabei kommt man dann ins Grübeln, weshalb es nicht schon längst dieses oder jenes innovative Produkt gibt und weshalb sich noch niemand Gedanken über so nützliche Dienstleistungen wie einen Versand für offene Weine oder auf Müllbeseitigung spezialisierte Haustiere gemacht hat. Solche Ideen bergen zumeist großes finanzielles Potenzial und richtig angepackt können sie sich als wahre Goldgruben entpuppen. Also Hirn auf »Weltidee-Modus« stellen und los. Im Folgenden haben wir einige Highlights unserer unrealisierten Geschäftsideen in einer Art niedergeschriebener Grabbelkiste zusammengetragen. Mit genügend Mut, Zeit und ausreichend Startkapital ließe sich aus einigen Vorschlägen etwas herausholen. Andere lassen jedoch berechtigte Zweifel an der Zurechnungsfähigkeit ihrer Urheber zu. Aber wer weiß – vielleicht kann ja der eine oder andere etwas damit anfangen und wird doch noch steinreich.

DIE UFO-SEKTE – RÜCKKEHR DER INVESTOREN

Die ersten Wochen meines Lebens als angehender Millionär verstrichen ohne nennenswerte finanzielle Erfolge. Wenigstens ging es auch der Konkurrentin kaum besser. Was für eine bescheuerte Idee überhaupt! Da kamen wir jetzt nicht mehr raus. Das Diplomthema war schließlich eingereicht und abgesegnet. Während normale Leute an einem Samstagabend wie jenem im November an gesellschaftlichen Ereignissen teilnahmen oder sonst wie ihre Freizeit angenehm gestalteten, entschloss ich mich, in meinem Refugium zu verharren, um DIE Idee für den schnellen Reichtum zu gebären. Soweit der geniale Plan. Bis ich DIE Idee hätte, könnte ich aber doch zur Überbrückung mal wieder Wäsche waschen, den Müll rausbringen, staubsaugen, die Pflanzen gießen und bei Eltern und Geschwistern anrufen. Erstaunlich, was einem so einfällt, wenn man eigentlich Wichtigeres zu tun hätte. Schließlich landete ich vor dem Fernseher, um mein Hirn einer gründlichen Entleerung zu unterziehen. Unvermittelt blieb ich beim schönen Sender Pro7 hängen. Was soll man sagen? Ich wurde Zeuge eines wunderlichen Schauspiels.

Da saß Uri Geller, der Schrecken des Familienbestecks. An diesem Abend sollte es zur Abwechslung nicht um das Verbiegen von Löffeln oder die Fernreparatur von Uhren gehen, sondern um nichts Geringeres als die direkte Kontaktaufnahme zu Außerirdischen. Weil das selbst für Uri Geller nicht ganz einfach ist, musste er sich ein paar fachkundige Gäste dazuholen. Auf dem Sofa saßen unter anderem das Urgestein der Parapsychologie Erich von Däniken, die recht wunderliche Nina Hagen und »The next Uri Geller« – ein Mensch mit einem Raben im Schlepptau. Das Tier sollte angeblich mediale Fähigkeiten besitzen und so auch befähigt sein, Nachrichten der Außerirdischen zu empfangen. Ab und an wurde zu einer vollkommen abgeranzten Radioteleskop-Station in der Ukraine geschaltet, von wo aus die gesammelten SMS des Pro7-Publikums ins All geschickt wurden. Dieses über mehrere Stunden ausgedehnte Spektakel war zwar kaum zu ertragen, doch konnte ich im Hinblick auf meinen Versuch, ans schnelle Geld zu kommen, die ein oder andere interessante Schlussfolgerung ziehen. Zum Beispiel, dass laut Telefonvoting 93 Prozent der Zuschauer der Überzeugung sind, dass es

Außerirdische gibt. Was läge da näher, als diesen Menschen einen entsprechenden (kostenpflichtigen) Glaubensrahmen zu bieten und eine Ufo-Sekte zu gründen? Schließlich zählen Sektengurus zu den Topverdienern! Das wurde mir schon in Kindheitstagen durch die Hörspielreihe TKKG vor Augen bzw. Ohren geführt.

Hintergrundwissen: Sekten

Studienrat Bäumler spricht zur Klasse: »Ihr alle habt schon von Sekten gehört. Es gibt heute eine Vielzahl dieser Ersatzreligionen. [...] An ihrer Spitze steht immer ein sogenannter göttlicher Führer, der behauptet, den einzig wahren Weg zur Erlösung der Menschheit gefunden zu haben. Um dieses Ziel zu erreichen, baut er eine straff organisierte Sekte auf, deren Mitglieder ihm blindlings gehorchen müssen. Als Gegenleistung versichert er ihnen, dass sie die Auserwählten und Geretteten sind. Das Ziel dieser Sektenführer ist immer das Gleiche: Der göttliche Führer wird über kurz oder lang Millionär.«

TKKG Folge 13 ›Die Bettelmönche aus Atlantis‹

Aber zurück zu Uri Gellers schaurig-schöner Sendung: Herr von Däniken prophezeite, dass die Aliens schon am 21.12.2012 der Erde einen Besuch abstatten werden, um uns Erdlinge zu unterjochen. Genauer gesagt kommen sie zurück, denn es waren die Außerirdischen, die maßgeblich am Bau der ägyptischen Pyramiden beteiligt waren. Es bleibt die Frage, ob die vielen Menschen, die an Außerirdische glauben, auch Freunde des Gedankens sind, dass diese schon so bald auf die Erde kommen werden, um die Menschheit zu unterwerfen. Ich kann mir vorstellen, dass viele das nicht so gut finden. Herkömmliche Ufo-Sekten würden jetzt wahrscheinlich versuchen, sich mit den Invasoren gutzustellen. Um sich von solchen Scharlatanen abzusetzen, müsste man also andere Wege gehen. Gutes Geld ließe sich beispielsweise mit diversen Anti-Ufo-Produkten verdienen. Ich könnte mir da eine »apokalyptische Starter-Box« vorstellen. Mit dem Wichtigsten zur Ufo-Abwehr. Natürlich dürfte auch ein überteuertes E-Book »Ufo-Abwehr für Dummies« nicht im Sortiment fehlen.

Ein humoristischer Hintergedanke bei dieser Idee lässt sich natürlich nicht verleugnen. Ich spekulierte darauf, dass sich durch die offensichtliche Bezeichnung »Ufo-Sekte« viele gleichgesinnte Anhänger finden würden. Beispiel für eine ähnliche Herangehensweise findet man bei der Religion des »fliegenden Spaghettimonsters«. Dabei handelt es sich um eine vom US-amerikanischen Physiker Bobby Henderson gegründete Religionsparodie, die den Namen »Pastafarianismus« trägt. Nach dem Tod erwartet die Gläubigen unter anderem ein Biervulkan und eine Stripperfabrik. Auch nicht schlecht. Weil keine Zeit zu verlieren war, sicherte ich mir schnell die Domain www.ufosekte.de. Für zwölf Euro im Jahr war sie mein. In den folgenden Wochen wollte ich mich mit dieser Idee ausführlicher beschäftigen. Dabei merkte ich aber, dass sich die Umsetzung doch als schwieriger und vor allen Dingen langwieriger herausstellte als zuvor gedacht. Neben der Ausarbeitung des genauen Sektenkonzeptes hätte es jede Menge planerische und gestalterische Arbeit nach sich gezogen. Es muss eine vernünftige Website her, die das Unterfangen optisch untermauert und Menschen informiert. Will man Geld verdienen, empfiehlt sich die Einrichtung eines Online-Shops. Der muss natürlich auch gefüllt werden. Man braucht Mitgliedsausweise, eine Facebook-Gruppe und so weiter.

Das Thema Ufo-Sekte schien auch die Blogleser zu bewegen, und so erreichten mich einige wertvolle Beiträge. So zum Beispiel von Matthias H., der den Vorschlag machte, den großen Reibach mit Versicherungspolicen zu machen: Kommt es zum Fall der Invasion, so wird dem versicherten Erdling eine Premiumbehandlung zuteil. Aus der Entführung wird so eine Art Wellnessreise in ausschließlich geräumigen und komfortablen Flugobjekten. Vielleicht noch mit einem Gratis-Zahnbleaching. Je nach Beitragssumme.

Hinzu kamen aber auch eine Vielzahl an Unkenrufen von

Freunden und Bekannten, die mit der Idee anscheinend wenig anfangen konnten. Viele waren der Meinung, dass ich mir durch so eine Aktion allerhand negative Reaktionen einhandeln könnte. Nicht zu reden von etwaigen rechtlichen Bedenken. So verabschiedete ich mich im Laufe der Zeit immer mehr von dem Gedanken, mich als Sektenguru zu verdingen. Wenn jemand jetzt denkt: »Mensch – ich wollte schon als Kind Sektenguru werden!«: Kein Problem, mit der passenden URL könnte ich bei entsprechendem Gebot schon mal aushelfen. Aber Eile ist geboten. Schon 2012 sind die Invasoren zu erwarten, und dann ist man besser gut vorbereitet.

Merke

Sektengurus verdienen zwar mit entsprechend großer Anhängerschaft gutes Geld, verfügen aber in weiten Kreisen der Gesellschaft über ein geringes Ansehen.

BESTELLUNG ANS UNIVERSUM

Auf Anraten des Mannes, der mein altes Fahrrad gekauft hatte, informierte ich mich einmal über das sagenumwobene Gesetz der Anziehung. Die obligatorische Wikipedia-Befragung offenbarte Interessantes.

Hintergrundwissen: Gesetz der Anziehung

Als Gesetz der Anziehung (englisch law of attraction) wird in der Selbsthilfe- und Lebensberatungsliteratur die Annahme bezeichnet, dass Gleiches Gleiches anzieht. Diese Vorstellung bezieht sich speziell auf das Verhältnis zwischen der Gedanken- und Gefühlswelt einer Person und ihren äußeren Lebensbedingungen. Es wird von einer gesetzmäßigen Analogie zwischen Innen- und Außenwelt ausgegangen. Diese Analogie soll nutzbar gemacht werden, indem man durch eine Änderung der persönlichen Einstellung zu gegebenen äußeren Umständen eine analoge Änderung dieser Umstände im gewünschten Sinne herbeizuführen versucht.

Quelle: Wikipedia

Außerdem stieß ich auf die Seite gesetzderanziehung.com. Auf der Unterseite »Geld anziehen mit dem Gesetz der Anziehung« finden sich wertvolle Hinweise, wie man das große Geld locken kann: »Um an den Punkt zu gelangen, an dem man im finanziellen Überfluss lebt, müssen wir diese Situation erst einmal in unserem Kopf herstellen. Dabei geht es darum, überzeugt zu sein, dass wir finanziellen Überfluss verdienen, und überzeugt zu sein davon, dass das Gesetz der Anziehung funktioniert.« Man musste also nur eine Bestellung beim Universum in Auftrag geben und ganz fest dran glauben. Außerdem wäre es hilfreich zu meditieren, um sich ganz im Hier und Jetzt einzufinden und die mentalen Kräfte zu mobilisieren.

Ich beschloss, die Sache einmal auszuprobieren. Mit Meditation und dergleichen hatte ich bisher noch nichts am Hut gehabt, aber so schwer konnte das ja wohl nicht sein. Eines schönen Morgens direkt nach dem Aufstehen setzte ich mich in die Mitte meines Zimmers auf den Fußboden. Ich hatte eine leise vor sich hinplätschernde Fahrstuhlmusik angestellt und konzentrierte mich auf eine entspannte Körperhaltung.

So. Woran sollte ich also denken? An Geld, keine Frage. Also gut. Geld. Münzen. Scheine. Schecks. Hm. Bisschen einfallslos. Lieber an ganz viele tolle Dinge, die ich mit viel Geld machen würde. Etwas kaufen. Doch was jetzt mal eben auf die Schnelle? Ein Auto vielleicht. Neue Klamotten. Ein Haus. Ich brauchte doch gar kein Haus. Einen neuen Computer. Bücher. Aber Bücher waren auch nicht das richtige Thema, das spürte ich. Vielleicht eher etwas mit Reisen? Einmal quer durch Asien? Einmal die Panamericana von Nord nach Süd befahren? Ganz schön aufregend, der Gedanke daran. Zu aufregend für eine Meditation.

Noch mal von vorne. Aufs Wesentliche konzentrieren. Mantraartig begann ich meine Botschaft ans Universum zu übermitteln: »Ich verdiene es, Millionärin zu sein. Ich will es unbedingt. Ich bin zum Reichsein geboren. Ich verdiene es. Ich liebe Geld. Ich kann es schaffen. Ich bin dazu geboren. Es steckt in mir.« So ging das eine ganze Weile, bis ich der Überzeugung war, dass es nun genug sei, und mich mit tauben Gliedern aus meinem Schneidersitz erhob. Und tatsächlich fühlte ich mich gut danach. Befreit und gleichzeitig bestärkt. Schwungvoll widmete ich mich der Morgenhygiene, dann ging ich zum Bäcker, um Brötchen fürs Frühstück zu holen. Auf dem Rückweg nahm ich gleich noch die Post mit. Nanu! Ein Brief von der Hausverwaltung. Was wollte die denn? Ach ja, die Betriebskostenabrechnung fürs letzte Jahr. Na toll: 300 Euro für Heizkosten wollten nachgezahlt werden.

> **Merke**
> Fehlerhafte Bestellungen beim Universum können nicht reklamiert werden.

Was war das denn für ein bescheuertes Anziehungsgesetz? Das hatte ich aber so nicht bestellt!

HILFREICHE MINIATURGEIER – EINE SAUBERE SACHE

Viele Menschen haben Tiere gern. Gerade Haustiere erfreuen sich bei Alt und Jung größter Beliebtheit. Sie sind auch da, wenn die Freunde gerade keine Zeit haben oder man selbst keine Zeit für Freunde hat, weil man beispielsweise gerade an einer Weltenzyklopädie schreibt. Da macht sich das Tier nichts draus. Solange immer nur genug Futter im Napf ist, steht dem Menschen ein treuer Begleiter zur Seite. So weit, so gut. Aber ist schon einmal jemandem aufgefallen, dass die meisten Tiere vollkommen unnütz sind, wenn es um die Bewältigung alltäglicher Probleme geht? So muss der Tierfreund schließlich immer noch den Müll alleine rausbringen, und auch beim Hausputz ist man auf sich gestellt, während sich das Tier in Müßiggang übt. Wäre es nicht eine tolle Sache, wenn es im Haushalt einen anschmiegsamen und zugleich hilfreichen tierischen Mitbewohner gäbe? Mit derart Getier ließe sich doch bestimmt eine Menge Geld machen!

Mit den Gedanken Gassi gehend, kam ich auf eine bisher als Haustier vollkommen unterschätzte Spezies: den Geier. In ihrer angestammten Umgebung fungieren diese, zugegeben sehr hässlichen, gefiederten Freunde als eine Art Tischabfallverwerter der Natur. Es wäre doch reizvoll, diese nützliche Eigenschaft auf den Hausgebrauch auszuweiten. Mir schwebte da so eine Art Miniaturgeier vor, der anders als seine in freier Wildbahn lebenden Artgenossen über ein plüschiges Gefieder verfügt. Am besten in Pink. Mit einer Flügelspannweite von maximal einem halben Meter würde dieser seine Flugbahnen über dem Esstisch ziehen und sofort anfallende Speisereste ausmachen, die er im spektakulären Sturzflug zu ergreifen weiß. Das wäre auf der einen Seite sehr unterhaltsam, auf der anderen Seite extrem nützlich. Die unverdaulichen Reste würde der Aasfresser alle paar Tage in einen eigens dafür vorgesehenen Gewölleeimer speien. Hilfreiche Miniaturgeier – eine saubere Sache.

Für die Zucht eines so gearteten Geiers müsste man sich allerdings einiges an Fachwissen aneignen. Und das, wo ich schon bei den Regeln des Herrn Mendel meine Schwierigkeiten hatte. Es war ja klar – die Sache musste einen Haken haben. Wie genau sollte man zu einer solchen Kreuzung aus Aasfresser und Wellensittich kommen? Möglicherweise würde dieses Unterfangen beträchtliche Investitionssummen verschlingen, bevor man zufriedenstellende Ergebnisse erreicht. Sollte sich unter der werten Leserschaft ein Talent auf dem Gebiet der Gentechnologie befinden, wäre das sicherlich ein gangbarer Weg, um zu unermesslichem Reichtum zu gelangen. Für mich ist das jedenfalls nichts.

Merke
Die Zucht einer neuen Tierart bedarf einer großen Portion Fachwissen.

DIE ERBENVERMITTLUNG

Ein schöner Gedanke ist der große Geldsegen durch eine unverhoffte Erbschaft. Man schlurft eines schönen Morgens zum Briefkasten, findet das Schreiben eines Notars mit Sitz irgendwo in Süddeutschland, ist zunächst verwirrt und vielleicht sogar besorgt, bis man den Brief schließlich öffnet und erfährt, dass man von einem bis dato völlig unbekannten Verwandten ein hübsches Sümmchen oder eine einträgliche Immobilie erbt. Weil so etwas in der Realität eher selten vorkommt, überlegte ich mir, eine Erbenvermittlung ins Leben zu rufen.

Dafür benötigt man natürlich zunächst einmal Menschen, die etwas vererben möchten und auch können. Idealerweise sollten diese keine potenziellen Erben aufweisen. Vereinsamte alte Menschen mit dicken Sparbüchern unter dem Kopfkissen gibt es ja in unserer heutigen kalten und anonymen Welt zu Genüge. Aber auch wohlhabende Menschen, die ihr Geld nicht an die missratene und nichtsnutzige Nachkommenschaft verschleudern wollen, wären im Vermittlungspool selbstverständlich sehr willkommen. Vielleicht würden sich dabei etwa Uschi Glas oder Michael Douglas angesprochen fühlen. Zum anderen braucht man natürlich Menschen, die gerne etwas erben möchten. Solche zu finden sollte nicht allzu schwierig sein. Diese werden dann mithilfe von Persönlichkeits- und Eignungstests auf ihre Brauchbarkeit hin getestet und dem entsprechenden Erblasser vorgestellt. Findet dieser Gefallen an der Person, kann er sie als seinen Erben einsetzen. Eigentlich eine einfache und nachvollziehbare Geschäftsidee. Lukrativ wird das Ganze durch zweierlei: Zum einen verdient man natürlich mithilfe einer kleinen Provision, die sich nach der Höhe des zu erwartenden Erbes richtet. Diese Vermittlungsprovision zahlt der Erblasser noch vor seinem Ableben nach einer erfolgreichen Vermittlung. Zum anderen bietet es sich an, für die Erbschaftsanwärter ein Erben-Coaching zu veranstalten.

Darin werden grundlegende soziale Fähigkeiten zur Gewinnung eines potenziellen Erblassers vermittelt: Einfühlsamkeit, Offenheit, emotionale und intellektuelle Kompetenzen. Je nach Eignung des Erben und Vorlieben des Erblassers bietet sich dabei entweder die Strategie »Mitleidsbonus« oder »Machertyp« an. Für ein solches Coaching muss selbstverständlich im Voraus bezahlt werden und für den Erfolg kann nicht garantiert werden, da dieser im Wesentlichen vom Aspiranten selbst abhängt.

Denkbar wäre auch eine Vorab-Spezialisierung auf eine bestimmte Klientel. Beispielsweise für Erblasser, die ihr Geld an intelligente, aber wenig betuchte Menschen mit großen Ambitionen vergeben möchten. »Sie suchen einen Erben mit Niveau? ›Elite Erben‹ ist die Lösung. Melden Sie sich noch heute an auf www.elite-erben.de.« Menschen, die ihr soziales Gewissen nach Jahren des Geldraffens endlich beruhigen möchten, stünde hingegen die Plattform »Sterben in Frieden – Vererben mit Herz« zur Verfügung.

All denjenigen, die an dieser Stelle Pietätlosigkeit vermuten, sei gesagt: Man gibt den Erblassern lediglich das, was sie haben möchten: das gute Gefühl, ihr schwer verdientes Geld auch nach ihrem Ableben in guten Händen zu wissen und nicht einfach so dem Staat in den Rachen zu werfen. Insofern ist das eine höchst ehrenvolle Dienstleistung und darf also auch gerne entsprechend entlohnt werden. Wer Lust hat, sich dieser Idee einmal anzunehmen, sollte aber dennoch zuvor ein paarmal googeln, um das deutsche Erbrecht zu befragen. Bei eventuell auftretenden Problemen kann man das Geschäft dann immer noch in den Staaten aufziehen.

Merke
Vererben macht Spaß und kostet nicht viel!

Würde man pro Monat einen Erblasser mit dem Vermögen von 50.000 Euro und einer Provision von 10 Prozent vermitteln, so wären das pro Jahr 60.000 Euro. Rechnet man pro Erblasser zehn potenzielle Kandidaten, die einer Schulung im Wert von jeweils 500 Euro bedürfen, hinzu, so ergibt sich eine

Gesamtsumme von 120.000 Euro pro Jahr. In gut acht Jahren hätte man dann die Million beisammen.

MACH DOCH WAS MIT INTERNET!

Wer hätte vor 15 Jahren gedacht, dass eine Internet-Suchmaschine einmal die wertvollste Marke der Welt sein könnte? Im Jahr 2009 lag Google im dritten Jahr in Folge mit unfassbaren 100 Milliarden Dollar Wert weltweit an der Spitze. Inzwischen hat es sich wohl herumgesprochen, dass sich im Internet mit der passenden Idee zur rechten Zeit eine Menge Geld machen lässt. So bereilten uns auch von einigen Beobachtern unseres Versuchs recht hilfreiche Tipps.

Expertentipp
Internet Ideen wie eBay, facebook, amazon, studiVZ ausdenken und programmieren.

Klingt ja total einfach! Mit dem Ausdenken könnte es ja noch hinhauen. Aber programmieren? Wer also folgende, mitunter fragwürdige Ideen als umsetzungswürdig erachtet und vielleicht einen VHS-Kurs »Internet-Ideen programmieren II« belegt, aber den Kurs »Internet-Ideen ausdenken I« versäumt hat, der sollte sich ruhig bedienen.

Suchmaschine 2.0

Gleich die erste Internet-Geschäftsidee will sich auch schon direkt mit den ganz Großen messen: Es geht um nichts anderes, als den schnelllebigen Internet-Suchmaschinenmarkt zu revolutionieren. Man hat sich inzwischen daran gewöhnt, dass man mal eben schnell was »googelt«. In Bruchteilen von Sekunden hat man eine Vielzahl an Ergebnissen. Doch wo bleibt da das Menschliche? Nach und nach verliert man schließlich die Fähigkeit, sich mal selbst Gedanken zu einem Thema zu machen, wenn man ständig eine Suchmaschine die Arbeit erledigen lässt.

Die revolutionäre, gleichwohl simple Idee ist es nun, dieser unschönen Entwicklung eine analoge Konkurrenz entgegenzustellen. Unter dem Motto »Suchmaschine 2.0 – die Entdeckung der Langsamkeit« werden dem Suchenden die Suchergebnisse auf postalischem Wege zugesendet. Für diesen Zweck muss sich natürlich jeder Nutzer mit Name und Anschrift registrieren. Gegen Bares können entsprechende Such-Credits eingetauscht werden. Dafür bekommt der Suchende aber auch eine Menge geboten! In der Suchmaschinenzentrale sitzen durchweg qualifizierte Fachleute für alle Wissensgebiete, die es so gibt: Philosophen, Mathematiker, Wahrsager, Experten für Penisverlängerungen, Literaturkritiker und so weiter.
Je nach Suchanfrage landet die Eingabe dann beim jeweiligen Experten, der oder die sich damit genauer auseinandersetzt und im Internet nach passenden Ergebnissen sucht. Als Antwort erhält der Anfragende einen handgeschriebenen Brief, in dem ausführlich auf die Frage bzw. Suche eingegangen wird. Neben Ergebnissen im Internet erhält der Klient auch die Expertenmeinung zum Thema. Hat man beispielsweise nach »schnell reich werden« gesucht, bekommt man in der Antwort auch gegebenenfalls eine kritisch-moralische Einschätzung des Experten: »Wozu denn schnell reich werden? Der wirkliche Reichtum liegt doch zum Beispiel in der Gesundheit oder bei Freunden, auf die man auch in der Not zählen kann!« Ebenso würde man ermahnt werden, in Zukunft doch bitte auf die richtige Schreibweise der Anfrage zu achten. Der Fragende erhält also nicht nur eine Antwort, sondern auch die Chance, sich persönlich weiterzuentwickeln. Falls erforderlich, können jederzeit Expertengremien gebildet werden, um auch komplexen Anfragen gerecht zu werden.
Um dem Portal einen sprichwörtlich amtlichen Anstrich zu verleihen, sind die Öffnungszeiten streng reglementiert: Montag bis Freitag von 8 bis 13 Uhr, donnerstags zusätzlich von 15 bis 18 Uhr. Das ermöglicht zum einen den Experten, neben dem anstrengenden Job ein geregeltes Leben zu führen

und Weiterbildungsseminare zu besuchen, zum anderen den potenziellen Klienten, denen außerhalb der Öffnungszeiten Anfragen einfallen, erst einmal selbst zu überlegen. Google wird sich warm anziehen müssen.

internet-geschäftsidee24.de

Wahrscheinlich lässt sich aus jeder noch so fragwürdigen Geschäftsidee eine Internet-Idee machen. Solange man nur ein »24« oder das etwas aus der Mode gekommene »online« hinter die schmissig-prägnante Produktbezeichnung hängt. Neuerdings scheint sich aber auch das Voranstellen eines »e«s zu etablieren. Portale wie »eDarling.de« oder »eHoi.de« machen es vor. Dabei bleibt mir persönlich verborgen, was denn genau hinter diesem mysteriösen »e« stecken soll. Elektrisch? Emotional? Eloquent? Exzentrisch? Man weiß es nicht. Zwei ganz bahnbrechende internet-geschäftsideen24 mit dem Potenzial zum Gelddrucken seien hier genannt:
Man stelle sich einmal vor, dass man sich dringend über den Rücken schubbern möchte. Ein grundlegendes Bedürfnis! Entweder man verrenkt sich ganz furchtbar und erfährt doch keine echte Befriedigung, oder man hilft sich mit einem altmodischen Rückenkratzer. Eindeutig keine zeitgemäßen Lösungen! Wie dankbar wäre man da für ein praktisches Schubberband? Eine Art unverzichtbares Gadget für den modernen Menschen. Um dem zunehmenden Wunsch nach individuellen Produkten gerecht zu werden, kann man sich sein persönliches Schubberband nach seinen eigenen Wünschen auf schubberband24.de zusammenstellen. Denkbar wäre beispielsweise ein eingebauter, twitternder Schubberfrequenzmesser. Da wären auch die Facebookfreunde immer auf dem neuesten Stand. Oder gleich eine Schubbercommunity auf der Website! Mit persönlichem Schubberprofil, tollen Persönlichkeitstests (welcher Schubbertyp bist du?) und der Möglichkeit, Freunde anzuschubbern. Auch einen Slogan mit dem Zeug zum zeitgemäßen Corporate Sound hätte ich auf

Lager: schubberband24.de – schubber dubber du! Ich schubber, was machst du?
Bei einer anderen Idee handelt es sich um einen Service der besonderen Art. Für Erwachsene sozusagen. Hat man von seinem Lebenspartner die Schnauze voll, traut sich aber nicht, ihn oder sie bei etwaigen Annäherungsversuchen abzuweisen, so bietet eine Geschäftsidee die Lösung: schuppenflechte-online.de – das diskrete Versandportal für täuschend echte Hautkrankheitsnachbildungen. Wer könnte diesem Charme schon widerstehen? »Schatz, schau nur, diese schuppige Stelle hier. Der Arzt meint, es könnte ansteckend sein.« In den nächsten Wochen hätte man erst einmal seine Ruhe. Lästige Fragen, warum man so abweisend ist, erübrigen sich wie von selbst. Die Treffen mit der neuen Flamme lassen sich so auch mit abgedroschenen Ausreden wie »Ich war länger im Büro« oder »Ich war nur kurz Zigaretten ziehen« glaubwürdig vertuschen. Eine Kooperation mit Seitensprungportalen bietet sich nahezu an: schuppenflechte-online – presented by abenteuer18.de.

Seniorencommunity

Man muss weder schlau noch ein Nerd sein, um zu sehen, dass Online-Communitys boomen. MySpace, Facebook und Co. suggerieren mithilfe ihrer millionenstarken Anhängerschaft, dass nur existiert, wer dabei ist und mindestens 500 Freunde hat. Doch was kann man dem entgegensetzen, um vom Social Web zu profitieren? Eine weitere Gemeinschaft wie eKommune.de oder Freunde24.org ins Leben zu rufen erscheint mir reichlich sinnlos. Doch halt. Bei eingehender Betrachtung fällt auf, dass etwas fehlt: Eine Online-Gemeinschaft nur für alte Leute. Das »Omi-VZ« oder das »Agebook«. Das ist überhaupt eine großartige

Expertentipp
oder du bietest alten leuten an, gegen einen betrag mit denen zu reden – dann verstopfen die auch nicht die wartezimmer beim arzt und können dir die 10 euro praxisgebür geben

Idee. Man denke nur an die ständig wachsende und vor allem insgesamt zahlungsfreudige Zielgruppe.
Nach einigen Vorüberlegungen gelangte ich schließlich zu folgenden Punkten, die man bei der Planung und Umsetzung beachten müsste. Erstens: das sogenannte USP (Unique Selling Proposition), also das Alleinstellungsmerkmal. Das ist denkbar einfach: ein Mindesteintrittsalter von sagen wir 60 Jahren. Das wäre erstens einzigartig und zweitens würde es den Altersbegriff enorm aufwerten. Was würden wir nicht alles tun, um 60 Lenze zu zählen und dabei sein zu dürfen!
Zweitens: Kundengewinnung. Spezielle Veranstaltungen im Rahmen von Volkshochschulkursen oder ähnlichen Veranstaltungen (»Internet im Alter«, »Einstieg Internet – 70 plus«) bieten einen idealen Anknüpfungspunkt und ermöglichen es, das Produkt einer breiten Zielgruppe schmackhaft zu machen. Gezielte Werbung durch Ankauf von Datensätzen ist natürlich ebenfalls nützlich. Anzeigen in einschlägigen Zeitschriften wie HÖRZU und der Apotheken-Umschau sollten ein Übriges tun.
Dann die Leistungen. Natürlich bräuchte man alles, was es in Online-Communitys auch schon gibt. Man muss Freundschaften (»Kameradschaften«) schließen können, um Fotos und Videos mit seinen Freunden/Kameraden teilen zu können. Gruppen (Reinhard hat dich zur Gruppe »Der zweite Frühling: Sind die Zähne erstmal raus, hat die Zunge freies Spiel!« eingeladen), Fanpages (Werde ein Fan von Viagra!) und Veranstaltungen (Margot hat dich zu der Veranstaltung »Wolles Beisetzung mit anschließendem Beisammensein bei Kaffee und Kuchen« eingeladen) gehören selbstverständlich genauso dazu wie die klassischen Möglichkeiten der Kontaktanbahnung (Hajo1931 hat dich gegruschelt!). Darüber hinaus sind natürlich auch noch eine Vielzahl weiterer Features wie Tortenverzeichnisse, Statusmeldungen zum aktuellen Blutzuckerwert oder das »Stuhlgangbarometer« denkbar.

Außerdem lohnt es, sich über die technische Umsetzung genauere Gedanken zu machen. Barrierefreiheit ist das Zauberwort. Ohne die geht es natürlich nicht. Des Weiteren sollte man auch das reibungslose Einbinden in die gängigsten Nutzerumgebungen gewährleisten und Erweiterungen und Schnittstellen ermöglichen. Wie wäre es zum Beispiel mit einer eigenen Twitterfrequenz für den Herzschrittmacher? Auch Social Games sollten angedacht werden, kann man doch darüber so einige Erkenntnisse über seine Nutzer gewinnen. Diese fließen dann selbstverständlich auch in die Verbesserung der Community ein. Denkbar wären Spiele wie »Rollator-Tuning« oder »doctor's diary: Betreibe deine eigene Arztpraxis und besuche deine Freunde in ihren virtuellen Praxisräumen auf ein Schwätzchen!«.
Die Möglichkeiten, die sich hierbei auftun, sind geradezu grenzenlos. In Anbetracht der faktisch schon völlig überalterten deutschen Bevölkerung, gar der gesamten westlichen Industrienationen, ist es nur eine Frage der Zeit, wann man Facebook und Konsorten überholen wird. Hilfreich ist auch die Einführung und permanente Nutzung neuer Begrifflichkeiten. In diesem Zusammenhang könnte man beispielsweise vom »world wise web«, »silver socials« oder »eGrannies« sprechen.

Der gute Zweck

Das sonntägliche Fernsehprogramm hält für den aufmerksamen Zuschauer so manche Perle bereit, die bei eingehenderer Betrachtung auch noch Potenzial für hervorragende Geschäftsideen birgt. So geschehen beim ›Perfekten Promi-Dinner‹. Eigentlich als Ratesendung konzipiert, denn in jeder Sendung sind mir mindestens drei der vier Teilnehmer völlig unbekannt, werden hier nicht nur zweifelhafte Gerichte und geschmacklose VIP-Residenzen präsentiert. Es gibt sogar etwas fürs Herz: In jeder zweiten Sendung kommt ein Prominenter, zumeist ein Jungschauspieler mit Drei-Tage-Bart und Kuschellook, auf die total süße Idee, die zauberhafte zwischenmenschliche Nähe der dinierenden Prominentenbande einzufangen und in ein Kunstobjekt zu bannen, um dieses schließlich an den Meistbietenden zu verhökern. Doch nicht etwa aus purem Eigennutz! Nein! Für einen guten Zweck, das versteht sich von selbst. Für Kinder oder Jugendliche, die a) es nicht so leicht haben im Leben wie der betroffene Prominente oder b) es genauso schwer haben im Leben wie der betroffene Prominente, nur aber leider nicht das Glück und das Talent, sich selbst aus dieser misslichen Lage zu befreien.

Alle anderen Teilnehmer finden diese Idee immer total super und machen sofort voller Elan mit. Dann werden Leinwände bekritzelt, Handflächen auf Stoffservietten gedrückt und schließlich wird der eigene Name in direkter Nähe vermerkt, schließlich muss man dem Kunstwerk auch einen finanziellen Wert einhauchen. Das fertige Gebilde wird einmal kurz in die Kamera gehalten, gerade so lange, dass sich der Zuschauer vom künstlerischen Eigensinn der Beteiligten überzeugen kann, dann geht es weiter nach Sendeplan.

Doch halt! Wie ist das jetzt mit der tollen Versteigerung für die armen Kinder? Kein Wort. Gibt es Leute, die danach bei Vox anrufen und sagen: »Juten Tach! Isch bin der Herr Peters. Isch würd jerne das tolle Bild ersteigern.« Wer weiß, wie viele selbstlose Ideen dieser Art einfach so im Nirwana verschwinden. Dabei liegt die Lösung doch so nah! Das Internet bietet wieder einmal die passende Plattform. www.dergute-zweck.de wäre beispielsweise die ideale Anlaufstation für Promis und solche, die gerne Gutes tun, ohne selbst Geld lockerzumachen. Einfach das entsprechende Objekt anpreisen und ein Bildchen hochladen – schon können wohlhabende und gleichfalls mildtätige Menschen mitsteigern. Im wahrsten Sinne also ein eBay für Arme. Selbstverständlich kann es nicht ohne Provision ablaufen. Der Seitenbetreiber (ich) muss ja auch leben.

Merke
Das Internet – nachhaltige Synergieeffekte mit Win-Win-Situation.

Expertentipp
Ein großes Ding, um Geld zu sammeln, sind Partys, nein, in Eurem Fall eher Benefiz-Veranstaltungen oder gar Galas. Einfach zu dem gewünschten Publikum noch ein paar Berliner Originale einladen, dann macht das auch in der bildlichen Nachbereitung etwas her.

POPULISTISCHE MILLIONÄRSPARTEI DEUTSCHLANDS

Politiker zu sein ist sehr anstrengend. Deshalb müssen sie auch gutes Geld verdienen. Zwar sind wohl die wenigsten Millionäre – aber erst einmal vom Volke ins Parlament gewählt, lässt es sich mit den monatlichen Zahlungen auch ohne Nebenjob ganz gut aushalten. Und jeder weiß, dass das auch gut so ist. Man stelle sich nur vor, Guido Westerwelle müsste nach seinem harten Job als Außenminister und Parteivorsitzender noch sein Gehalt als Putzkraft oder Wachmann aufbessern. Da hätte er überhaupt keine Zeit und Energie mehr, sich feinsinnige Diskussionsanregungen zur Sozialpolitik auszudenken.

Ja – Politiker müsste man werden. Zu viel Lebenszeit sollte man aber nicht im Parlament vergeuden, denn danach winkt in vielen Fällen ein noch viel besser bezahlter Beraterposten in großen und zahlungskräftigen Unternehmungen. Über kurz oder lang würde man so vielleicht doch Millionär werden können. Nur welcher Partei sollte man sich anschließen? Selbst die FDP vertritt nur noch extrem weichgespült die Interessen der Schönen und Reichen. Ein Vakuum, wie man es wohl nur mit einer neu zu gründenden Partei schließen kann. Vielleicht gar kein schlechter Gedanke. Erfolgsgeschichten der jüngeren Vergangenheit wie die der PARTEI, die in erster Linie mit Populismus Wählerstimmen gewinnen will, machen Mut, so ein Vorhaben selbst in Angriff zu nehmen. Empfohlen sei an dieser Stelle *»Das PARTEI Buch. Wie man in Deutschland eine Partei gründet und die Macht übernimmt«*

vom PARTEI-Vorsitzenden Martin Sonneborn. Einen passenden Parteinamen hätte ich jedenfalls schon: Populistische Millionärspartei Deutschlands.
Für die grobe Programmatik der Partei könnte ich mir zwei unterschiedliche Ansätze vorstellen, aus denen bei der Gründungsveranstaltung ein Weg auszuwählen wäre. Diese beiden folgenden Sätze erschienen mir als gangbare Formulierungen, um die jeweilige Zielsetzung kurz und prägnant zu umreißen:

Variante 1: Eure Armut kotzt uns an.
Die Partei von Besserverdienenden für Besserverdienende. Je nach Höhe des Mitgliedsbeitrags kann sich das Parteimitglied zusätzliche Stimmrechte für Entscheidungen auf Parteitagen erkaufen. Mit dem monatlichen Mindestbeitrag von 1.000 Euro hat man nur einfaches Stimmrecht. Mit 2.000 Euro hat man doppeltes Stimmrecht, mit 3.000 das dreifache und so weiter. Auf den Parteitagen ginge es so ähnlich zu wie in einem Auktionshaus. Ist man jetzt Parteimitglied und beispielsweise Besitzer eines Hotelunternehmens und unzufrieden mit dem viel zu hohen Mehrwertsteuersatz auf Hotelübernachtungen, so kann man mit einem entsprechend hohen Beitrag ziemlich sicher sein, dass eine Senkung des Steuersatzes mit ins Parteiprogramm aufgenommen wird. Der hohe Mitgliedsbeitrag würde zudem sicherstellen, dass weniger gut situierte Menschen gar nicht erst auf den Gedanken kommen, die Partei mit ihrem revolutionären Gedankengut zu infiltrieren. Mit einem Mindestbeitrag ließe sich sowieso nicht viel bewegen. Ein schönes Bild würden die Wahlkampfstände bieten: Anstelle von Luftballons und Kugelschreibern gäbe es für den interessierten Standbesucher ein Gläschen gekühlten Schampus. Für den Herrn güldene Manschettenknöpfe, für die Dame das Designerhandtäschchen mit farblich passendem Miniaturhündchen. Von der breiten Masse würde die Partei vielleicht nicht unbedingt gewählt werden. Aber mithilfe gekaufter Medienkonzerne schafft man auch den Sprung über

die Fünf-Prozent-Hürde und kann so als Mehrheitsbeschaffer in Koalitionen fungieren.

Variante 2: Reichtum für alle!

Dieser Wahlspruch stammt eigentlich von den Linken. Gemeint war laut Gregor Gysi Reichtum im metaphorischen Sinne. Also beispielsweise in Form von Bildung. Da die Populistische Millionärspartei die Partei der klaren Worte ist, wäre Reichtum natürlich wörtlich zu nehmen. Nichts mit Schnickschnack und Metaphern. Kernforderungen wären demnach: ein im Grundgesetz verankertes Recht auf mindestens einen Bootsanleger pro Person und generell beheizte Parkscheinautomaten. Die immensen Ausgaben für solch ein Konjunkturprogramm würden ausschließlich über das Drucken von mehr Geld und eine hohe Neuverschuldung finanziert. Ein solches Vorgehen würde die Inflationsrate enorm erhöhen und dadurch viele Menschen schnell zu Millionären machen. Da wäre der Name tatsächlich Programm! Ein Blick auf die Website des Bundeswahlleiters sollte Aufklärung über das weitere Prozedere bieten:

Hintergrundwissen: Eine Partei gründen

Nach Artikel 21 Absatz 1 Satz 2 des Grundgesetzes ist die Gründung von Parteien frei. Die Errichtung einer Partei bedarf eines Gründungsvertrages mit dem Willen der Beteiligten, eine Partei zu gründen. Als Gründer kommen nur natürliche Personen in Betracht, da nur solche einer Partei angehören können. Auf der Gründungsveranstaltung wird von den anwesenden Personen zunächst über die Gründung der Partei beschlossen, im Anschluss hieran beschließt die Gründungsversammlung das Programm und die Satzung der Partei. Schließlich wählt sie den Parteivorstand in der Zusammensetzung, die die Parteisatzung vorsieht. Über den Verlauf der Gründungsversammlung sowie über alle Beschlüsse und Wahlen ist ein Protokoll zu führen. Zur Gestaltung sowohl der Satzung als auch des Gründungsprotokolls und nachfolgender Parteitagsprotokolle sind keine amtlichen Muster vorgesehen; die Parteien sind in ihrer Entscheidung über Art und Umfang der Ausgestaltung dieser Dokumente weitgehend frei. Die Organe der Partei fassen ihre Beschlüsse mit einfacher Stimmenmehrheit, soweit nicht durch Gesetz oder Satzung erhöhte Stimmenmehrheit vorgeschrieben ist. Die Wahlen der Vorstandsmitglieder und der Vertreter zu Vertreterversammlungen und zu Organen höherer Gebietsverbände sind geheim. Bei den übrigen Wahlen kann offen abgestimmt werden, wenn sich auf Befragen kein Widerspruch erhebt.

Aus www.bundeswahlleiter.de

Aus der Euphorie ob der schönen Idee wurde schnell Ernüchterung. Warum muss das immer so kompliziert sein? So wie bei der Ufo-Sekte zeigten sich auch hier nach und nach Schwierigkeiten bei der konkreten Umsetzung des Projekts. Zum einen das relativ strenge Parteiengesetz in Deutschland, durch das das Unterfangen zu einer bürokratischen Prozedur geworden wäre. Laut Wikipedia braucht es nämlich eine nicht geringe Anzahl an Parteigenossen, um als richtige Partei durchzugehen. Nach § 2 PartG muss eine politische Vereinigung über eine Mindestanzahl an Mitgliedern verfügen. In einem Fall wurde die Zahl von 55 Mitgliedern als zu gering angesehen. Hingegen wurde die PSG (Partei für Soziale Gleichheit, Sektion der Vierten Internationale) mit 270 Mitgliedern vom Bundeswahlausschuss zur Bundestagswahl 2009 als Partei anerkannt. Hat man erst einmal diese Hürde genommen, muss die Partei innerhalb von sechs Jahren an mindestens einer Bundestags- oder Landtagswahl teilnehmen, um weiterhin als Partei anerkannt zu werden. Zu diesen bürokratischen Barrieren gesellten sich wiederum Zweifel an der Lukrativität der Idee. Vermutlich würde ich dadurch zunächst keinen einzigen Euro verdienen, aber trotzdem viel Zeit investieren müssen.

Merke
Die Gründung einer Partei ist ein bürokratischer Vorgang mit finanziell ungewissem Ausgang.

ENTERTAINMENT ABSEITS DER QUETSCHKOMMODE

Vor allem in Sachen Unterhaltung im öffentlichen Personennahverkehr muss man sich einiges einfallen lassen, will man die Aufmerksamkeit der Mitreisenden gewinnen. Musik ist von jeher eine schöne Möglichkeit, sein Können vorzuführen und sich zugleich redlich entlohnen zu lassen. Allerdings muss ich sagen, dass ein Sänger mit offensichtlich klassischer Gesangsausbildung, einem anständigen Vibrato in der Stimme und einem immerhin drei Stationen lang andauernden Vortrag seit einem halben Jahr der einzige Meister seiner Zunft war, der mich nachhaltig beeindruckt hat. Und so wie mir geht es scheinbar vielen Fahrgästen. Mit einer einfachen Gitarrennummer oder einem Akkordeon kann man nicht mehr punkten. Auch die direkte Ansprache auf etwas Kleingeld, gepaart mit rotziger Anrede oder wahlweise verrotztem Kleinkind auf dem Arm, vermag hierzulande niemanden mehr zu beeindrucken. Da ist guter Rat teuer und tüchtige Geschäftsleute sind gefragt, wenn es darum geht, neue Methoden des Zeitvertreibs in öffentlichen Verkehrsmitteln aufzutun und in klingende Münze zu verwandeln. Der Trend geht dabei eindeutig zum Mitmachen: Das Publikum muss in die künstlerische Handlung eingebunden werden. Besonders Touristen werden diese Art der Unterhaltung zu schätzen wissen, gewinnen sie doch dadurch einen einmaligen Einblick in die kreative Metropole und ein unvergessliches Urlaubserlebnis.

Denkbar wären zum Beispiel scheinbare Streitereien in Bus und Bahn mit theatralischem Ausgang, die die Leute aufs Köstlichste unterhalten. Vor allem ortsübliche Dialekte werden von Touristen als besonderes Kennzeichen der Authentizität empfunden und sollten unbedingt ausgiebig verwendet werden. Statt Meinungsverschiedenheiten zwischen Mann und Frau sind auch spaßige Situationen unter Homosexuellen denkbar, verkörpern diese doch am besten das Bild der liberalen Großstadt und zwingen die unfreiwillig Beteiligten dazu, verstohlen zuzuhören. Die Passagiere müssen dabei ohne Umschweife einbezogen werden! Denkbar wären zum Beispiel Anreden wie: »Finden Sie etwa ooch, ick bin zu dick?« Nach erfolgter Auflösung und großem Hallo wird sich der Klingelbeutel je nach Kunstfertigkeit der Darbietung und Originalität der Geschichte füllen.

Das meiste Geld jedoch bringen naturgemäß die Dinge, die den erlebnishungrigen Fahrgästen den nötigen Kick verschaffen. Wie wäre es beispielsweise mit einem Angebot zum eigenen Graffiti-Tag auf einer S-Bahn-Bank? Oder dem Verleih von Schleifsteinen, um sich einmal im Scheiben-Scratchen zu probieren? Findigen Problemjugendlichen bieten sich hier ungeahnte Chancen aufs große Geld. In Zusammenarbeit mit den entsprechenden Ordnungshütern ließe sich die Spannung des Urlaubserlebnisses gar noch weiter steigern und ganz nebenbei ließen sich einige Löcher der Stadtkasse stopfen.

> **Merke**
> Ausgetretene Pfade verlassen und scheinbar unfruchtbar gewordene Äcker mit neuen Werkzeugen bearbeiten!

DIE KOSTENPFLICHTIGE VERWARNUNG

Das Leben in der großen Stadt ist nicht immer schön. Vielerorts trifft man auf merkwürdige Menschen, die anscheinend wenig Sinn für Anstand und Etikette besitzen. So wie neulich, als ich auf die U-Bahn wartend nach etwas Kleingeld gefragt wurde. Generell bin ich da ja nicht abgeneigt, aber beim Vorspiel zur Fragestellung nach dem Geld leistete sich der Fragende einen unschönen Fauxpas, der für sofortige Disqualifizierung sorgte. Er zog den Nasenschnodder mit fulminanter Lautstärke kräftig hoch, in den Mund, und rotzte diesen schließlich in seiner vollen

Farbpracht knapp einen Meter neben mir auf den Bahnsteig. Ja, gibt's denn so was? Da sag noch mal jemand, Berlin sei sexy. Sowieso scheinen die öffentlichen Verkehrsmittel eine magische Anziehung auf verhaltensgestörte Menschen auszuüben. Sehr beliebt bei jungen Menschen in der Adoleszenzphase ist beispielsweise das sogenannte Sodcasting.

Hintergrundwissen: Sodcasting

Sodcasting bezeichnet das öffentliche Zu-Gehör-Bringen eines dubiosen Musikgeschmacks über die Lautsprecher eines Mobiltelefons. Gerne in öffentlichen Verkehrsmitteln und vorwiegend von Jugendlichen in Plusterjacken praktiziert. (Sod: englisch für Arsch, Sau, Scheißkerl)

Frei übersetzt aus: www.urbandictionary.com

Dubioser Musikgeschmack trifft die Sache ganz gut. Wer wissen möchte, was gerade so in der Welt des Gangsterraps angesagt ist, sollte einfach mal eine Runde mit der U 8 vom Wedding nach Neukölln fahren. Besser als jedes Fahrgeschäft auf der Dorfkirmes! Fehlen nur noch die passenden Ansagen der Fahrgeschäftführer: »Jaaha Freunde – mitmachen hier – dabei sein hier – die nächste Fahrt geht rückwärts!« Ein beliebter Klassiker ist aber auch der öffentliche Dönerverzehr mit all seinen unangenehmen Konsequenzen für den unbeteiligten Mitfahrer. Anscheinend Probleme, mit denen auch meine Mitmenschen zu tun haben. Das lässt jedenfalls folgende Statusmeldung einer Facebook-Freundin vermuten:

»Musste mich vorhin fast übergeben. Ich wurde in der Tram über 4 Stationen von einer dicken Frau mit Knoblauchatem direkt von oben angeatmet und konnte nicht flüchten. Das ist Körperverletzung!«

11. Februar um 21:05 · Kommentieren · Gefällt mir

Nein. Das gefällt mir nicht! Dafür soll man dann auch noch exorbitante 2,10 Euro für eine einfache Fahrt zahlen. Unverschämtheit! Aber natürlich gibt es auch offensichtliches Fehlverhalten jenseits der öffentlichen Verkehrsmittel. Gründe, sich aufzuregen, lauern sprichwörtlich hinter jeder Ecke. Beispielsweise Menschen, die plötzlich und ohne erkennbaren Grund auf dem Gehweg stehen bleiben und so lebende Hindernisse für nachfolgende Passanten bilden. Gerne auch in Kombination mit einem aufgespannten Regenschirm. Man sollte Schmerzensgeld verlangen! Weil man von öffentlicher Stelle wahrscheinlich keinen Cent Entschädigung sehen wird, überlegte ich mir, dass es an der Zeit ist, Selbstjustiz zu üben. Aber anstatt sich in ein hautenges Rächerkostüm zu zwängen, gilt es kostenpflichtige Verwarnung auszusprechen. Bestückt mit amtlich wirkenden Formularen und beigelegtem Überweisungsträger (natürlich kann man auch bar vor Ort bezahlen), ließen sich zwei Fliegen mit einer Klappe schlagen: auf der einen Seite ein gefülltes Portemonnaie, auf der anderen Seite ein Lerneffekt beim Zahlenden. Was will man mehr? Um der Verwarnung weiteren Nachdruck und sich selbst eine gewisse Autorität zu verleihen, würde es sich empfehlen, in seiner Tätigkeit als Wächter des guten Benehmens eine Art Uniformierung zu tragen. Wie gesagt – kein Rächerkostüm. Eine offiziell anmutende Kluft ähnlich der der Damen und Herren vom Ordnungsamt tut schon seinen Dienst.

Falls sich unter der Leserschaft Interessenten für derlei Vorhaben befinden sollten: Bitte – hier als Kopiervorlage ein amtlich wirkendes Formular, welches sich für die meisten Situationen eignet, um professionelle kostenpflichtige Verwarnungen auszusprechen:

Merke
Schlechtes Benehmen zahlt sich aus.

Stelle zur Vollstreckung kostenpflichtiger Verwarnungen

Block-Nr.: 13786 Fortl. Zi.: 0012

KOSTENPFLICHTIGE VERWARNUNG

Grund der Verwarnung

☐ Verbreitung musikalischer Grausamkeiten

☐ Speise- und/oder Verdauungsgeräusche

☐ vorsätzliche Verbalentgleisung

☐ allgemeine Unverschämtheit

Sonstige Gründe ....

Das Vergehen wurde festgestellt

am .... um (Uhrzeit) ....

Höhe des Bußgelds

....

Zahlungsmethode

☐ Bar ☐ Aushändigung mitgeführter Wertgegenstände, und zwar

....

Datum, Unterschrift Sachbearbeiter

....

Die Höhe des Bußgelds liegt im Ermessen des Sachbearbeiters. Mit Ausstellung des Verwarnbescheids ist das fällige Bußgeld in voller Höhe der Stelle zur Vollstreckung kostenpflichtiger Verwarnungen in Person des verwarnenden Sachbearbeiters zu entrichten. Widerspruch wird mit einem weiteren Verwarnbescheid geahndet.

RAMSCHMILLIONÄR WERDEN

Ramschgeschäfte mit wohlklingenden Namen wie »Rudis Resterampe«, »Jawoll-Markt« oder »Mäc Geiz« sprießen wie Pilze aus dem Boden. Für wenig Geld bekommt der Kunde einiges geboten: von Lebensmitteln nahe am Mindesthaltbarkeitsdatum bis zum Windowcolor-Set oder dem Topflappen für Linkshänder ist alles dabei, was den Sparfuchs in Wallung versetzt. RTL2, Vox, N24 und Konsorten haben den Trend schnell erkannt und so läuft irgendwo mindestens einmal pro Woche eine 24-Stunden-Spezialreportage über einen kauzigen Ramschmillionär, der solariumsgebräunt im roten Ferrari vorfährt, um dem Personal vor der Neueröffnung des nächsten Schnäppchenmarkts Druck zu machen.

Schon ein kleines Startkapital könnte die Basis für ein weltumspannendes und gewinnträchtiges Ramsch-Imperium bilden. Dies schienen auch einige Blogleser-Experten verstanden zu haben und gaben mir im Laufe des Experiments den einen oder anderen Tipp, wie man das anstellen könnte. Beispielsweise über die beliebte Auktionsplattform eBay. Je nachdem, auf was man es abgesehen hat, kann man hier so manches Schnäppchen machen. Ein Arbeitskollege riet mir beispielsweise, dort einmal nach Technik-Restposten Ausschau zu halten. Palettenweise sollte man dort angeblich originalverpackte Kabel, Tastaturen, USB-Sticks, Webcams und so weiter zu günstigen Preisen erstehen können. Ein Weiterverkauf in Einzelstücken könnte sich, je nach Inhalt der Pakete, sehr lohnen.

Tatsächlich schaute ich mich einmal nach derlei Angeboten um. Das Ganze schien mir allerdings reichlich suspekt. Der jeweils beschriebene Beispielinhalt so einer Palette hörte sich zunächst einmal ganz gut an. Im Kleingedruckten stand dann aber ergänzend zum Angebot, dass es sich nur um Beispiele handelt und Inhalte abweichen können. Wahrscheinlich einfach ein gewinnbringender Weg für den Verkäufer, Technikschrott loszuwerden und nicht regulär entsorgen zu müssen. Aber es gab ja noch haufenweise andere Angebote. In einer weiteren Auktion wurden 18 x »Beauty Salon mit Missy Milly & Mia« und 18 x »Missy Milly–Cabrio mit Sally & Laptop« zum Verkauf geboten. Im Beschreibungstext hieß es »Mobilität und Spass kommen zusammen im Missy Milly Cabrio Set. Sally (14 cm) und ihr Hund Laptop freuen sich bereits auf ein Picknick im Grünen, für das sie schon ihren Picknickkorb gepackt haben.« Für 200 Euro hätte man die Ware erwerben können. Laut Angebot würde der Wiederverkaufswert bei 1079 Euro liegen, aber da bliebe dann noch das Problem, die Ladenhüter wieder unters Volk zu bringen. Trotz des blümeranten Beschreibungstexts mit Mobilität und »Spass« hatte ich da so meine Zweifel. Wer diesbezüglich etwas risikofreudiger ist, sollte das aber vielleicht einmal ausprobieren.

Merke
Ramsch macht Millionäre.

Die Liste potenzieller Möglichkeiten des ganz großen Reibachs ließe sich beliebig erweitern. Man könnte auch ein Geschäft in China aufziehen, ein Muss in Zeiten globaler Märkte. Aber was könnte das für ein Geschäft sein? Vielleicht ein kleiner Tabakladen in der Provinz Sichuan? Oder ich könnte Papst werden, denn der schwimmt ja bekanntermaßen in Geld und ist noch dazu schick gekleidet. Als Protestant aber auch keine wirkliche Option. Und sowieso ist das wohl eher etwas für ältere Semester.

Und so lösten sich nach und nach leider auch die vielversprechendsten Ideen für uns in Luft auf. Sie scheiterten entweder an gesellschaftlichen Zwängen oder einer soliden finanziellen Basis.

DAS KANN
MAN SICH
SPAREN
WOW!

Geiz ist geil. Beziehungsweise war es lange Zeit. Seit 2007 verzichtet der allseits bekannte Elektronikmarkt auf diesen schmissigen Slogan, für den es von allen Seiten Kritik hagelte. Die Geiz-ist-geil-Mentalität führt nämlich zu übertriebener Sparsamkeit des Volkes und schadet schließlich der deutschen Binnenkonjunktur. Und wer will das schon? Doch die Bedenken sollen uns nicht weiter kümmern, denn Geiz und Sparsamkeit sind, wie man weiß, bewährte Mittel, um ein großes Vermögen anzuhäufen. Hat man das erst mal beisammen, kann man ja durch verstärkte Ausgaben die Konjunktur wieder ankurbeln.

Ein guter und richtiger Gedanke, hört man doch immer wieder von besonders reichen Leuten, die geradezu spleenhaft der Sparsamkeit zugetan sind. Doch auch die kaufen sich irgendwann mal einen Porsche oder eine schöne Segelyacht. Bis es so weit ist, kann man der Knauserigkeit sogar einige gute und wertvolle Seiten abgewinnen: Man lernt das einfache Leben zu schätzen. Befreit von Konsumzwang und Statusdenken kann man die wirklich wichtigen Dinge des Lebens viel intensiver genießen. Das wiederum wirkt sich natürlich auch positv auf die spätere Reichtumsphase aus. Dann nämlich, wenn man auf die entbehrungsreichen Zeiten verweisen und somit glaubhaft machen kann, dass man weiß, worauf es im Leben wirklich ankommt. Bei einem Gläschen Schampus kann man dann den Enkeln von der harten Zeit berichten, als man kilometerweit barfuss zur Arbeit gelaufen ist.

Nun war ja in unserem Reglement das Sparen eigentlich nicht

vorgesehen. Weil wir aber nach der ersten Versuchsphase während der Diplomarbeit immer noch nicht genug vom vielen Geld hatten, entschlossen wir uns dazu, unser Vermögen durch die verschiedensten Arten des Sparens noch weiter zu mehren. Denn wie sagte schon Thomas Hobbes: »Damit die Bürger wohlhabend werden, ist zweierlei nötig: Arbeit und Sparsamkeit.«

Hintergrundwissen: Einfaches Leben

Einfaches Leben (Simple living), auch Freiwillige Einfachheit (Voluntary Simplicity) oder Downshifting genannt, bezeichnet einen Lebensstil, der sich als Alternative zur konsumorientierten Überflussgesellschaft sieht. Seine Anhänger versuchen, durch Konsumverzicht Alltagszwängen entgegenzuwirken und dadurch ein selbstbestimmteres, erfüllteres Leben zu führen. Im Einfachen Leben wird darauf geachtet, das eigene Verhalten hinsichtlich Konsum, Besitz und Beziehungen auf Sinnhaftigkeit und Notwendigkeit zu hinterfragen. Ein Übermaß an Besitz aufgrund von Status- und Prestigestreben wird als hinderlich und belastend betrachtet.

Quelle: Wikipedia

Als besonders knauserig würde ich mich nicht bezeichnen, obwohl ich mein Geld nicht gerade zum Fenster hinauswerfe und in schweren Zeiten die Groschen ganz gut zusammenhalten kann. Ich denke, meine Eltern haben mir in finanziellen Angelegenheiten ein gesundes Mittelmaß mit auf den Weg gegeben. Ihre erzieherischen Maßnahmen muteten vor allem in der Jugendzeit recht skurril an, da sie mir immer dann eine Finanzspritze verweigerten, wenn ich sie am dringendsten gebraucht hätte. Erweckte ich jedoch den Eindruck, dass ich meine Barschaft ganz gut verwaltete, gab's schon mal ein kleines Extra-Taschengeld.

Nun geht es ja aber nicht ums gesunde Maß, sondern die Einschränkung zum Zwecke der Anhäufung, und es stellte sich mir die Frage, woran ich wohl sparen könnte.

WOHNST DU NOCH ODER SPARST DU SCHON?

Den größten Posten nimmt bei mir eindeutig die Miete ein. 275 Euro Kaltmiete muss ich monatlich für mein Zimmer in einer Zweier-WG berappen. So leicht findet sich ja in der Hauptstadt mittlerweile auch keine billige Bleibe mehr, weil die Zugezogenen gern überhöhte Mieten für heruntergekommene Bruchbuden bezahlen, um sich des gewissen Berliner Ranz-Charmes zu versichern. An meiner Wohnsituation kann ich also nicht viel sparen. Ökonomischer als in einer WG mit zwei Zimmern, Küche und Bad geht's ja wohl kaum, es sei denn, ich besorge mir einen Wohnberechtigungsschein und ziehe in eine schöne Platte nach Mitte oder gar Marzahn.

In Peter-Zwegat-Manier ging es auch für mich ans Eingemachte: Da ist natürlich ebenfalls die monatliche Miete. Für meine Ein-Zimmer-Altbauwohnung in Kreuzberg bezahle ich schmale 300 Euro. Dafür gibt's aber auch ein paar Abstriche beim Komfort. Kein Whirlpool und als einzige Heizmöglichkeit ein alter Kohleofen. Das mag zwar etwas für Romantiker sein (»Also so ein Kohleofen macht doch eine gaaanz andere Wärme als eine Heizung«), aber spätestens, wenn draußen Minusgrade herrschen, ist das ein nervenaufreibendes Unterfangen. Hinzu kommt, dass durch die alten Fenster immer ein laues Lüftchen weht. Blieben noch die Möglichkeiten, in eine günstigere Wohnung umzuziehen oder mir einen Untermieter zu suchen, der die Wohnung in meiner Abwesenheit nutzt. Das wäre an sich eine ganz ausgezeichnete Sache. Im Idealfall wäre diese Person im Nachtwächtergewerbe tätig und würde tagsüber die ungenutzte Wohnung mit Leben erfüllen und am Wochenende verreisen. Noch dazu sollte er keinerlei Selbstverwirklichungswünsche erkennen lassen, was die Raumgestaltung anbelangt.

Stetige, aber beeinflussbare Kosten sind natürlich auch Strom und Heizung. Strom kostet mich monatlich etwa zehn Euro, die Heizung schlägt mit 40 Euro zu Buche. Nun stand der

Winter vor der Tür und wann könnte man an Heizkosten besser sparen als während der kältesten Monate? Immerhin habe ich durch ein Auslandssemester in Barcelona schon einige Erfahrung im Überwintern ohne Heizung gesammelt. Wobei allerdings die Temperaturen dort im Gegensatz zu Berlin nur selten unter den Gefrierpunkt fallen. Mit genügend dicken Pullovern und Socken wollte ich den Versuch wagen. Wenn es mir gelänge und ich meinen monatlichen Anteil auf zehn Euro drücken könnte, so würde das eine Einsparung von 30 Euro pro Monat, also sage und schreibe 360 Euro pro Jahr, bedeuten. Komplett ausstellen durfte ich die Heizung laut Mietvertrag allerdings nicht, wegen etwaiger Frostschäden an der Bausubstanz. Ungünstig auch, dass ich im vierten Stock wohne und kein Mieter von oben heizt.
Der Jahrhundertwinter hängte die Messlatte für Kälteresistenz in beachtliche Höhen. Am Neujahrstag sollte es losgehen und ich drehte die Heizung auf Stufe eins. Binnen weniger Stunden war es arschkalt. Gott sei Dank hatte ich erst im Herbst eine zweite Bettdecke erworben und die kam mir des Nachts zugute. Als weiteres nützliches Utensil bewährte sich eine Wärmflasche. Die Nächte waren ein Kinderspiel, doch tagsüber war es kaum auszuhalten. In den ersten beiden Wochen im neuen Jahr war ich ausschließlich zu Hause tätig und konnte der Kälte kaum entfliehen. Wäre da nicht der hervorragende Umstand gewesen, dass die Küche als Gemeinschaftsraum zwar nur mäßig, aber dafür stetig beheizt wurde. Denn diesen Abstrich musste ich hinnehmen. Sollte ich doch leiden, meine Mitbewohnerin wollte mit dem Sparzwang nichts zu tun haben und untersagte mir das Abstellen der Heizung in Bad und Küche. So siedelte ich schon am ersten Tag meinen Arbeitsplatz in die Küche um, was strategisch wegen der Kaffeemaschine ohnehin günstiger war. Außerdem hatte es etwas Nostalgisches an sich, fühlte man sich doch wie in alten Zeiten, als die ganze Familie während der dunklen Jahreszeit in der Küche als einzigem beheiztem Raum hauste. Die Tür

zu meinem Zimmer blieb geschlossen und nur in Ausnahmefällen wagte ich, es zu betreten.
Nach zwei Wochen waren nicht nur meine Pflanzen in Mitleidenschaft gezogen, meine Mitbewohnerin wollte nun auch mal wissen, wie wir die Heizkosten denn genau berechnen würden? Schließlich müssten wir den Betrag irgendwie fair verteilen, da wir Küche, Bad und warmes Wasser gemeinsam nutzten und ich deshalb nicht einfach so pauschal von meinem Anteil 30 Euro abziehen konnte. Da war was dran. Wir einigten uns schließlich darauf, dass wir die Anteile an den Heizkosten in unseren jeweiligen Zimmern anhand der Ablesung berechnen wollten, alles andere würde einfach geteilt werden. Bis dahin sollte ich trotzdem die geforderten 40 Euro monatlich auf das Mietkonto überweisen. Erst nach der Abrechnung würde ich den gesparten Betrag erhalten. Und die lag in weiter Ferne. Das war ein schwerer Dämpfer, sparte ich doch einfach so ins Blaue hinein, ohne genau zu wissen, wie viel. Bis zum Kassensturz vor den Augen des Kontrahenten brachte mir das rein gar nichts und das schwächte meine Moral entscheidend. Auch das ständige Arbeiten in der Küche als Notlösung machte mir dann doch zu schaffen. Nach anderthalb Monaten bezog ich mein Zimmer aufs Neue und drehte die Heizung wieder auf. Von nun an wollte ich zwar insgesamt sparsamer heizen, sozusagen als Investition in die Zukunft, doch, wenn ich vor Ort war, auf die Annehmlichkeit einer erträglichen Raumtemperatur nicht verzichten.
Vielversprechender als bei der Miete erschien es auch mir, den Rotstift bei den Nebenkosten anzusetzen. Pro Monat gehen 55 Euro für durchschnittlich 263 Kilowattstunden Strom drauf. Damit werden so nützliche Gerätschaften wie ein Elektroboiler, Kühlschrank, Waschmaschine, Herd und ein Laptop angetrieben. Allesamt Errungenschaften, die man nur ungern missen mag. Oder vielleicht doch nicht? Wenn ich mir das genau überlegte, könnte ich eigentlich problemlos auf den

Kühlschrank verzichten. In meiner Küche ist es jedenfalls im Winter, ob der fehlenden Heizung, ohnehin saukalt. Geeigneter Lagerungsort für Lebensmittel wäre der Einbauschrank unter dem zugigen Fenster. Eine kurze Google-Konsultation ergab, dass mein Kühlschrank in etwa auf einen Jahresverbrauch von 500 kWh kommt. Bei einem Preis von knapp 19 Cent pro kWh ergibt das ein Sparpotenzial von 10,40 Euro im Monat. Der strenge Winter kam mir sehr entgegen. Zwischen Mitte Dezember und Ende Februar verzichtete ich auf den Kühlschrank und konnte so, laut Hochrechnung, sage und schreibe 26 Euro sparen.

Ein weiterer Stromfresser sollte der elektrisch betriebene Warmwasserboiler sein. Was der genau verbraucht, entzieht sich meiner Kenntnis, aber man kann fast ahnen, dass das nicht gerade die effizienteste Methode ist, um eine heiße Dusche zu gewährleisten. Die Kosten dafür ließen sich ganz praktisch durch die drastische Verkürzung der Duschphase eingrenzen. Eine auf zwei Minuten gestellte Eieruhr gab die maximale Duschhöchstdauer an. Mehr als kurzes Einseifen ist da nicht drin. Nach ein paar Tagen hatte ich die reglementierten Duschzeiten verinnerlicht. Nach einer weiteren Woche wurde mir das zu blöd. Schließlich brachte mir diese Form der Ersparnis zunächst rein gar nichts. Nach wie vor zahlte ich den monatlichen Abschlag von 55 Euro. Es blieb erst die jährliche Abrechnung abzuwarten. Und genau das war auch der Haken an der Geschichte. Der Tag der Stromabrechnung wäre erst weit nach einem erneuten Sparsamkeits-Kassensturz zwischen der Konkurrentin und mir. Irgendwo hört's ja mal auf. Wenn ich schon in einer kalten Bude hause, so wollte ich wenigstens nicht auf ein ausgedehntes Duscherlebnis verzichten. Die bereits geplante Regulierung der Waschmaschinen- und Herdbenutzung fiel flach. Das führte ja zu nichts. Im Gegenteil. Ein Verzicht auf den Herd hätte womöglich zur Folge, dass ich noch öfter auswärts essen würde als ohnehin schon. Da hätte sich das mit dem Spareffekt schnell erübrigt.

Der Konkurrent hatte also mit dem gleichen Problem zu kämpfen. Sparsamkeit ist nun mal eine langwierige Angelegenheit. Erste Überlegungen zum Stromsparen verwarf ich denn auch sofort wieder. Was sollte ich an den zehn Euro noch einsparen? Kühlschrank und Waschmaschine sind genügsam, es läuft nichts auf Stand-by und wir haben fast überall Sparlampen installiert. Ein Wechsel zu einem günstigeren Stromanbieter hätte sich auch kaum gelohnt. Die Ersparnis im Jahr hätte sich nur auf einige wenige Cent belaufen. Dafür wollte ich den ganzen Heckmeck des Anbieterwechsels inklusive telefonischer Belästigung durch das Fußvolk des zurückgewiesenen Energiedienstleisters nicht in Kauf nehmen.

SPAREN À LA SARRAZIN

Zwar bin ich übermäßiger Geldverschwendung gegenüber abgeneigt; beim Kostenfaktor Lebensmittel scheint das allerdings ganz anders zu sein. Es ist mir kaum möglich, einen Einkauf zu tätigen, bei dem ich einen Zeitraum von mehr als drei Tagen überblicke. Im Supermarkt bediene ich mich anstelle eines Einkaufswagens höchstens eines leeren Kartons, der mit Produkten befüllt wird. Da passt nicht viel hinein. So ist es auch unmöglich, kostengünstige Produkte auf Vorrat zu halten. Eine lästige Einrichtung, so ein Einkauf. Ich husche zügig durch die Regalreihen, um möglichst schnell wieder raus zu sein. Ein Einkaufswagen wäre da viel zu sperrig, um das benötigte Tempo zu erreichen.

Die Nahrung war auch bei mir ein beachtlicher Posten, aber auch einer, der schwer zu fassen war. Je nach Stimmung und aktueller Finanzlage variierten die Kosten dafür stark. In sparsamen Zeiten waren das gerade mal 15 Euro pro Woche, vorausgesetzt, man konnte hier und dort mal etwas abfassen. In besonders ausschweifenden Wochen summierten sich die Ausgaben für Lebensmittel dagegen gerne mal auf 60 Euro.

Hier konnte ich eindeutig ansetzen. Zum Beispiel könnte ich versuchen, nur noch Stulle zu essen. Die Nahrung schien ein gewaltiges Einsparpotenzial zu haben und das Ziel der nächsten Monate lautete, nicht mehr als 30 Euro pro Woche für Lebensmittel auszugeben. Viel weniger erschien mir auf Dauer doch recht schwierig. Alkoholische Getränke waren aus dieser Kalkulation selbstverständlich ausgeschlossen. In diesem Bereich hing einfach zu viel vom gesellschaftlichen Leben und der Freizeitgestaltung ab.

Wenn ich spätabends merke, dass der Kühlschrank leer ist, bestelle ich gern beim Pizza-, Inder- oder Thai-Taxi. Morgens versäume ich beim Gang ins Büro eigentlich immer, mir etwas Essbares mitzunehmen. Und das, obwohl die Brote-Box fester Bestandteil meiner frühen Sozialisierung war. Ich kann mich gut daran erinnern, dass dem Vater früher immer eine gut gefüllte Stullenbox bereitgestellt wurde. Er arbeitete bei der Polizei und ich stellte mir vor, wie er nach einem schwierigen Fall zur wohlverdienten Stulle griff. Ob Columbo wohl auch so eine Box besaß? In der Mittagspause nehme ich mit den Kollegen fast täglich die diversen Mittagsangebote rund um das Büro wahr. Mit fünf bis sieben Euro ist man dabei. Für den kleinen Hunger am Nachmittag gibt es dann noch mal etwas aus der Bäckerei. Auf die Woche hochgerechnet komme ich, allein für Lebensmittel, auf die beachtliche Summe von 60 Euro. Hier müsste doch jede Menge Sparpotenzial liegen!

Hilfestellung kam in dieser Angelegenheit von unerwarteter Seite: Thilo Sarrazin, seines Zeichens ehemaliger Finanzsenator Berlins und oberster Sparfuchs. Bekannt aus Funk und Fernsehen für seine innovativen Vorschläge, stellte er im Jahr 2006 einen Ernährungsplan für Hartz-IV-Empfänger auf. Nach diesem Plan können sich Arbeitslose schon für 3,76 Euro am Tag »völlig gesund, wertstoffreich und vollständig ernähren«. Damit ließe sich sogar etwas sparen, da der Regelsatz von 4,25 Euro pro Tag sogar noch unterboten wird. Von vielen Hartz-IV-Empfängern als Unverschämtheit empfunden, könnten mir diese schlauen

Vorschläge eine sinnvolle Orientierung bieten. Ich müsste es wenigstens ausprobieren. Auf dem Plan stehen Dinge wie Brötchen und Müsli zum Frühstück, Spaghetti, Suppe und Bratwurst als Mittagessen. Hier der Drei-Tages-Plan im Detail:

Tag 1

Frühstück
2 Brötchen
25 Gramm Marmelade
20 Gramm Butter
1 Scheibe Käse
1 Apfel
1 Glas Saft
2 Tassen Tee

Mittagessen
Spaghetti Bolognese:
100 Gramm Hackfleisch
125 Gramm Spaghetti
200 Gramm Tomatensauce
div. Gewürze und Öl

Nachmittagssnack
1 Tasse Kaffe
1 Joghurt

Abendessen
1/2 Gurke
130 Gramm Leberkäse
200 Gramm Kartoffelsalat

3,98 Euro

Tag 2

Frühstück
80 Gramm Müsli
1 Banane
1/4 Liter Milch
20 Gramm Honig
2 Tassen Kaffee

Mittagessen
Gemüsesuppe mit Fleisch
100 Gramm Kartoffeln
1 Möhre
1 Stange Porree
1/2 Kohlrabi
Rindfleisch und Gewürze

Nachmittagssnack
1 Glas Tee

Abendessen
2 Scheiben Brot
2 Scheiben Käse
1 Scheibe Bierschinken
100 Gramm Krautsalat
20 Gramm Butter

3,80 Euro

Tag 3

Frühstück
3 Scheiben Vollkornbrot
2 Scheiben Wurst
1 Scheibe Käse
2 Tassen Kaffee
1 Glas Saft
20 Gramm Butter
1 Mandarine

Mittagessen
Bratwurst mit Sauerkraut
1 Bratwurst
Kartoffelbrei
150 Gramm Sauerkraut
Gewürze und Öl

Nachmittagssnack
1 Tasse Kaffee
1 Banane

Abendessen
2 Scheiben Brot
100 Gramm Kräuterquark
1 Scheibe Schinken
2 Tomaten
2 Glas Tee

3,76 Euro

Die eine oder andere Speise wie Leberkäse oder Kartoffelsalat klangen nicht wirklich nach meinem Geschmack. Ich entschloss mich dazu, einen modifizierten Drei-Tages-Plan zu erarbeiten. Wenn man hier und da noch etwas streichen würde, wäre vielleicht abends sogar mal ein Bier drin. Mit auswärtigem Essen und kostspieligen Lieferdiensten wäre aber erst einmal Schluss. Wenn alles so lief, wie ich es mir überlegte, könnte ich meine wöchentlichen Ausgaben für Nahrungsmittel um mehr als die Hälfte reduzieren. Die Zeitspanne von einem Monat sollte ausreichen, um zu einem repräsentativen Ergebnis zu gelangen. Dann würde man weitersehen. Für diesen Monat erlaubte ich mir, eine Summe von 115 Euro für Lebensmittel auszugeben. Das entspricht ungefähr dem Sarrazin'schen Tagessatz. Nun blieb nur noch die Frage zu klären, wo ich am meisten für mein Geld bekommen würde. Im Ranking der günstigsten Einkaufsmöglichkeiten, welches ich mittels unrepräsentativer Umfrage im Bekannten- und Verwandtenkreis erstellte, rangierte ein gewisser Discounter mit deutlichem Abstand auf Platz eins. Hätte man sich ja fast denken können. Ich griff zum großen Trekkingrucksack und pilgerte zum Tempel des Sparens.

Der Plan ist ja wohl absolut lachhaft. Wie soll man denn als Alleinstehender 100 Gramm Hack kaufen? Im Discounter gibt's, soweit ich weiß, nur Abpackungen zu 400 Gramm und mehr. Nun gut, man kann auch auf Vorrat zubereiten und einfrieren, das will ich zugeben. Ich bin zum Beispiel auch eine große Eintopf-Freundin und ernähre mich dann schon gerne einmal drei Tage in Folge von derselben Speise. Aber wie kann man denn bitte ein Glas Tee als Snack verkaufen? Und wo bleibt das Pilsener? Zwei Gläser Tee sind doch kein angemessenes Abendgetränk für einen Erwachsenen. Schon gar nicht auf Hartz IV, wenn man am nächsten Morgen sowieso nicht früh raus muss. Überhaupt: Dieser Plan setzt voraus, dass man ausschließlich in einschlägigen Supermarktketten einkauft, wo die Belegschaft bespitzelt und der Kunde belogen und betrogen wird. Nix mit Biogemüse und fairgehandeltem Kaffee. Schön die billigen Produkte einkaufen und an den Schwermetallen in der Gurkenschale verrecken.

Doch es gibt auch andere Möglichkeiten des Einsparens bei Lebensmitteln und Verbrauchsgütern. In einer WG zum Beispiel bietet es sich an, heimlich die Pflegeprodukte der Mitbewohnerin mitzubenutzen, natürlich nur so oft, dass es nicht auffällt. Auch bei langlebigen Nahrungsmitteln wie beispielsweise Margarine, Kartoffeln, Nudeln und dergleichen, offenen Säften oder Marmeladen kann man diese Taktik anwenden. Natürlich muss man jederzeit wachsam sein, damit einem nicht dasselbe widerfährt.

Das unbemerkte Ausnutzen bietet auch einem allein Wohnenden ungeahnte Möglichkeiten. Statt für viel Geld die Wohnung zu heizen, kann man auch einfach abends bei Freunden rumlungern. Natürlich muss man dabei geschickt vorgehen und die Location von Tag zu Tag wechseln. Neben den Ersparnissen bei den Heizkosten kann man sich ja auch ganz geschickt zu dem einen oder anderen Abendessen einfinden und so zusätzliche Vorteile genießen. Es versteht sich von selbst, dass man bei jeder sich bietenden Gelegenheit nicht zögerlich sein darf.

Da kommt mir gerade eine neue Geschäftsidee: »Kochen mit Hartz und Verstand!« Die neue Kochshow im Privatfernsehen. Kochsendungen haben ihren Boom ja eigentlich schon hinter sich. Doch mit dieser neuen Idee sollten sich die Zuschauer leicht locken lassen. Man denke nur an die große Zielgruppe. Idealerweise fließen in diese Sendung viele bereits bekannte Faktoren ein: Die Sparsamkeit von Herrn Zwegert, das didaktische Geschick der Super-Nanny (man denke nur an all die dicken Kinder aus der kulinarisch verwahrlosten Unterschicht) und natürlich die unterhaltsamen Elemente des Frauentauschs!

Trotz der Unkenrufe seitens der Konkurrenz war ich fest entschlossen, Thilo Sarrazins Worte zu beherzigen. Meine Einkaufsliste abarbeitend schlich ich durch die Regalreihen und füllte nach und nach den Einkaufswagen. Da kam ganz schön was zusammen. Aber der Einkauf musste ja auch für die nächsten vier Wochen reichen. Einzig für frisches Brot und Obst müsste ich etwas zurücklegen. Auf die Kostenstelle »div. Gewürze / Öl« konnte ich beim Einkauf verzichten. Davon gab es zu Hause noch genug. Einen weiten Bogen machte ich ebenfalls um Sauerkraut, Leberkäse und Bierschinken. Damit konnte man mich jagen. Ebenfalls sparen konnte ich mir die vorgeschlagenen Getränke wie Saft und Tee. Bei mir gibt's ohnehin seit jeher Wasser aus der Leitung. Damit spart man noch am meisten. Auch frisches Fleisch vermied ich beim Einkauf. Das würde sich nicht lange genug halten. Stattdessen eben die gefrorene Variante. Das war mir zwar extrem zuwider, aber es musste ja sein. Als kleines Einkaufshighlight und zur Belohnung legte ich noch zwei Sechserträger Bier in Plastikflaschen in den Wagen. Zum Glück war Herr Sarrazin nicht in der Nähe. Das hätte Ärger gegeben. Nun auf in Richtung Kasse. Die Verkäuferin machte es spannend wie nie. Sorgfältigst zog sie alle Produkte über den Scanner. Ungeduldig erwartete ich die Ergebnisverkündung: »MachtNeununachzischEuroÖlf.« War das jetzt gut? Mir blieben noch 25,89 Euro für Brot, Obst und sonstigen frischen Schnickschnack.

DIE STULLENWOCHE

Der Kontrahent meinte die Sache mit dem Hartz-IV-Menü wohl doch sehr ernst. Um nicht zurückzustehen, entschloss ich mich im Gegenzug dazu, die angedachte Stullenwoche durchzuführen. Der Montagmorgen begann mit einem Mischbrot aus dem Discounter, 50 Cent für 500 Gramm. Unschlagbar im Preis. Dazu hatte ich ein großes Stück Käse

für zwei Euro und einen Kochschinken für ebenfalls zwei Euro erworben. Obendrauf gab's noch eine Gurke für 70 Cent. Ich frühstückte wie immer reichlich. Dann ging's zur Arbeit und für die Pause packte ich noch mal eine Stulle mit Käse ein. Abends dann nochmals Stulle mit Schinken und dazu eine halbe Gurke. Irgendwie einfallslos. Doch der Anfang war gemacht und das stimmte mich zuversichtlich.
Am nächsten Morgen dann der Schreck: Nur noch drei Scheiben Brot. Kann das reichen? Nun, fürs Frühstück war es allemal genug, das Mittagessen bei der Arbeit fiel aus und abends schaute ich erneut beim Discounter vorbei. Mein Magen hing in den Kniekehlen und mich gelüstete nach einer anständigen Portion Nudeln mit reichhaltiger Fleischsoße, doch da fiel mein Blick auf die Radieschen. Nein, so schnell wollte ich nicht aufgeben. Heute Abend gab's das bewährte Mischbrot mit Radieschen (99 Cent). Ein Kindheitsklassiker! Die Nudeln waren schnell vergessen. Ein Gläschen Saft dazu wär' eigentlich schön, doch ich wollte das volle Programm. Hardcore-Sparen! Vielleicht würde ich sogar etwas abnehmen, dann würde auch die Modelkarriere in greifbare Nähe rücken. Ich zeigte mich zufrieden mit meinen Radieschen. Außerdem hatte ich ja auch noch die zweite Hälfte der Gurke.
Mittwoch hatte ich genug Brot fürs Frühstück, diesmal gab's zur Abwechslung Marmelade. Wo die doch sowieso schon seit Monaten unangetastet im Kühlschrank stand. Gar nicht mal übel, so ein Marmeladenbrot. Für zwei Pausenbrote reichte es obendrein. Abends dann die große Frage: Auf zum Discounter? Was sollte es geben? Es müsste neues Brot her, doch irgendwie wollte ich nicht schon wieder dasselbe essen. Eine Scheibe war außerdem noch da. Vielleicht mal was Gesundes? Ich entschied mich für Tomaten und kaufte die obendrein beim Gemüsemann. 1,20 für drei Stück! Geradezu unverschämt teuer! Zu Hause gab's dann Tomatensalat, im Schrank fand sich noch eine alte Zwiebel und das Basilikum auf dem Fensterbrett zeigte noch drei spärliche

Blättchen. Dazu die letzte Stulle. Doch nicht einfach schnöde belegt, nein! Diesmal sollte etwas Extravagantes her: Ich schnitt die Scheibe in kleine Würfelchen, ab in die Pfanne, ein bisschen Olivenöl dazu und fertig war mein Gourmet-Salat. Hervorragend.

Am Donnerstag arbeitete ich zu Hause, Zeit genug also, mal wieder zum Bäcker zu gehen. Wenn schon die ganze Woche Brot, dann muss man daran ja nicht auch noch sparen. Beim Bäcker vergaß ich mich fast, mich gelüstete nach frischen Brötchen oder einem süßen Quarkteilchen. Doch ich nahm mich zusammen und kaufte ein halbes Krustenbrot. Immerhin roch es umwerfend gut und die Kruste war tatsächlich überaus knusprig! Zwar musste ich 1,50 Euro dafür löhnen, doch in seiner Frische war es kein Vergleich zum Discountbrot.

Gegen Nachmittag dann hatte ich ein erstes Tief. Ich hatte absolut keinen Bock auf Brot, mochte es noch so frisch sein. Ja, damals nach dem Krieg: Wie hätten wir uns gefreut! Aber heute … Je länger ich ans Essen dachte, desto unzufriedener wurde ich. Irgendetwas musste her, doch bevor ich nicht wusste was, wollte ich nicht losgehen. Sonst hätte ich für 50 Euro allen möglichen Schnickschnack gekauft. Ich entschied mich für Salat: Das war erstens nicht gegen die Regeln und zweitens muss man ja auch auf die Gesundheit achten. Im Küchenschrank fand sich eine Dose Mais, ich hatte noch 3 Radieschen, etwas Schinken und genug Käse. Und drei Eier waren auch noch da. Zwar waren das nicht meine, doch eins würde ich schon nehmen können. Ich ging los und kaufte einen Eisbergsalat und einmal Rucola. Unglaubliche 2,50 für beides. Beim Einkaufen sprang mir auch etwas ins Auge, was mich neuen Mut schöpfen ließ: Kresse. Ich nahm einen Becher mit (49 Cent) und dazu noch eine Packung Frischkäse (49 Cent). Und weil ich doch so dermaßen undiszipliniert war, kaufte ich auch noch eine Packung Kekse. Die Hälfte davon aß ich zum Nachmittagskaffee und abends gab's einen riesigen Salat. Mit Schinken, Ei, Käse und Mais. Ohne Brot.

Der Freitag war ganz einfach und ein Tag der Brotklassiker: Krustenbrot vom Vortag, immer noch knusprig, mit Frischkäse und Kresse, zum Mittag wieder Kekse. Abends beschloss ich einfach, die letzten beiden Eier zu entwenden und stellte mir ein schönes Spiegelei her, das ich auf dem verbliebenen Brot platzierte. Später kamen Freunde vorbei, die Wein und Bier mitbrachten. Ich trank auf Kosten anderer und wunderte mich, dass das Bier nach Brot schmeckte. Irgendwie klar, ist ja auch Getreide drin. Schließlich wechselte ich zu Wein und hatte am nächsten Morgen einen beachtlichen Kater.
Brotbrotbrotbrotbrot. Ich wollte kein Brot essen. War ja eh nix da. Eine Gemüsebrühe war sowieso viel besser wegen des Katers. Danach ging es mir besser und ich aß noch etwas vom übrig gebliebenen Salat. Die Mitbewohnerin suchte ihre Frühstückseier und hielt sie schließlich für eine Einbildung. Gegen Abend dann war er da: der Monsterhunger! Die Gier nach schlimmen, fettigen, salzigen Sachen – Elektrolyte mussten her! Ich wagte einen Blick in den Kühlschrank, doch der gähnte mich an und befeuerte meinen geheimen Plan. Fand sich nicht doch irgendwas? Muss ich zum Bäcker gehen und Brot kaufen? Dann könnte ich mir eine schöne Käsestulle machen. Och nee! Schließlich hielt ich es nicht mehr aus, warf alle Bedenken über Bord und kaufte mir eine geile große Pizza beim Italiener. Frisch aus dem Steinofen mit Parmaschinken, Rucola und Parmesan. Für unglaubliche 5,60 Euro. Welch Ausschweifung! Ein simples Teigprodukt zwar, doch der Tag war gerettet und ich kaufte mir beim Discounter noch einmal 500 Gramm Mischbrot und Radieschen. Der Sonntag war ein Kinderspiel: Stulle mit Marmelade, Stulle mit Käse, Stulle mit Radieschen. Insgesamt hatte ich in dieser Woche 21 Euro ausgegeben. Allein ein Viertel davon für die Pizza. Ob der Kontrahent mit seinem Hartz-IV-Plan wohl mehr Erfolg hat?

DER SARRAZIN-PLAN IM PRAXISTEXT

1. Woche

Ich hatte eine Woche Urlaub vom Büro. Zum einen, um endlich mal am Stück an diesem Buch hier schreiben zu können, zum anderen, um mich auf meine neuen Nahrungsgewohnheiten umzustellen. In einer normalen Arbeitswoche würde sich das schon schwieriger gestalten. Schließlich kann ich im Büro nicht plötzlich an mitgebrachten Kochplatten Bratwurst mit Kartoffelbrei herstellen. Das würde bei Kundenbesuchen möglicherweise für Irritationen sorgen. Das erste Frühstück jedenfalls war gewöhnungsbedürftig. Nicht, weil es nunmehr so spartanisch ausfiel. Im Gegenteil. Da, wo mir sonst eine Tasse Kaffe ausreichte, gab es nun sogar Brötchen mit Marmelade. Dazu noch einen gesunden Apfel. Mein Gott. Das grenzt ja fast an spätrömische Dekadenz. Zur Mittagsstunde bereitete ich mir die vorgeschlagenen Spaghetti Bolognese zu. Auch nicht schlecht. Normalerweise gab es zwar immer erst am Abend etwas Warmes, aber ich wollte mich ja auch an den Plan halten. Die vorgeschlagene Menge von 100 Gramm Hack stellte sich in der Zubereitung als unpraktikabel heraus. Also taute ich den kompletten Fleischblock auf und bereitete etwas mehr zu als vorgeschrieben. Gut die Hälfte der Bolognesesoße fror ich wieder ein, um sie in vier Tagen zu reaktivieren. Zum Abend gestaltete ich den Plan nach meinem Geschmack um: Statt Leberkäse gab es Gewürzgurken und ein Schinkenbrot. Weil das alles so toll klappte, öffnete ich nach getaner Schreibarbeit noch eine Flasche Maternus Premium Pilsener. Das perlt aber.

Die nächsten Tage liefen ähnlich ab: Frühstück, schreiben, Mittagessen, schreiben, Abendessen, schreiben, Maternus Premium Pilsener, schlafen. Dabei sorgte das Essen wenigstens die ersten drei Tage für Abwechslung und brachte eine willkommene Tagesstruktur mit sich. Was das anbelangte, war ich also ganz zufrieden. Insgesamt aber schien mir der Sarrazin'sche Plan tatsächlich auf Menschen zugeschnitten, die sich ausschließlich zu Hause aufhalten. Erstens hatte man alle Hände voll damit zu tun, sich ständig etwas zu essen zuzubereiten. Zweitens birgt der Gang vor die Tür die Gefahr, schwach zu werden und dem Hungergefühl mit einer schnellen außerhäuslichen Mahlzeit zu begegnen. Ab und an trat ich aber trotzdem nach draußen. Unter anderem, um mich in einem der zahlreichen türkischen Geschäfte in der Nähe mit frischem Obst und Gemüse zu versorgen. Die sind nämlich noch ein ganzes Stück günstiger als die gängigen Discountmärkte. Insgesamt schlugen Backwaren, Obst und Gemüse in dieser Woche zusätzlich mit fünf Euro zu Buche. Noch 20 Euro übrig.

2. Woche

Am Montag ging ich wieder der geregelten Arbeit nach. An das für mich reichhaltige Frühstück hatte ich mich bereits gewöhnt. Die Mittagessensproblematik wollte ich ganz einfach lösen, indem ich die warme Mahlzeit wieder auf die Abendstunden verschob. Im Büro gab es also mitgebrachte Brote und hier und da mal eine Banane oder einen Apfel. So weit keine große Sache. Einzig der logistische und zeitliche Mehraufwand in den Morgenstunden sorgten für leichte Verstimmungen. Aber so war ich wenigstens mal wirklich wach, wenn ich die Wohnung Richtung Büro verließ.
Den Kollegen gegenüber gab ich mich bei der obligatorischen Frage nach dem Mittagessen vielbeschäftigt und demnach unabkömmlich. Ich wollte meine Ambitionen als Sparfuchs nicht an die große Glocke hängen und Zeitnot war ein unschlagbares Argument. Abendliche Absackerbiere nach der Arbeit lehnte ich ebenfalls aufgrund vorgetäuschter Vielbeschäftigtheit ab. Dabei wäre ich eigentlich gerne mal wieder etwas unter Leute gegangen. Doch das konnte ich mir auf keinen Fall erlauben. Insgesamt lief es aber noch ganz gut. Bis zum Donnerstag, als ich aus irgendeinem Grund den Wecker komplett ignorierte. Kurz vor zehn wachte ich auf. Zack,

schnell duschen, anziehen, los. Keine Zeit fürs Frühstück. Mittags plagte mich natürlich der Hunger. Ich überlegte kurz und ging dann doch mit den Kollegen zur Speisung. Das musste jetzt sein. Ich entschied mich für zwei Stück Pizza. Kostenpunkt: 4,60 Euro. Dazu hatte ich in dieser Woche schon 6,50 Euro für Obst und Backwaren ausgegeben. Jetzt plagte mich das schlechte Gewissen. Mir blieben nur noch knapp neun Euro für die nächsten zwei Wochen. Nun dürfte ich mir keinen Fehltritt mehr leisten.

3. Woche

Nachdem ich auch am Wochenende erfolgreich sozialen Verpflichtungen aus dem Weg gehen konnte, ging es also in die nunmehr dritte Woche. Ein besonderes Highlight ermöglichte der Fund eines Gewürzstreuers mit Currypulver, den ich hinter dem Küchenregal fand. Das gelbe Pulver war zwar schon seit einem Jahr abgelaufen, aber das störte nicht. In Kombination mit den Bratwürsten, Ketchup und Pommes ergab sich eine ganz hervorragende Mantaplatte. Dazu noch die letzte Plastikflasche Maternus. Ein Genuss für Kenner! Am Wochenende soll man sich ja mal was gönnen. Außerdem vergriff ich mich an den Joghurtvorräten, die jetzt nahezu ausgeräubert waren. Den Schinken hatte ich inzwischen komplett vertilgt. Längst schon hielt ich mich nicht mehr sklavisch an den Plan, und ich bereitete mir Speisen zu, wie es mir in den Sinn kam. Doch ab jetzt musste sorgfältiger gehaushaltet werden. Ich entschloss mich dazu, das Frühstück wieder weitestgehend auf ein Nusskati-Brot zu reduzieren. Frisches Obst strich ich wegen des nur noch schmalen Budgets weitestgehend vom Speiseplan. Brot hält einfach länger vor als ein Apfel.

Die Büromittagspausen liefen zwangsläufig routiniert und diszipliniert ab. Brot mit Nusskati oder wahlweise Brot mit Marmelade. Komisch. Irgendwie drehte sich plötzlich alles ums Essen. Wo ich vorher keinen Gedanken daran verschwendete, überlegte ich mir jetzt bereits mittags, was ich mir abends zubereiten könnte. Meistens wieder irgendeine Pasta- oder Kartoffelkreation. Wirklich Hunger leiden war das ja nicht, aber schon unangenehm, zu wissen, dass ich mir definitiv nichts mehr zusätzlich kaufen konnte.

4. Woche

In der vierten Woche hatte ich mal wieder Urlaub. Wieder, um mich ungestört dem Schreiben zu widmen. So strukturiert wie in der ersten Woche ging es nun aber nicht mehr zu. Ich hatte ja kaum noch Vorräte da, um mir in der Küche etwas Anständiges zu zaubern. Einzig Pasta gab es weiterhin in ausreichender Menge. In dieser Improvisationskochshow, in der die Köche mit Überraschungszutaten konfrontiert werden, hätten sie aus den mir zur Verfügung stehenden Produkten bestimmt ein Sterne-Menü herstellen können. Mit meinen geringen Kenntnissen dagegen ergab sich mit etwas Knoblauch und Olivenöl keine wohlschmeckende, aber eine immerhin sättigende Pastamischung. Dass ich gerade jetzt Urlaub hatte, war irgendwie kein gutes Timing. Im Büro hätte ich wenigstens Ablenkung gehabt. Jetzt konnte ich nur zu Hause sitzen und nicht einmal in ein Café gehen, wenn mir die Decke auf den Kopf fiel. Na gut, ich hatte mir das hier ja selbst ausgesucht. Also kein Grund rumzuheulen. Trotzdem hatte ich nicht wenig Lust, Herrn Sarrazin mal ordentlich über den Kopf zu rubbeln und ihm vielleicht auch die Brille wegzunehmen!
Den Rest der Woche saß ich mit meinen spärlichen Großeinkaufresten ab. Am Freitag lud ich mich im Freundeskreis zu einem Abendessen ein und am Sonntag hatte das sparsame Treiben endlich ein Ende. Übrig blieben ein halber Sack Kartoffeln, zwei Tüten Spaghetti und eine Packung vom guten »Eskimo«-Buttergemüse. Wie selten freute ich mich auf den Montag. Da ging es zwar wieder ins Büro, aber nicht ohne vorher beim Bäcker vorbeizuschauen.

Obwohl ich nach der Stullenwoche erst mal die Nase voll hatte von Brotprodukten, zwang ich mich weiterhin zu eiserner Sparsamkeit. Im Gegenzug zu Herrn Flechsig benötigte ich dazu aber keine fremde Hilfestellung. Mir war es auch so möglich, planvoll und auf Vorrat zu wirtschaften. Das musste jetzt nur noch etwas sparsamer gestaltet werden als bisher. Meine Einkäufe tätigte ich stets an der untersten Preisgrenze und Essen von auswärts, ohnehin ein seltenes Gut, kam überhaupt nicht mehr auf den Tisch. Über einen Zeitraum von vier Wochen brachte ich es dennoch auf stattliche 103 Euro für Lebensmittel. Ähnlich wie Florian musste ich aber feststellen, dass das ja mal ganz okay, aber auf Dauer doch ziemlich ätzend ist. Zugegeben, mit 25 Euro pro Woche verhungert man sicherlich nicht. Aber gesunde und abwechslungsreiche Ernährung sieht anders aus. Ziemlich schnell habe ich mich dann wieder auf 40 Euro pro Woche für Nahrungsmittel eingeschossen. Auf weniger hab ich echt keinen Bock! Seh' ich gar nicht ein. So dringend ist das mit dem Sparen dann doch wieder nicht!

SPAREN FÜR SYSTEMKRITIKER

Eine noch effektivere und zugleich hochpolitische Form des Sparens stellt das sogenannte Containern dar. Die Anhänger dieser Bewegung durchsuchen die Müllcontainer von Supermärkten auf Verwertbares. Für manche geht es in erster Linie darum, preiswert an Lebensmittel zu gelangen. Doch einige tun dies auch, um das kapitalistische System zu untergraben. Schließlich sind viele der weggeworfenen Sachen noch durchaus genießbar. Im ersten Moment klingt das recht abstoßend, doch nach kurzer Recherche stieß ich auf eine Berichterstattung über dieses Treiben in Wort und Bewegtbild: Sah eigentlich gar nicht so übel aus, was die da aus der Mülltonne fischten. Das wollte ich auch versuchen. Obwohl es streng genommen nicht ganz nach unseren Spielregeln war: Das Entwenden von Müll ist nämlich ein krimineller Akt. Doch das interessierte mich erst mal herzlich wenig. Das benötigte Rüstzeug (Rucksack, Handschuhe, Taschenlampe und olle Klamotten) war schnell gefunden und bei Einbruch der Dämmerung machte ich mich auf den Weg, um die umliegenden Supermärkte abzuklappern.

Hintergrundwissen: Freeganismus

Freeganismus ist die Absicht, den negativen Einfluss des Einzelnen auf die Umwelt, die Tierwelt und das menschliche Leben durch eine weitgehende Verweigerung der Teilnahme an einer kapitalistischen Volkswirtschaft zu verringern und sich in diesem Sinne unter anderem einer alternativen Lebensweise im Bezug auf die Grundversorgung zu bedienen. Freeganer (...) sind Menschen, die sich als Boykotteure der Überfluss- und Wegwerfgesellschaft eines ökonomischen Systems sehen, bei dem das Gewinnstreben über ethischen Gesichtspunkten steht. Sie versuchen, ohne zwangsläufig einhergehende eigene materielle Not möglichst weitgehend kostenlos zu leben.

Quelle: Wikipedia

Der erste lag direkt um die Ecke und war in ein Wohnhaus eingebettet. Von Müllcontainern keine Spur. Vielleicht in diesem angrenzenden halboffenen Lagerbereich? Hm. Da kam man nicht hin. Ein Gitter versperrte den Zutritt. Also weiter. Der nächste Supermarkt war ein Flachbau auf einer großen Freifläche, dessen unbefugtes Betreten zwar verboten war, doch kam man problemlos an den Zugangshürden vorbei. Ich schlich mich vorsichtig und leicht gebückt über die offene Fläche Richtung Hintereingang. Bereits zwei Tage zuvor hatte ich dort während eines regulären Einkaufs zwei Container erblickt. Eigentlich konnte mich niemand sehen, der sich nicht auch unerlaubterweise hier aufhielt, doch etwas unwohl war mir schon. Schließlich war das, was ich vorhatte, Diebstahl. Und ich beging Hausfriedensbruch. Dann die Enttäuschung:

Die Container waren verschlossen. Na toll! Wahrscheinlich waren vor mir schon andere Menschen in Sachen Müllfrevel tätig geworden. Ist ja auch eine Unverschämtheit. Auf zum nächsten Markt.
Der dritte, vierte und fünfte auf meiner Liste gaben ihren Müll auch nicht einfach so preis. Der sechste jedoch gab mir Hoffnung: Auch dieser war in ein Wohnhaus eingebettet, doch es gab eine Tordurchfahrt zum Hof und da vermutete ich die Container. Es waren noch genug Leute unterwegs, da es ohnehin erst kurz nach elf war, und so schlüpfte ich in einem günstigen Moment zusammen mit einem Auto durch die sich öffnende Zufahrt. Und tatsächlich: Dort standen drei unverschlossene Container, die nur darauf warteten, dass ihre Schätze gehoben wurden. Ich wollte gerade zur Tat schreiten und den ersten öffnen, als eine Gruppe Menschen nahte, die in unmittelbarer Nähe zum Stehen kam. Was sollte das denn jetzt? Haut ab hier! Doch die dachten überhaupt nicht daran, das Feld zu räumen. Zigaretten wurden angezündet und Gespräche geführt. Mist. Ich konnte doch nicht hier in den Containern wühlen, wenn neben mir sieben oder acht Leute rauchten und plauderten. Okay, dachte ich, die machen nur 'ne kurze Zigarettenpause und gehen gleich wieder dorthin, woher sie gekommen waren. Ich tat so, als würde ich auf jemanden warten und spielte mit meinem Mobiltelefon herum. An. Aus. Kamera an. Kamera aus. TippTippTelipp. Nun geht doch endlich. Nix da. Statt zu gehen kam sogar noch jemand und brachte Getränke mit. Wahrscheinlich wurde da gerade irgendeine Feierlichkeit nach draußen verlagert, weil man drinnen nicht rauchen durfte. Ich gab mich geschlagen. Stinksauer trat ich den Rückzug an.
Danach gab ich meine Hoffnung auf Müll fast schon auf. Doch der vorletzte Supermarkt auf meiner inneren Liste lag in unmittelbarer Nähe und so wagte ich dort noch einen weiteren Versuch. Ein Flachbau, an drei Seiten von finsteren Hinterhöfen gesäumt. Mann, hier war es ja wirklich stockfinster. Kein Mensch zu sehen. Schließlich fand der spärliche Strahl

meiner Taschenlampe die beiden Container. Unverschlossen. Mein Herz hüpfte vor Vorfreude, als ich schwungvoll den ersten Deckel hob. Boah! Ich musste mich fast übergeben. Eine Wolke Fischgestank schlug mir entgegen. Was da drin war, konnte ich nicht genau erkennen. Wollte ich auch gar nicht. Der Deckel glitt mir vor Entsetzen aus der Hand und verursachte einen ohrenbetäubenden Knall. Ich erschrak, hielt einen Moment inne und lauschte. Nichts rührte sich. Sollte ich es wagen, in die zweite Tonne zu schauen? Was, wenn da wieder irgendwas Abartiges vor sich hinstank? Ach, was soll's, nun bin ich schon mal hier, nun konnte ich auch reinsehen.

Der Gestank hielt sich in Grenzen. Müll eben. Und was fand sich da nun? Zwischen ein paar zermatschten Orangen immerhin ein Bund Möhren und diverse Obst- und Gemüsesorten. Ich grabschte nach den Möhren. Unter dem ganzen Obst und Gemüse fand sich noch mehr. Ich hängte mich tief in die Tonne, um besser ranzukommen. Die Taschenlampe zwischen den Zähnen, wühlte ich mit meinen Händen nach etwas Brauchbarem. Seltsam knisternde Tüten kamen zum Vorschein. Fühlte sich irgendwie bekannt an. Hier war alles voll mit diesen Tüten. Was bitte ist das? Die Taschenlampe zwischen meinen Zähnen wackelte hin und her und ich konnte beim besten Willen nichts erkennen. Schließlich fischte ich eine der Tüten heraus und besah sie mir genau: Eiernudeln. Ein ganzer Container voller Bandnudeln. Ich packte zehn Tüten davon ein, auch die Möhren, verschloss den Container wieder und machte mich davon. Als ich mich noch mal umdrehte, sah ich, wie jemand am offenen Fenster stand und rauchte. Der hatte mich wohl die ganze Zeit über beobachtet.

Ich setzte mich auf eine Parkbank und überlegte. So geht das nicht, alleine kommt man da auf keinen grünen Zweig. Mindestens einer muss die Taschenlampe halten oder vielleicht auch mal Schmiere stehen. Und im Umkreis meiner Wohnung gab es scheinbar auch nicht viele Container, die einfach so zugänglich waren. Ich machte mich auf den Nachhauseweg und besah meine Ausbeute. Die Nudeln waren okay, zwar über dem Verfallsdatum, aber essen konnte man die wahrscheinlich in drei Jahren noch. Die Möhren sahen auch nicht schlecht aus. Ich schnitt das welke Grünzeug ab, machte sie schön sauber und legte sie in den Kühlschrank. Sahen aus wie gekauft. Dann befragte ich das Internet in Sachen »Containern in Berlin« und versuchte, Kontakt zu einschlägigen Leuten aufzunehmen. Doch scheinbar war das eine sehr eingeschworene Gemeinde, vielleicht waren die E-Mail-Adressen, auf die ich gestoßen war, auch einfach hoffnungslos veraltet. Es meldete sich jedenfalls niemand. Ich versuchte, im Freundes- und Bekanntenkreis um Gefährten für dieses Unterfangen zu werben, doch es war zwecklos. Keiner wollte mitmachen. Und so verlor auch ich die Lust daran. Alleine hatte ich definitiv keine Lust auf Systemkritik. Und überhaupt: Kaufen war einfach bequemer.

> **Merke**
> Systemkritik macht mit Freunden noch mehr Spaß.

FREIZEIT UND FAZIT

Am meisten spart man natürlich, wenn man zu Hause bleibt. Freizeiteinrichtungen wie Kino, Spaßbad oder Sommerrodelbahn sind also zu meiden. Wer sparen möchte, aber dennoch auf den außerhäuslichen Freizeitspaß nicht verzichten will, sollte sich beizeiten Freunde suchen, die durch ihre berufliche Position gewisse Privilegien in diesem Bereich genießen. Durch entsprechende Verbindungen sind ohne Weiteres kostenlose oder zumindest verbilligte Kino-, Konzert- oder Theaterbesuche möglich. Durch mitgeführten Proviant können zudem die Kosten für Gastronomiebesuche vor Ort auf ein erträgliches Maß reduziert werden.
Überhaupt sind gesellschaftliche Anlässe ein lohnenswerter Sparansatz. Geburtstagseinladungen sollte man gerne und immer annehmen, bieten sie doch die Möglichkeit, sich einen ganzen

Abend lang auf Kosten anderer schadlos zu halten. Die vom Gastgeber erwarteten Geschenke sollte man im Gegenzug natürlich nicht zu kostspielig gestalten, damit kein unschönes finanzielles Ungleichgewicht zu eigenen Ungunsten eintritt. Wer darüber hinaus auch noch auf Zeitungsabonnements, Radio und Fernsehen und sämtliche Kommunikationsgeräte verzichtet, öffentliche Verkehrsmittel meidet und sich überhaupt nur noch in den eigenen bescheidenen Wänden aufhält, ja, der kann sich tatsächlich eine goldene Nase ersparen.

Merke
Geiz ist geil.

15
MINUTEN
RUHM

Andy Warhol hat behauptet, dass in der Zukunft jeder einmal für 15 Minuten berühmt sein wird. Nur wann genau diese Zukunft sein soll, wusste er wohl selbst auch nicht. Manche munkeln, dass diese Prophezeiung schon längst eingetreten sein soll. Zuerst war es das Fernsehen, das in regelmäßigen Abständen dafür sorgte, dass völlig gewöhnliche und unspektakuläre Leute zumindest für kurze Zeit in aller Munde waren. Man denke nur an Big Brother und das unzertrennliche Duo Jürgen und Zlatko. Unvergessen Zlatkos Hit ›Ich vermiss dich wie die Hölle‹. Im Duett waren sie dann noch einmal erfolgreich mit ›Großer Bruder‹.

Mittlerweile gelangt man wohl am schnellsten durch das Internet zu mehr oder weniger zweifelhaftem Ruhm und ich bin mir sicher, Andy hätte seine wahre Freude am Netz gehabt. Wenn er noch lebte, gäbe es wahrscheinlich interaktive Factory-Partys und einen Onlineshop namens »Factory Outlet«, in welchem man sein Gefolge für diverse Happenings buchen könnte. Er höchstpersönlich wäre der fleißigste Videoblogger und widerspenstiger Wikipedia-Saboteur. Vielleicht. Vielleicht würde ihn das alles aber auch ankotzen, man kann da nur spekulieren.

Zurück zum Internet. Wenn man gewollt oder unabsichtlich in die Hypemaschine geworfen wird, ist man hinterher entweder reich oder blamiert. Oder beides. Das Internet allein weiß, wie viele Netzphänomene es schon gegeben hat. »Happy Tree Friends« und »Chucknorrisfacts«. »Leave Britney Alone«, das »Star Wars Kid« und das »Angry German Kid«. Unvergessen und vielzitiert auch die »Bielefeld-Verschwörung«. Den kleinen und den großen Hai hat eine Plattenfirma an Land gezogen und Andy Milonakis, der mit seinem YouTube-Video »The Superbowl is gay« berühmt wurde, hat mittlerweile seine eigene Show auf MTV. Herr Warhol hat recht behalten. Und die Zukunft ist jetzt.

Woche 1

Wer also heutzutage was auf sich hält, der hat mindestens einen Blog, die 1.000-Freunde-Schallgrenze bei Facebook weit hinter sich gelassen, einen täglichen Podcast und twittert die Konsistenz seines Stuhlgangs. Wege, sich neumodisch mitzuteilen, gibt es also zur Genüge. Für die öffentliche Darstellung unseres kleinen Versuchs wählten wir erst einmal das Starterpaket: eine Website und für jeden von uns einen Blog, auf dem wir über unsere Fortschritte berichten wollten.

Woche 2

Diese neumodischen Ausgaben unserer Tagebücher dümpelten zunächst vor sich hin und wir nutzten sie hauptsächlich als digitale Materialsammlung. Wir gaben uns redlich Mühe beim Verfassen von Einträgen und Anpassen der Seite, freuten uns über jede gelungene Erweiterung wie Spendenlinks zu Paypal oder die Verknüpfung mit einem Spreadshop → *siehe Kapitel 3 »Der digitale Haufen«*, schoben hier alles ein paar Pixel nach links und da wieder ein paar nach rechts. Da wir von Hause aus keine Programmierer sind, stellten sich all diese Dinge immer wieder als durchaus abendfüllend heraus. Mehrfach überarbeiteten wir die Texte, die unser Projekt beschreiben sollten, bis wir schließlich der Meinung waren, die schönsten Formulierungen gefunden zu haben, ohne zu viel von uns preiszugeben. Die seltenen Besucher, die wir verbuchten, waren entweder wir selbst oder Freunde von uns, die mal vorbeischauten. Wir trugen uns in Blogverzeichnisse ein und versuchten uns in Suchmaschinenoptimierung. Doch es half alles nichts, wir waren ein unbedeutendes Staubkorn in den Weiten der Internetwelt.

Woche 4

Einen Vorgeschmack auf mögliche Reaktionen von wildfremden Leuten erhielt ich nach dem Aufgeben einer Annonce beim Online-Marktplatz kijiji, der mittlerweile von eBay übernommen wurde. Auf meine harmlose Anzeige, in der ich verschiedene eindeutig nicht-sexuelle Dienstleistungen sogar mit dem Zusatz »Bitte nehmen Sie Abstand von unziemlichen und zwielichtigen Angeboten« feilbot, erhielt ich neben einer lobenden E-Mail diese drei Antworten:

Antwort 1
»Suche eine Sie, die mich bei sich gegen Bezahlung erotisch massiert. Bitte bei Interesse mit einer Tel.-Nr. melden.«

Antwort 2
»sorry, aber mit uns wird es nichts! Warum: Du siehst aus wie ein Transvestit. Du schreibst »oberklug« und meisndt intelligent zu sein und dies ist eigentlich nur Dumm. Deine Frisur ist wie »hingeklatscht« und »Pennermäßig«! SORRS, ABER AUF TRANSVESTITEN STEH ICH NICHT. Geh erst einmal zum Friseur und lass dir Deine ekligen roten Haare färben ...«

Antwort 3
»Geh lieber Arbeiten DU OSTSCHLAMPE«

Ein höheres Besucheraufkommen auf unserer Seite war trotz Verlinkung im Anzeigentext nicht zu verzeichnen.

Woche 6

Dann kam zunächst eine kleine, aber doch spürbare Bewegung in die Besucherzahlen. Eine Bekanntmachung auf Facebook führte dazu, dass ein gewisser »kosmar« unsere Website in die Internetwelt hinaustwitterte, woraufhin sich über hundert Leute die Seite besahen. Einer dieser Besucher hat beim Radiosender Fritz eine eigene Sendung namens ›Trackback‹, die sich der weiten Welt der Bloggerei annimmt, und weil das so schön passte, lud er uns kurzerhand dorthin ein.

Woche 7

Radio ist ein tolles Medium. Es läuft so nebenbei, man erfährt allerlei Wissenswertes über die große weite Welt da draußen und zwischendurch hört man auch noch die größten Hits von damals bis heute. Mal eben dort anrufen und sich an einem Gewinnspiel beteiligen kann mitunter den Samstagabend retten. Meine Mitbewohnerin hatte das einmal versucht und sie sagte, dass sie wahnsinnig aufgeregt war und kaum ein vernünftiges Wort herausgebracht hat. Schließlich war sie ja in ganz Berlin zu hören. Firlefanz – dachte ich mir. Was ist daran so aufregend? Schließlich sprechen täglich abertausende Menschen in irgendwelchen Radioshows vor.
Unser Ausflug in Sachen Fritz ereignete sich an einem nebligen Spätnovembertag. Ich war vollkommen erledigt, weil ich den ganzen Tag Volleyball gespielt hatte und mich dann in großer Hektik auf den weiten Weg nach Potsdam machen musste. Ich traf Florian am Alex und wir bestiegen die S-Bahn nach Potsdam. Vierzig Minuten dauerte die Fahrt, und wir waren voller Ungewissheit, was uns erwarten würde. Wir sprachen kaum und legten uns im Geiste Antworten auf bis dahin unbekannte Fragen zurecht. Dann musste noch ein viertelstündiger Fußmarsch bis zum rbb-Studiogelände absolviert werden. Nach langen Minuten des Herumirrens fanden wir schließlich ins Studio. Die glitzernde Medienwelt voller gut gelaunter Radio-Typen, die wir eigentlich erwartet hatten, entpuppte sich als nahezu unbeleuchtet und menschenleer. Außer Marcus Richter, dem Moderator, waren noch zwei Redakteure anwesend, die fast geräuschlos ihre leise surrenden Rechner bedienten. Die Stille verstärkte sich noch, als wir in der Küche Platz nahmen, um auf unseren Einsatz zu warten.

Ich nutzte die Gunst der Stunde, um in der Fritz-Radioküche meine in Geistesgegenwart mitgenommenen Abreißzettel zu verkleben. Darauf zu lesen: »Hallo Hallo! Ich muss dringend schnell Millionär werden! Auch kleine Spendenbeträge sind willkommen.« Darunter zum Abreißen meine Kontoverbindung. Vielleicht würde sich in den nächsten Tagen ein vermögender Star in der gleichen Wartesituation befinden, einen Zettel abreißen und mich mit einer sechsstelligen Überweisung erfreuen. Dann ging's ab in den Aufnahmeraum. Noch gab es für die Hörer Musik. Nur noch 30 Sekunden. Marcus versuchte sich mit uns im lockernden Smalltalk, während wir mit Kopfhörern ausgestattet wurden. Und dann waren wir auf Sendung. Ich verhaspelte mich direkt bei der Begrüßung. Dann bei der Beschreibung unseres Projekts. Wie war noch mal mein Text? Nach einiger Zeit folgten die Worte dann doch wieder halbwegs ihrer Bestimmung und es entwickelte sich so etwas wie ein Gespräch. Doch wirklich spektakulär wirkten wir wohl nicht. Wir vergaßen sogar unsere extra für diesen Anlass vorbereitete Verlosung bekannt zu geben und mussten dies nach der Abmoderation und quasi fast auf dem Nachhauseweg noch schnell hinterherschieben. Der Radioauftritt bewirkte zu unserer Überraschung nicht viel. Gerade mal 48 Besucher ließen sich blicken. Die ganze Hektik hätte man sich wohl sparen können. Immerhin erhielt Yvonne ihre ersten beiden Spenden. Ich hingegen warte bis heute auf den Geldeingang in sechsstelliger Höhe.

Woche 9

Der Herr Richter brachte uns zwei Wochen später sogar ins Fernsehen. Ist das zu glauben? Er verschaffte uns einen kleinen Beitrag im ›ZDF Morgenmagazin‹ in der schönen Rubrik »MoMa-Surfer«. Und das Beste: Wir mussten außer unserem Einverständnis nicht einmal etwas dazu beitragen. So kam es, dass eines Morgens ein kurzes Filmchen über unsere Machenschaften ausgestrahlt wurde, während wir noch tief und fest schliefen. Doch die Reaktionen waren noch dürftiger als die nach dem Radiointerview. Bis auf eine meiner Mannschaftskolleginnen vom Volleyball, die mich verwundert erkannt hatte, meldete sich niemand. Schade eigentlich. Gerade gutbezahlte Wirtschaftsmenschen, die früh aufstehen, schauen doch bestimmt regelmäßig das Morgenmagazin. Die hätten ruhig mal was lockermachen können.

Woche 10

Ein weiterer Radiotermin fand bei Motor FM statt. Eine Kommilitonin von uns ist mit dem Moderator Winson bekannt und musste ihm unser Vorhaben irgendwie schmackhaft gemacht haben, denn eines schönen Tages wurden wir in seine Sendung eingeladen. Diesmal war es ein Freitagabend und statt nach Potsdam ging's nach Berlin-Mitte in eine großzügige Hinterhof-Loftwohnung, die von allerhand Menschen bevölkert war. Sie saßen zwischen Stapeln von Postern, Stadtmagazinen und benutztem Geschirr. Es wurde sogar Musik gehört und geraucht. Dies entsprach schon eher unseren Vorstellungen von einer Radioredaktion. Doch dass wir uns wesentlich wohler fühlten als in der einsamen Fritz-Küche änderte nichts an der sich erneut anbahnenden Nervosität. Nach den ersten Sätzen im Studio hatte sich diese allerdings schnell gelegt und wir plauderten recht unbefangen aus dem Nähkästchen. Zieht man anhand der Besucherzahlen Rückschlüsse auf unsere Radio-Performance, kann man sagen, dass wir uns im Vergleich zum ersten Interview um nahezu 200 Prozent verbessert hatten. Immerhin konnten wir diesmal sage und schreibe 127 Menschen zu einem Besuch verleiten. Der pure Wahnsinn!

Woche 11

Doch all das hinterließ kaum bleibende Spuren und so pendelten sich die Besucherzahlen jedes Mal recht schnell wieder in der Nähe der x-Achse ein. Bis schließlich eine harmlose E-Mail alles verändern sollte. Sie war eigentlich dazu gedacht, Freunde und Bekannte von Florian von unserem Versuch zu unterrichten und dazu zu animieren, ab und zu mal vorbeizuschauen oder womöglich einmal, Gott bewahre, einen Kommentar zu posten. Einer dieser Bekannten entpuppte sich wenig später als gelegentlicher Schreiberling für Spiegel Online und als solcher fragte er uns schließlich, ob wir uns nicht vorstellen könnten, ihm in einem Interview Rede und Antwort zu stehen.

Woche 12

Und ob wir das konnten! Ich kannte Kai Schwind von einer Zusammenarbeit für ein Hörspielprojekt, für das ich die grafische Gestaltung beigesteuert hatte. Dass er seine Fähigkeiten auch ab und zu dem Spiegel zur Verfügung stellte, wusste ich nicht und daher war die Überraschung über dieses Angebot natürlich groß. Doch erst einmal wollte er dort fragen, ob überhaupt Interesse an diesem Thema bestand. Wir malten uns nicht allzu große Chancen aus, da wir bis zu diesem Zeitpunkt weder spektakuläre Aktionen noch finanzielle Höhenflüge vorzuweisen hatten. Erstaunlicherweise stieß der Vorschlag bei den Spiegel-Leuten auf offene Ohren und so verabredeten wir uns schließlich zu einem Interview mit ihm via Telefon zwei Tage vor Weihnachten.

Woche 13

Weil ich ihn ja bereits kannte, entwickelte sich schnell ein lockeres und ausführliches Gespräch. Das Ergebnis bekamen wir kurz nach den Feiertagen per E-Mail zur Absegnung. Wir fanden es sehr gelungen, obwohl die stark zugespitzten Äußerungen für uns zunächst gewöhnungsbedürftig waren. Auf unseren Blogs konnten wir uns natürlich ausführlicher und differenzierter zu Wort melden, aber in solch einem Artikel musste natürlich heiß gekocht werden, damit es jemanden hinter dem Ofen hervorlockte. Wir waren zufrieden, schickten noch ein paar Fotos und Videos und warteten gespannt auf den Erscheinungstermin. Dieser sollte irgendwann im Januar sein, in der Rubrik »Unispiegel«. Wir fragten uns, wie viele Leute den Artikel wohl lesen würden. Und ob überhaupt jemand den Weg auf unsere Seite fände.

Woche 15

Am Morgen des 8. Januar trafen wir zu einer Lagebesprechung zusammen. Das morgendliche E-Mail-Ritual hatte ein jeder schnell hinter sich gebracht, schließlich gab es nichts Erwähnenswertes. Wir berieten uns darüber, wie man so langsam anfangen könnte, die praktische und eigentliche Diplomarbeit anzugehen. Schließlich wollten wir nicht nur eine Website und zweifelhafte Aktionen präsentieren, sondern die ganze Chose irgendwie gestalterisch aufbereiten. Doch bevor wir uns lange darüber das Hirn zermartern konnten, bekam ich einen Anruf, der unser Vorhaben um einige Wochen verschieben sollte. Am Telefon war eine Freundin, die, noch bevor ich irgendetwas sagen konnte, aus dem Hörer rief: »Ihr seid auf Spiegel Online! Auf der Startseite!« Mein zaghaftes »Ach, tatsächlich?« wurde umgehend beantwortet: »JAAA! Auf der STARTseite. Ganz weit oben. Geil! Habt ihr schon E-Mails bekommen?« – »Naja, ich weiß nicht. Vorhin noch nicht.«

Ich öffnete die Spiegel-Seite und uns verschlug es den Atem: »Ich wär so gerne Millionär« prangte dort an vierter Stelle. Ein Textteaser mit Bild! Klick. Die Seite mit dem Artikel öffnete sich und offenbarte neben einigen unserer Fotos auch noch ein Video, das die Herrschaften aus unseren Einzelfilmchen zusammengeschnitten hatten. Wahnsinn. Die hatten ja richtig Zeit investiert. Hm. Der Artikel sah in etwa so aus wie der, den wir schon gelesen hatten. An einigen Enden war er noch etwas straffer und spitzer geworden. Es gab sogar ein Diskussionsforum. Da waren auch schon eifrige Kommentatoren am Werke. Sollten wir da mal einen Blick reinwerfen? Lieber nicht – man kennt das ja: Nörgler und Besserwisser. Das Öffnen des E-Mail-Programms zeigte schließlich das ganze Ausmaß: Es dauerte Ewigkeiten, bis alle E-Mails abgerufen waren. Und der Artikel war bisher erst eine Stunde online. Noch während ich wahllos begann, einige Mails zu lesen, strömten stetig neue herein. Ein verstörter Blick von Yvonne verriet, dass es bei ihr ganz ähnlich aussah.

»Sagmal versteh ich das richtig? Ihr wollt betteln im Simon versus Elton Format? Irgendwie irritiert mich eure Aktion, frei von jeder Ethik. […] Ich glaube für viele, die Tagtäglich ihre Motz verkaufen ist eurer Millionenziel der blanke Hohn. Wollt ihr denen Beweisen, dass ihr mehr wert seid?«

»… ich habe gerade von Ihrer erfrischenden Aktion erfahren. Obwohl ich von Sozialhilfe lebe, möchte ich Sie jeweils mit dem Betrag von 1,44 Euro motivieren. Wenn Sie eines Tages ›reich‹ sind, und sich an mich erinnern, können Sie das Geld an eine wohltätige Einrichtung spenden.«

»habe deine Seite zufällig gesehen und find ich echt super das du soviel Geld haben möchtest.«

»Liebe Yvonne, Lieber Florian, mit großem Interesse habe ich heute den Artikel über Eure Diplomarbeit bei ›SPIEGEL Online‹ gelesen. Unsere Redaktion würde gerne sich einmal mit Euch über dieses Thema unterhalten. Vielleicht habt Ihr ja Interesse daran, dass in unserer Sendung über Euch berichtet wird.«

»Was ich persönlich etwas schade finde ist, dass ihr anscheinend sehr weit links angesiedelt seit. […] Bitte versteht die Mail aber nicht als Kritik, ich finde Euer Projekt großartig und es wird hoffentlich vielen Leuten zeigen, dass jeder dazu in der Lage ist sich zu erheben und sein Leben in die Hand zu nehmen.«

»eine Aktion, die meinen anarchistischen Tendenzen entspricht – bravo.«

»Ich kritisiere, dass Ihr Euch darüber Gedanken macht, warum andere so viel mehr Geld haben als Ihr selbst und warum so viele Menschen darunter sind, die Ihr nicht mögt. Selbstkritisch müsst Ihr Euch fragen, ob es nicht auch viele Menschen gibt, die Euch persönlich nicht mögen. Gibt es hier ggf. Gleichstand, den man

in einer demokratischen Gesellschaft akzeptieren muss, ohne dem anderen etwas neiden zu wollen?!«

»Hallo! Wie wäre es mit ehrlicher, harter Arbeit…??? Du untalentiertes, faules und schmarotzendes Etwas!! Dabei bist Du noch nicht einmal hübsch…!! Gruß«

»Hi ihr Beiden, ich bin Redakteurin des Jugendradiosenders DASDING vom SWR. Wir sind vorhin zufällig auf euer Projekt gestoßen. Bock auf ein Interview?«

»Hi Flori, find ich cool. Hatte auch mal so etwas vor. hab mir ein eigenes Logo machen lassen. […]«

»Eure Arbeit zeigt auf wie schwer und unwürdig es ist auf nennenswerte Geldbeträge mit betteln und einfacher unqualifizierter Arbeit zu kommen. An sich nichts neues, aber trotzdem interessant zu dokumentieren. Für mich persönlich wäre das nichts, da ich mir nicht in aller Öffentlichkeit (im Internet) eine solche Blöße geben würde, was ich alles verkauft und gebuckelt habe, um an ein paar Euro zu kommen. […] Vielleicht ist eine Millionen auch nur ein Gag.«

»[…] Chancengleichheit, Gerechtigkeit, Verteilung des Wohlstands – diese sozialen Aspekte treten bei euren auf die Person fixierten Egospielen halt in den Hintergrund.«

»Habe auf spiegelonline von eurem Projekt gelesen und wollte horchen, ob ihr beiden oder einer von euch vielleicht aus unserem Verbreitungsgebiet (Ostwestfalen-Lippe) stammt – für diesen Fall würde ich gerne in unserer Regionalzeitung über euch berichten.«

»Ich bin auch jemand, der immer auf der Suche nach Verdienstmöglichkeiten mit wenig oder gar keinem Arbeitsaufwand ist,

wobei mich vor allem der Gedanke ›Aus Scheiße Geld zu machen‹ fasziniert. […] Ich habe mir nun überlegt, wie ich Dir ein wenig helfen könnte. Mich fasziniert dabei der Gedanke, dass Du aufgrund der Rahmenbedingungen Eurer Aktion für Geld Dinge tun würdest, die Du normalerweise nicht über dich ergehen lassen würdest. […] Ich möchte dir gern eine Wette vorschlagen, die Dir sicher zunächst komisch vorkommen wird, und Dir wohl auch einiges abverlangt. Die wette lautet, dass Du es nicht 4 volle Tage in einem Neoprenanzug als einziges erlaubtes Kleidungsstück aushalten wirst. Als Wetteinsatz würde ich 700 Euro gegen Dich setzen. Sicher kennst Du Neoprenanzüge von Surfern und Tauchern. […] Die 4 Tage würden aufgrund der Isolationswirkung außerhalb von Wasser sicher eine sehr schweißtreibende Sache für Dich werden, getreu dem Motto ›Ohne Schweiß kein Preis‹.«

»[…] ich mache mir zum gleichen Thema auch schon lange Gedanken […] Alle meine Überlegungen gehen allerdings in die Richtung Internet. Das scheint mir auch ein guter Weg zu sein. Nachteil: Man braucht Startkapital. Eure Seite hat mir grade eben gezeigt, dass man natürlich auch auf anderen Wegen an ein gewisses Grundkapital kommen kann. Danke dafür …«

»Hallo Florian, ich wäre an einer Werbefläche in Deinem Wohnzimmer interessiert«

»Gratulation zu einem pragmatischen Forschungsvorhaben mit Alltagsrelevanz! Werden die Designer jetzt die Feuilletonisten der Zukunft?«

»Euer Projekt ist mir recht unsymphatisch …«

»hi Flo, hier ein paar Ideen: Jesus in Second Life, Schuhe putzen gehen, Spreewasser, momox.de für alte CDs«

»Hallo Ihr beiden, ich bin Autorin bei Spiegel TV Reportage und würde mich gerne mit Euch über Euer Projekt und die mögliche filmische Begleitung dessen unterhalten. Meldet Euch, wenn Interesse besteht«

»Geld allein……Rest sollte bekannt sein bzw. ihr werdet es bestimmt auch mal noch lernen, wenn ihr älter werdet. Geld (hart und selbst verdient) spende ich grundsätzlich nur an wirklich bedürftige, hungernde oder kranke Menschen.«

»Mannmannmann Yvonne, Du bist doch ne Frau. Verkaufe getragene Unterwäsche! Da musst Du nichts Unanständiges machen für. […]«

»Tach aus dem Norden… Was immer hier grad rumflimmert, nice Try und darauf kommts ja an.«

Oh Gott. Was sollten wir tun? Es würde Stunden dauern, das alles zu lesen, geschweige denn zu beantworten. In einer Stunde musste ich los zu einem Seminar mit dem schönen Titel »Grundlagen Gender Studies«. Sollte ich einfach schwänzen? Lieber nicht. Meine drei Fehlzeiten hatte ich schon ausgereizt und ich brauchte diesen Schein unbedingt noch, sonst würde man mich nicht zur Prüfung zulassen. Außerdem war ich mit meinem Referat dran. Irgendwie ein ganz schlechtes Timing.

»Ihr Lieben, der Artikel steht: http://www.spiegel.de/unispiegel/wunderbar/0,1518,600045,00.html Heute sogar auf der Startseite – ui ,-) Wünsche euch viele Klicks. Geht auch gleich schon los – fünf Minuten später hat sich Stern TV gemeldet. Die hätten gerne Kontakt zu euch.« (Kai Schwind)

Bevor ich losmusste, schaffte ich es immerhin noch, alle bis dahin eingegangenen Kommentare freizugeben. Außerdem beantwortete ich wahllos einige E-Mails von Leuten, die mir scheinbar wertvolle Tipps gaben. Dann ging es in die Uni. Mein Referat hatte ich zwar ganz gut vorbereitet, aber der Vortrag war nicht gerade das Gelbe vom Ei. Mit meinen Gedanken war ich ganz woanders. Wie viele neue E-Mails mochten wohl in der Zwischenzeit eingetroffen sein? War vielleicht ein besonders vielversprechender Tipp darunter oder konnte ich womöglich eine hohe Spende verbuchen? Werden die Leute ungeduldig, wenn man nicht unverzüglich auf ihre E-Mails reagiert? Und was hat es mit den Anfragen von Radio- und Fernsehsendern auf sich?

Ich musste zwar nicht in die Uni, war aber für den Nachmittag mit meinem Onkel verabredet, um meinen Superhit → *siehe Kapitel 10 »One Hit Wonder«* fertigzustellen. Sollte ich das womöglich verschieben? Aber nein, heute wäre doch der ideale Zeitpunkt, den Song das erste Mal auf dem Blog anzupreisen. Je schneller, desto besser. Also auf zum Onkel. Doch bis dahin blieben mir nur noch zwei Stunden Zeit. Zuerst gab auch ich alle eingegangenen Kommentare frei, nicht ohne sie vorher auf ihren Inhalt zu prüfen. Es waren einige kritische Stimmen dabei, doch die waren ja erst das Salz in der Suppe und wollten nicht verschwiegen werden. Sollte ich jetzt direkt etwas zur Antwort posten? Mehrmals unternahm ich den Versuch, etwas zu verfassen, verwarf das Geschriebene aber immer wieder als unzulänglich. Ich wollte mich nicht sofort in irgendeine Rechtfertigungs- oder Relativierungsecke stellen. Erst mal nachdenken, später antworten.

»wir haben heute morgen von Eurem Projekt bei Spiegel Online gelesen und fanden es so interessant, dass wir gerne einen Beitrag für die Sendung Galileo auf ProSieben über Euch drehen würden. Vorausgesetzt, es sind nicht schon 20 andere TV-Redaktionen auf die Idee gekommen«

Ich nahm mir einige E-Mails vor und schrieb hier und da eine hektische Antwort. Dann beschränkte ich mich auf die Medienanfragen. Meine Güte, wer da alles etwas von uns wollte! Einigen Anfragen für Radio- und Zeitungsberichte sagte ich sofort zu und schickte an Florian jeweils eine Kopie meiner Antwort, damit auch er im Bilde darüber war, was wir demnächst zu tun hatten. Schließlich war es so weit und ich machte mich auf den Weg zum Onkel. Die 40-minütige S-Bahnfahrt kam mir wie eine Ewigkeit vor und ich konnte an nichts anderes denken als daran, was jetzt wohl mit uns passieren mochte. Würden wir durch irgendeine glückliche Fügung tatsächlich reich werden?

»[…] wenn ich mir diese aktion so ansehe hätte ich euch dringend ans herz gelegt, zumindest mal einen abschluss in betriebswirtschaft anzupeilen. ich bezweifle, dass euch euer gegenwärtiges studienziel auch nur ansatzweise dazu befähigt, irgendwelche millionen zu scheffeln. […]«

Mein Onkel war begeistert, als ich ihm von den vielen Reaktionen erzählte, und die Aussicht auf regen Publikumsverkehr in Sachen Superhit ließ ihn zur Hochform auflaufen. Kaum hatte ich mich in seinem heimischen Studio niedergelassen, wagte ich einen erneuten Blick in die ungelesenen E-Mails, die sich mittlerweile ganz wie von selbst vermehrt hatten. Fernsehanfragen noch und nöcher. Obwohl ich bis zum Zerreißen gespannt war, verschob ich die genauere Begutachtung auf später. Jetzt wollte ich mich erst einmal voll und ganz der Hitproduktion widmen.

Nach dem Seminar versank ich in eine Art E-Mail-Askese. Ich beantwortete Tipps, Anfragen, Hinweise, Kritik, trank Kaffee, beantwortete noch mehr Hinweise, Anfragen zum Klickvorschlagwohnzimmer, gab Kommentare frei, trank noch einen Kaffee, beantwortete noch mehr E-Mails und verfasste schließlich einen Blogpost, der sich der unzähligen Reaktionen annahm. Irgendwie komisch zu wissen, dass diesen Post gleich wahrscheinlich Hunderte von Leuten lesen würden. Inzwischen war es weit nach Mitternacht und ich feilte an jedem einzelnen Wort.

Den fertigen Superhit im Gepäck, kehrte ich gegen halb zwei Uhr morgens nach Hause zurück. Obwohl ich ziemlich erledigt war, war an Schlaf natürlich überhaupt nicht zu denken. Zunächst der obligatorische Blick in die E-Mails. Wie erwartet, hatten sie sich weiter vermehrt, wenn auch nicht ganz so stark. In der Zwischenzeit hatte auch Florian mir einige Mails in Kopie zugeschickt, die er bereits beantwortet hatte. Ich rief ihn an in der festen Überzeugung, dass er noch wach war. Nach dem ersten Klingeln war er am Telefon: »Bist du's? Oh Mann. Ich hab mal nachgesehen: 30.000 Leute waren schon auf der Website. Unser Traffic ist fast aufgebraucht. Was sollen wir denn nur tun?«

Wir berieten fast zwei Stunden lang, wer was beantworten sollte, und vor allem, wie wir uns jetzt verhalten sollten. Am liebsten hätten wir allen alles erklärt und gesagt: »War doch nicht so ernst gemeint.« Aber nicht doch! Augen zu und durch und mitnehmen, was mitzunehmen ist. Und immer ernst bleiben. Wenn irgendwelche Blödbacken die zum Teil recht offensichtliche Ironie in unseren Texten nicht verstanden, war das deren Problem. Ich verfasste einen Blogpost, der meinen frischgebackenen Hit vorstellte. Und schließlich noch einen, in dem ich erst einmal ganz allgemein allen Leuten für Anregungen, Kritik und Spenden dankte. So gewann ich etwas Zeit für die Aufarbeitung. Um fünf lag ich im Bett.

Um halb neun klingelte der Wecker. Ich war ziemlich k.o., doch auch irgendwie aufgekratzt, und schaltete sofort den Rechner ein. Neue E-Mails. Neue Kommentare. Neue Anfragen. Zwischendrin eine E-Mail von einer Mitarbeiterin der Universität-der-Künste-Pressestelle. Was denn da los sei, warum ständig Reporter bei denen anriefen und unsere Kontaktdaten haben wollten.

»Hey ihr Zwei, ich finde Eure Idee für eine Diplom-Arbeit hervorragend. Ich hoffe Ihr seit erfolgreich damit. Anbei wollte ich Euch eine Idee senden, die mir spontan eingefallen ist...warum schaltet ihr nicht eine 0190....Hotline? [...]«

Vollkommen übernächtigt ging es am nächsten Tag wieder in die Uni. Vorher noch ein kurzer Blick in die Webstatistik.

Kann das wirklich stimmen? Laut Google Analytics waren in den letzten 24 Stunden genau 48.186 unique Visitors auf unserer Eingangsseite. Den Laptop nahm ich gleich mit, um nebenbei noch ein paar Presseanfragen zu beantworten. Das meiste kam aber erst einmal auf die Warteliste. Am Wochenende könnten wir uns dann noch in Ruhe überlegen, was wir mitmachen wollten und was nicht.

»ich habe mit großem Vernügen den Blog zu Ihrem Projekt gelesen. Weiter so. 4 € Spende sind via PayPal unterwegs, dafür können Sie wieder viele neue Pfandflaschen kaufen.«

Eine der ersten Interviewanfragen kam von Radio Eins und die Befragung war für diesen Nachmittag angedacht. Wir sagten zu. Diesmal konnten wir das immerhin übers Telefon abwickeln und mussten nicht wieder den beschwerlichen Weg nach Potsdam auf uns nehmen. Zeit ist schließlich Geld. Menschenskinder, das war noch mal ein kleiner Nervenkitzel – wir beide live in der Schönen Woche bei Volker Wieprecht und Robert Skuppin. Wie gut kannten wir diese Sendung, hatten wir ihr doch selbst oft genug gelauscht. Wir konnten uns denken, dass wir schön durch den Kakao gezogen werden würden.

Wir hatten uns darauf geeinigt, das Interview bei Florian durchzuführen, weil sein Telefon im Gegensatz zu meinem über eine Lautsprecherfunktion verfügte. Blöd nur, dass den Radioleuten die Sache mit dem Lautsprecher aus Gründen der Tonqualität überhaupt nicht zusagte. Nach einigem Rumprobieren einigten wir uns schließlich darauf, dass ich übers Handy und Florian über seinen Apparat sprechen sollte. Um unschönen Störgeräuschen vorzubeugen, musste ich mich in die Küche verziehen. Da stand ich nun also, den Oberkörper weit vors zugige Fenster gereckt, um den Empfang im finsteren Hinterhof nicht abreißen zu lassen, während sich der feine Herr im behaglich warmen Wohnzimmer auf der Couch räkelte.

An die Einzelheiten kann ich mich nicht mehr erinnern, ein bisschen Geplauder, ein Späßchen hier und da. Ich glaube, wir kamen erstaunlich gut dabei weg. Bis ich von meinem mittlerweile fertigen Superhit berichtete. Man kann sich fast denken, was passierte: Ich wurde natürlich aufgefordert, ihn zu singen. Darauf war ich nicht vorbereitet gewesen und versuchte hilflos, diesen Vorstoß abzuwehren. Doch es half alles nichts. Wenn ich jetzt nicht mitspielte, würde ich für immer ein Spielverderber sein. Ich nahm all meinen Mut zusammen und trug den Refrain so expressiv und eingängig vor, wie es mir in dieser Situation möglich war. Nach einer kurzen Pause meldeten sich die Herren schließlich wieder kichernd zu Wort. Was für eine beschissene Darbietung hatte ich da nur abgeliefert. Hoffentlich hat niemand zugehört, den ich kenne.

»ist ja eine mega coole idee von euch beiden, denke das du diejenige sein wirst die, die erste Millionen auf'n konto hat«

Die folgenden Radiointerviews reichten in Sachen Spannung bei Weitem nicht an unsere ersten Erfahrungen heran. Mittlerweile waren wir recht abgeklärt, viele Gespräche wurden vor der Ausstrahlung aufgezeichnet und die Fragen waren auch immer dieselben. Den Preis für das ausführlichste Interview bekommt aber auf alle Fälle der Jugendsender MDR Jump. Der Moderator bat uns, ebenfalls aus Gründen der Tonqualität, in ein Studio der öffentlich-rechtlichen Sendeanstalten zu kommen. Dies befand sich nun ausgerechnet im ARD-Hauptstadtstudio. Sehr aufregend!

Wir wurden in ein kleines Studio geleitet, in dessen Mitte ein runder Tisch mit Mikrofonen und Kopfhörern stand. Man sollte sich möglichst nicht bewegen oder mit den Händen auf dem Tisch herumscharren. Eine Mitarbeiterin saß in einem kleinen Nebenraum und überwachte das ganze Prozedere. Auch dieses Interview war nicht live, dafür extrem entspannt und der Moderator hatte sich zur Abwechslung auch mal andere als die üblichen Fragen ausgedacht. Wir plauderten 20 Minuten mit dem netten Herrn aus Mitteldeutschland, der ernsthaft Interesse an unserer Sache zu haben schien. Vier Monate später fanden wir uns denn auch zu einem erneuten

Stelldichein am selben Ort zusammen. Es war noch eine Woche bis zur Diplomprüfung und wir waren einer zweiten Einladung gefolgt, um die ganze Sache kurz vor ihrem offiziellen Ende noch einmal auszuwerten.
»Erst als ich im web.de-Artikel entdeckte, dass es euch nicht in erster Linie um einen Gag oder ums simple Reichwerden geht, habe ich den Weg zu euren Blogs aufgesucht. Ihr legt auf lockere, unterhaltsame und doch authentisch sich anfühlende Art den Finger in die Wunde des schwer kranken Hyperkapitalismus.«
Doch erst mal zurück: Das Wochenende verbrachten wir ausschließlich damit, E-Mails zu beantworten und uns alle drei Stunden zu beraten. Die Anfragen zum Klickvorschlag-Wohnzimmer wollten abgearbeitet und Spendern gedankt werden. Derweil entspann sich auf unseren Blogs manch muntere Kommentar-Debatte.

»Was haltet ihr eigentlich davon, euch einen ordentlichen Job zu suchen, dort richtig was zu leisten und die Karriereleiter raufzuklettern? Da seid ihr garantiert schneller bei der Million als hier! Ich habe noch einen Vorschlag für euer Spiel: Wenn es klappt Glückwunsch – wenn nicht zahlt die Kosten für euer Studium an den Steuerzahler zurück! Ich betrachte es als aussergewöhnliche Zumutung meine Steuergelder durch euch auf diese billige Art verschwendet zu sehen! Viel ›Erfolg‹ noch‹.«

»Ich finde Eure Idee einfach hervorragend. Ihr habt eine tolle Idee gehabt, den Mut diese Idee umzusetzen und dann auch noch damit eine Diskussion anzustoßen. Mir erschließt es sich in keinster Weise, wie jemand Euer Studium als Steuerverschwendung bezeichnen kann, wenn Ihr doch durch diese Seite zeigt, dass Ihr alle Kanäle der modernen Medienwelt nutzt, um ein Projekt umzusetzen und hoffentlich mit Erfolg abzuschließen.«

»ja, so ist es in Deutschland – nur durch harte Arbeit darfste reich werden.«

Noch am selben Tag, als der Artikel erschienen war, gab es auf gmx.de, web.de und anderen Nachrichtenportalen Berichterstattungen über uns, ohne dass wir zunächst davon wussten. Auch eine Handvoll anderer Blogger hatte sich schon nach kurzer Zeit des Themas angenommen und zum Teil kritisch und etwas verwundert darüber berichtet. Vermutlich fragten auch sie sich, was die ganze Aufregung sollte. Das ganze Tamtam nach einem simplen Artikel hatte uns insgesamt stark verwundert. Nicht nur, dass wir so viele Besucher hatten, das war ja leicht zu erklären. Schließlich waren die Leser nur einen Klick von unserer Website entfernt. Doch die unzähligen Interview- und Fernsehanfragen hatten uns doch sehr überrascht.

Woche 16

Einige besonders hartnäckige Vertreter des Journalismus hatten anscheinend Sorge, dass ihre Mails nicht ankommen würden, und so schickten sie in stündlichen Abständen die immer gleich formulierten Anfragen. So muss es wohl im Handbuch ›1.000 tolle Tipps für Medienmenschen‹ beschrieben stehen. Den unangefochtenen Platz eins an Penetranz besetzt, man hätte es sich denken können: die Zeitung mit den vier großen Buchstaben! Zum einen war da eine Dame von BILD Online, die gerne Videobeiträge von unserem Unterfangen auf ihrer Seite wissen wollte. Zum anderen ein Herr der analogen Ausgabe, der uns für ein Interview begeistern wollte. Der Videotante schickte ich direkt eine Absage. Zwar ging es für uns auch irgendwie darum, möglichst viele Leute zu erreichen, aber die Konkurrentin und ich hatten aus verschiedenen Gründen das Gefühl, dass das nichts für uns ist. Schließlich ist man mit seinem Bauchgefühl bisher immer ganz gut gefahren. Die Rückantwort mit dem Betreff »Zweite Chance?« ließ nur wenige Minuten auf sich warten. Wahrscheinlich hatte sie für so eine Situation auch gleich eine Standardmail. Ab in den Spamordner!

Ein wenig geschickter stellte sich der analoge Kollege an: Nachdem wir seine ersten beiden Anfragen ignoriert hatten, meldete er sich nach einigen Tagen nochmals. Diesmal mit dem Angebot, ein Informationshonorar zu zahlen. Das hörte sich doch schon besser an! Wenn man diese Gesellen um ein paar Euro erleichtern kann – warum nicht? Also sagten wir zu und machten zeitnah einen Termin aus. »Zu dir oder zu mir?« war die alte Frage, die sich stellte. Wir einigten uns auf »zu mir«. Irgendwie gefiel mir der Gedanke, solchen Besuch zu empfangen. Fast pünktlich um vier Uhr klingelte es denn an einem Freitagnachmittag an der Tür.

Expertentipp
Haltet euch von den Bildreportern fern! :P

Wieso ich schon wieder zu spät kam, kann ich auch nicht mehr sagen. Obwohl, so ganz meine Schuld war es eigentlich nicht, weil der Termin vorverlegt worden war. Florians Bude war wie immer saukalt und er empfing mich mit einem seltsam beschämten Blick. Wahrscheinlich konnte er es immer noch nicht fassen, dass zwei Gesellen des Springer-Verlags auf seinem Sofa saßen. Ich hatte eigentlich einen schmierigen Endvierziger mit Schnurrbart erwartet. Stattdessen saß mir ein junger, smarter Typ gegenüber. Schätzungsweise Mitte zwanzig. Wie sich später herausstellte, war er sogar jünger als ich. Im Schlepptau hatte er eine ebenfalls junge Fotografin, Typ Deutschlehrer-Referendarin, die während des Interviews eigentlich überhaupt nichts sagte. Wir plauderten nett über dieses und jenes, Berlin im Allgemeinen und Kreuzberg im Speziellen und kamen schließlich auf unsere Millionärsgeschichte zu sprechen, wegen der die beiden Herrschaften schließlich gekommen waren. Wir beantworteten brav die üblichen Fragen, wie viel denn jeder schon hätte, ob wir immer noch daran glauben würden, in vier Monaten Millionär zu sein, und was die lukrativsten Tätigkeiten bisher waren. Das alles verlief zu meiner Überraschung im sehr entspannten Plauderton, ohne jede Spur von Hektik.

Schließlich, nach einer Dreiviertelstunde, kam die Reihe an die Fotografin. Zunächst sollte es einige klassische Porträts von uns geben. Gemeinsam, Rücken an Rücken, den anderen doof angucken und dissen. Dabei wurde bereits ständig nach Dingen Ausschau gehalten, die unserem Antlitz eine eindeutigere Botschaft entlocken sollten. Eine Zigarre, Ellbogenchecks, schließlich lagen wir Kopf an Kopf auf dem Fußboden, über und über mit den von Florian bei eBay ersteigerten wertlosen Geldscheinen überhäuft. Eine bizarre Situation. Der zaghafte Einwand, dass das aber doch keine Euros seien, wurde überhört. Währenddessen versuchte der Reporter übers Handy fieberhaft noch eine weitere Fotolocation klarzumachen, die noble Villa am Kreuzberg, wo wir uns in den Fauteuils räkeln sollten. Doch weil das nicht klappte, gab es stattdessen Actionbilder: Florian positionierte sich auf einem Stuhl vor seiner Klickvorschlag-Wohnzimmerwand und sollte überheblich in die Kamera grinsen. Dabei setzte er lässig den trockenen Pinsel an die vermeintlich frisch gemalte Stelle an der Wand. »Äh … sieht man denn nicht, dass da gar keine Farbe dran ist?« – »Ach was, unseren Lesern ist das egal. Zur Not wird da halt noch mit Photoshop ein bisschen Farbe drangekleckst.« Na dann. BILD dir deine Meinung.

Viele andere Interviews mit Zeitungsmenschen liefen sehr viel unspektakulärer ab. Mal eben auf ein Stündchen irgendwo auf einen Kaffee treffen und die üblichen Fragen beantworten. Doch ein weiteres Blatt der Springer-Presse sorgte schließlich noch einmal für ein recht skurriles Entertainment. Ein Redakteur von der ›Welt‹ hatte uns einen Monat nach unserer Diplomprüfung zum Interview gebeten für einen Bericht in einer Sonderbeilage zum vielsagenden Thema »Gerechtigkeit«. Das Ganze vor dem Hintergrund der Finanzkrise. Stellte sich zwar die Frage, warum ausgerechnet wir da kompetente Auskunft geben könnten, aber gut: Wir stellten uns für ein Telefoninterview zur Verfügung. Diesmal konnten wir schon viel ehrlicher in Bezug auf die Motivation für unser

Vorhaben sein, war doch ohnehin alles längst gelaufen. Von größerem Interesse schien allerdings eher unsere Herkunft aus mehr oder weniger »einfachen« Verhältnissen zu sein. Als wir anboten, ihm noch etwas Bildmaterial zukommen zu lassen, überraschte uns der Herr mit seiner Bitte, ob wir uns nicht stattdessen lieber mit einem Fotografen treffen wollten. Nun gut, sollte uns recht sein, wenn es nicht zu umständlich war. Mit dem Fotografen vereinbarten wir einen Treffpunkt direkt unter der S-Bahn-Brücke Friedrichstraße, so konnte ich meine Mittagspause dafür nutzen. Der Fotograf hatte eine Flasche echten Schampus dabei, den wir möglichst effektvoll in die Gegend schütteln sollten. Und so fanden wir uns einige Minuten später im besten Mittagslicht auf der Kaimauer der Spree wieder, herumturnend, durchnässt vom edlen Tropfen und siegesgewiss in die Kamera grinsend, als hätten wir gerade im Lotto gewonnen.

Woche 17

Nach dem Spiegel-Artikel sahen uns einige Experten offenbar bereits durch verschiedene Fernsehsendungen tingeln. Eigentlich gar keine schlechte Idee, wenn man daraus Kapital schlagen könnte. Durch unsere Casting-Erfahrungen wussten wir allerdings mittlerweile ganz gut, dass der Weg dahin lang und beschwerlich und meist auch ziemlich aussichtslos ist. Die direkte Vorsprache bei den Größen des abendlichen Unterhaltungsprogramms hielten wir denn auch für reichlich überflüssig. Es ist

Expertentipp
probierts doch mal bei haraldSchmidt, jbk, stefan Raab oder oder oder

Expertentipp
Sich 1 Jahr auf ›Schlag den Raab‹ vorbereiten. Alle Sendungen analysieren. Die ganze Welt auswendig lernen damit man alles beantworten kann und viel trainieren. Auto fahren sollte man auch können.

ja nicht so, dass man mal eben einen Anruf tätigen und sich als potenzieller Gast bei Harald Schmidt anpreisen kann.
Aber wir mussten gar nicht mal selbst tätig werden. Das Internet hatte seinen Beitrag dazu geleistet, dass nunmehr wir von interessierten Fernsehmachern angesprochen wurden. Unter den Anfragenden befanden sich neben regionalen RBB-Programmen auch Formate wie Stern TV, Spiegel TV, Galileo und RTL Explosiv. So ziemlich allen Anfragern war gemein, dass sie uns höchst exklusiv über mehrere Wochen begleiten und unsere Aktionen dokumentieren wollten. Wie schön. Doch was stellten sie sich vor? Uns war klar, dass man fürs Fernsehen sehr tief in die Unterhaltungskiste greifen musste. Nun erwartete wohl jeder von uns, dass wir uns mehrmals pro Woche ein unterhaltsames Stelldichein gaben. Dass wir uns gegenseitig niedermachten, Intrigen sponnen und uns der Lächerlichkeit preisgaben. Alles für den lieben Zuschauer. Das einzig Richtige war nun, sich das vielversprechendste Angebot herauszusuchen und sich einfach in die Show zu stürzen.
Doch wir zauderten. Das größte Problem waren bisher immer die Aktionen gewesen. Sicher ist es ganz nett, sich als Eisbär Knut zu verkleiden und durch die Stadt zu tingeln. Dass dafür aber auch erst mal mehrere Stunden Recherche (wo gibt es welche Kostüme für wie viel?) sowie Vor- und Nachbereitung (Kostüm abholen, zurückgeben, Aktion filmen, Material sichten, schneiden, vertonen, Beitrag bloggen), also insgesamt mehrere Tage Arbeit, ins Land gingen, sah der geneigte Blogleser natürlich nicht. Gut, ums Filmen hätten wir uns nicht mehr kümmern müssen. Aber Ideen mussten ja auch erst mal gefunden werden. Es ist ja nicht so, dass man auf einen Knopf drückt und sich sofort der gewünschte geistige Erguss einstellt. Man hätte sich also schlicht mit Haut und Haaren verkaufen müssen. Und den Redaktionen alles überlassen sollen, die hatten schließlich genug Leute, die sich um den ganzen Kram drumherum hätten kümmern kön-

nen. Man selbst wäre nur noch ausführendes Organ gewesen. Doch dass das so hätte laufen können, wage ich zu bezweifeln. Schließlich lag sicherlich der größte Reiz für die Damen und Herren vom Fernsehen darin, sich einfach an unsere Fersen zu heften und aus unserem Aufwand Kapital zu schlagen. Dass wir einfach die Show abzogen und andere die Arbeit machen ließen, wäre ja schon deshalb nicht gegangen, weil wir keine irgendwie flippigen oder durchgeknallten Typen waren.

»Ich arbeite für die TV- Produktionsfirma […] aus Köln und wir hätten Interesse einen Beitrag mit euch zu machen. Wir haben uns einen 1-Tages Wettkampf zwischen euch beiden vorgestellt, an dem ihr mit möglichst unterschiedlichen und kreativen Ideen versucht Geld zu verdienen. Gewinner wäre derjenige der am Abend das meiste Geld gesammelt hat. […] Gut wäre es auch, wenn ihr schon Ideen für mögliche Aktionen hättet.«

Wir begaben uns schließlich auf die Suche nach dem vielversprechendsten Angebot. Uns war klar, dass wir uns für eines entscheiden mussten, kein Fernsehsender wollte nur etwas aufwärmen.

E-Mail
Von: yvonne   An: florian   Betreff: consulting
matze, also der freund von der sandra, und auch die sandra hätten lust und zeit uns morgen abend nach dem sterntv-telefonat beratend zur seite zu stehen […] also vor allem auch rechtlich und so und vonne finanzen. ich find wir sollten bzw. müssen das machen. […] was sagste?

E-Mail
Von: florian   An: yvonne   Betreff: Re: consulting
Ja find ich sehr gut. Da fühlt man sich nicht ganz so allein. Habe vorhin noch mit der Spiegel TV Reportage Dame gesprochen (die hartnäckige). Die hatte meine Nummer wohl vom Kai.

Wir sollten uns mal überlegen, ob wir uns vorstellen können, dass die uns bis ende April bei so ein paar aktionen begleiten. Daraus entsteht dann eine 30 minütige Reportage. Ich war etwas überrumpelt und hab deswegen nicht gleich abgesagt. Ich meinte, dass wir das mal noch mit den profs besprechen müssen …

E-Mail
Von: yvonne   An: florian   Betreff: Re: consulting
aber das ist ja ganz schön, dann haben wir evtl. eine bessere verhandlungsposition. okay, dann sag ich mal, dass das klappt morgen. ich bin vorher bis ca. halb sieben beim wille, dann so gegen halb acht zu hause denk ich mal. dann der stern tv mensch und dann ca. 21 uhr treffen. die frau wonneberg hat mich auch schon angerufen […] und der hab ich jetzt aber gesagt, dass wir es nicht mit denen machen, weil das material von ganz vielen sendern unendlich weiterverwertet werden kann. und das hat sie auch eingesehen. außerdem wollte sie wissen für wen wir uns entschieden hätten und da musste ichs ihr dann sagen bzw. wen wir in der engeren auswahl haben. und den aspekt mit dem jauch fand se auch ganz schlau ;) ich muss jetzt endlich mal was arbeiten! bis später

Nach einigem Für und Wider entschieden wir uns für ›Stern-TV‹, zum einen war es noch das am wenigsten vereinnahmende Angebot mit eher bescheidenen Forderungen, zum anderen fanden wir die Nähe zu Millionärmacher Jauch irgendwie passend. Außerdem war der Redakteur durchaus sympathisch. Wir führten einige Telefonate, schlugen Aktionen vor, die wir für berichtenswert hielten, und unterzeichneten sogar einen Studiogastvertrag. Doch dann geriet das Ganze ins Stocken. Die Herrschaften forderten eindeutig telegenere Aktionen als die, die wir vorschlugen. Hilflos ruderten wir umher. Bereits in den Monaten vorher war uns ja kaum etwas Geldwertes eingefallen, Florians Internetsportwetten oder Aktiengeschäfte waren das Uninteressanteste, was man sich im Fernsehen vorstellen konnte. Auch die nachgestellte Aufnahme meiner Hitsingle im semiprofessionellen Heimstudio mit anschließender Autogrammstunde im Einkaufszentrum Alexa inklusive eingeweihter Freunde, die kreischende Fans abgeben sollten, kam scheinbar nicht an. Nachdem wir tagelang unsere Zeit mit sinnlosem Hin und Her verplempert hatten, löste sich das Ganze in Luft auf. Wie auch die tolle Gelegenheit, sich Zutritt zu ›Wer wird Millionär?‹ zu verschaffen → *siehe Kapitel 5 »Der Preis ist heiß«*.

»wir von RTL haben heute bei SPIEGEL ONLINE von Ihrem Wettkampf im Rahmen der Diplomarbeit gelesen. Dabei fanden wir sowohl die bisherigen Aktionen – als auch Ideen für weitere Aktionen spannend. Vielleicht haben Sie grundsätzlich Lust, sich mit uns zusammenzusetzen und über eine mögliche Begleitreportage zu weiteren Schritten bis Mai zu sprechen? Gerne würden wir uns nämlich mit Kamerateam an Ihr Projekt hängen«

Der kurzen Euphorie folgte die große Ernüchterung. Wir waren ein bisschen wütend auf diese Fernsehbande. Und natürlich auf uns. Was für eine Zeitverschwendung. In der Zwischenzeit hätte man wer weiß was machen können. Wir erkannten zu spät, dass die Fernsehfuzzis wiederum nicht erkannt hatten, dass unser Vorhaben für eine Berichterstattung überhaupt nicht taugte. Die hatten einfach so, wie wahrscheinlich jeden Tag, die Internet-Maschine angeschmissen auf der Suche nach einem irgendwie gearteten Programmfüller und sich gedacht: »Hey, das ist ja ziemlich prominent platziert, außerdem ein langer Artikel und viele Kommentare im Forum. Das muss von Belang sein. Ach hier, Eisbär, kuckma, is doch nett, oder? Das könnte man gut mal bringen.« Das war doch alles so sonnenklar gewesen. Wir hatten uns einfach zu blöd angestellt.

Woche 18

Ich wage einmal die Behauptung, dass jeder Mensch auf dieser Welt zu allem Möglichen und Unmöglichen, sei es nun Politik, Wetter, die Preissteigerung oder die Frau des Nachbarn, eine eigene Meinung hat. Lebt man in einer Demokratie, kann man sie einfach so hinausposaunen, egal ob sie jemanden interessiert oder nicht. In totalitären Systemen hält man dagegen bei pikanteren Sachen besser die Klappe, oder man verpackt seine Sicht auf die Dinge sehr geschickt, schmuggelt sie heimlich aus seinem Kopf heraus und riskiert Leib und Leben. Doch hierzulande hat man nichts zu befürchten, denn schließlich ist in Deutschland die Meinungsfreiheit durch die Verfassung garantiert.

Dieses wunderbare Grundrecht haben ja auch wir uns zunutze gemacht, als wir unsere Website erschufen. Wir erklärten, dass wir der Ansicht seien, Millionäre werden zu müssen, und forderten andere Menschen dazu auf, uns in unserem Vorhaben zu unterstützen. Man stelle sich solch ein Anliegen in der ehemaligen DDR vor. Unmöglich – das wäre ein Affront gegen den sozialistischen Staatsapparat gewesen. Doch wir leben im 21. Jahrhundert in der wiedervereinigten BRD und deshalb hat danach zunächst auch kein Hahn gekräht. Schließlich ist daran an sich nichts Verwerfliches, sollte man meinen. Dass einige Leute diesbezüglich anderer Ansicht waren, liegt ja in der Natur der Sache. Und des Internets. Und selbstverständlich der Meinungsfreiheit. Man macht sich natürlich trotzdem so seine Gedanken, was die Leute im Einzelnen dazu bewogen haben könnte, diesen oder jenen Appell an uns zu richten.

*»[...] Viel Spass bei Eurem neuen Diplomarbeitsthema, das stellt grad unser Azubi zusammen. tschüss und over and out 4 ever. F**K YOU«*

Neben einigen unqualifizierten Äußerungen gab es natürlich auch Leute, die sich umfassender über uns und unsere Motivation Gedanken gemacht hatten.

»[…] Ich bin beeindruckt von der Aktion als solcher, frage mich jedoch wie ernst Ihr das Ziel wirklich verfolgt, und inwieweit Ihr verständlicher Weise nur den Weg als Ziel seht. Und es ist natürlich auch interessant zu wissen, inwieweit ihr wirkliche Kontrahenten seid, oder am Ende dann einfach ›Halbe Halbe‹ macht. […]«

»ich gratuliere Euch – Ihr habt es als erste geschafft, dass ich mich zu einem übers Internet hochgekochtes Thema äußere: […] Mir fiel spontan ein: ›Oh no, not another 'I wanna be a millionaire'‹-Versuch. Es gibt für mich zwei Deutungsweisen Eures Vorhabens: a) entweder Ihr wollt herausfinden, inwiefern es Euch gelingt mit einer Idee (und deren visuellen Umsetzung) gesellschaftliche Aufmerksamkeit und Reaktion zu bekommen, b) oder/und Ihr wollt wirklich eine Million verdienen (oder zu mindestens in die Nähe kommen) und dieses Streben dabei visuell begleiten. Sollte es das erstere (a) sein, habt Ihr bei mir schon Erfolg gezeitigt – gleichzeitig würde ich die Wahl Eurer Mittel stärker reflektieren: z.B. das Pfandflaschen sammeln bedeutet für einen größer werdenden, vielfach Not-leidenden Teil der Gesellschaft eine wichtige ›Einnahmequelle‹ […] Wenn es das letztere (b) ist, so möchte ich gerne ein Zitat aus dem SpOn-Interview hinterfragen: ›Die meisten Menschen sind ja nicht dadurch reich geworden, weil sie gut sind, sondern kalkulierend und rücksichtslos.‹ Ich stimme Euch zu, dass viele Menschen nur dadurch reich (an Geld) werden, dass sie meistens sehr kalkulierend und (in manchen Bereichen) sich rücksichtslos verhalten. Gleichzeitig, bin ich aber nicht ganz Eurer Meinung: Meines Erachtens wird man reich durch Geburt (I.) und/oder eine originelle Idee zum richtigen Zeitpunkt (II). und/oder durch rigides Sparen (kalkulieren) (III.) und / oder viel Arbeit in Kombination mit wenig Freizeit (IV.) und/oder Glück (V.) (es gibt sicherlich noch mehr Möglichkeiten, dieses sind die ersten, die mir einfielen). […] Letztendlich, und diese Kritik zielt diesmal vorrangig nicht auf Euch ab, bin ich der ganzen medialen Hypes überdrüssig – Ihr habt es mir noch mal gezeigt und

mich, wie gesagt, zum ersten Mal dazu bewegt mich zu einem Hype zu äußern – wenngleich Euer Hype ja noch eher gering ist. Für dieses Aufzeigen danke ich Euch. [...] Ich wünsche mir mehr Substanzielles, Ehrliches und weniger Effekt-haschendes, Scheinweltliches. [...] Viel Erfolg Euch bei der Diplomarbeit.«

»Hallo Yvonne, Euer Experiment ist total spannend – mal sehen wie es ausgeht. Was mir bis jetzt allerdings fehlt ist – neben den ganzen lustigen Marketing-Ideen – etwas mehr Hintergrund zu Eurem/Deinem Konzept von ›Arbeit‹ und dem Lohn, den Du dafür erhältst in Form von ›Geld‹. Es kann ja nicht nur darum gehen, sozusagen unreflektiert den ›Jackpot‹ zu knacken. Abgesehen von dem Ziel, eine Million Euro zu erwirtschaften – wie definierst Du den Begriff ›vernünftiges Auskommen/Einkommen‹? Und was verstehst Du unter dem auch in den Medien total schwammig verwendeten Begriff der ›Mittelschicht‹? Definierst Du ihn durch Einkommensgrenzen bzw. einem durchschnittlichen Haushaltsbrutto? Durch Bildung oder Familienstand? Und was bedeutet ›Armut‹ für Dich?«

Das ist eindeutig eine Sache, in der ich mich selbst kritisieren muss. Ich hätte mehr Stellung beziehen sollen und mehrmehrmehr diese ganzen Fragen beantworten sollen. Immer nur die Ausrede, dass man so viel um die Ohren hatte, zieht auch nicht. Man hätte an dieser Stelle ansetzen und die Diskussion weiter antreiben müssen. Problematisch war allerdings, dass wir ja nicht direkt und ernsthaft unseren Standpunkt hätten erläutern können, weil wir das bisschen Aggression erstens nicht abebben lassen wollten und zweitens Meckerer sowieso nicht diejenigen sind, die wiederkommen. Vielleicht wäre es auch schnell zu einer noch theoretischeren Sache geworden und das auch noch ohne profunde volkswirtschaftliche, sozialwissenschaftliche oder sonst wie geartete Kenntnisse. Aber vielleicht wäre es doch die Sache wert gewesen, eingehender Stellung zu beziehen. Man wird es aber leider nicht herausfinden.

Woche 19

Das Internet hatte uns unvermittelt einen kleinen Einblick in seine Macht gewährt. Doch weil wir diese nicht sofort und umfassend zu nutzen wussten, konnten wir es auch nicht lange bei Laune halten. Und so nahm die Zahl der Websitebesucher recht schnell wieder ab und pendelte sich bei täglich 200 bis 500 ein.

Die Luft war raus, der Aufmerksamkeitszenit eindeutig überschritten. Was sollte jetzt schon noch kommen? Immerhin waren es noch fast zwei Monate bis zum Ablauf unseres Versuchs.

Merke
Man muss die Suppe essen, solange sie heiß ist. Auch wenn man sich daran die Schnauze verbrennt.

Inzwischen hatte ich erst einmal knapp 3.000 Euro eingenommen. Mit irgendwelchen Eisbäraktionen würde das auch bestimmt nicht mehr werden. Ich entschied mich dazu, mit dem Geld, das ich hatte, auf volles Risiko zu gehen und in die Welt der Börsenspekulation einzusteigen. Nicht besonders öffentlichkeitswirksam, aber vielleicht doch noch eine Möglichkeit, das Geld zu mehren. Und lieber grandios scheitern, als am Ende mit ein paar Euro dazustehen.

ONE HIT
WONDER

Musik bewegt die Herzen der Menschen und öffnet mitunter auch deren Geldbeutel. Wer träumt in seiner Jugend nicht davon, ein großer Star zu sein und auf einer Bühne von vielen Fans bejubelt seine Kunst darzubieten? Nun, ich gebe zu, bei mir war dieser Traum nicht so stark ausgeprägt, schließlich konnte ich weder besonders gut singen, noch beherrschte ich in nennenswerter Weise irgendein Musikinstrument. Doch das Fernsehen verbreitet ja heutzutage die Botschaft, dass dies nicht unbedingt eine Voraussetzung für einen angehenden Popstar sein muss. Für einen Überraschungserfolg, vielleicht gerade durch Überspitzung des dilettantischen Elements, braucht man nicht unbedingt profunde musikalische Kenntnisse, geschweige denn Talent. Allerdings muss man das Fehlen desselben zumeist durch andere Vorzüge wettmachen.

Stimmt. Zum Beispiel durch komplette Schmerzfreiheit. Man erinnere sich nur an den Internet-Hype um »Grup Tekkan«. Die jungen Musikdilettanten nahmen ihren späteren Hit ›Wo bist du, mein Sonnenlicht?‹ in einem Jugendclub auf. Das unfassbar trashige Video (zum unfassbar trashigen Song) erregte großes Aufsehen in der Internetgemeinde und war innerhalb kürzester Zeit in aller Munde und digitalen Briefkästen. Nur zwei Wochen nach den ersten Blogartikeln über die Jungs hatten sie einen Auftritt in der Sendung ›TV Total‹, wo sie auch ihr Schmerzensgeld-verdächtiges Liedchen trällerten. Natürlich sprangen auf eine derart massive Berichterstattung einige Plattenfirmen an, die den schnellen Euro witterten. Schon wenige Tage nach dem TV-Total-Auftritt wurde die Single veröffentlicht, die natürlich in den Charts landete. Wie sich im Nachhinein herausstellte, gab es aber ein nicht unerhebliches Problem um die Rechte an dem Lied. Bis auf den Gesang und einige Textbausteine hatten die drei jungen Männer offenbar nichts Eigenes beigesteuert. Genauso schnell, wie sie auf der Showbühne auftauchten, sind sie auch wieder verschwunden. Ein One-Hit-Wonder wie aus dem Lehrbuch. Aber wer weiß, vielleicht arbeiten sie auch gerade an einem fulminanten Comeback.

INTRO

Trotz meiner Unkenntnis überlegte ich, wie ich mir die Musik zunutze machen könnte. Kurz vor Weihnachten, das war mein Gedanke, sitzt das Geld der Leute recht locker. Wenn man das ausnutzen und auf öffentlichen Plätzen ein paar mehr oder weniger besinnliche Klassiker klampfen und dazu ein wenig singen würde, könnte man doch bestimmt einige Euros verdienen.

Gesagt, getan. Als Erstes musste ich nun das Gitarrenspiel erlernen, denn die Gitarre erschien mir aufgrund ihrer logistischen Vorzüge und verbreiteten Beliebtheit besonders geeignet. Dazu suchte ich meinen Onkel auf, seines Zeichens Gitarrist in einer Gothic-Band. Dieser zeigte mir zunächst, wie man das Instrument stimmt und die Griffe liest. Dann gingen wir daran, bekannte Songs herauszusuchen, die man mithilfe einiger Grundgriffe recht einfach, aber dennoch wirkungsvoll begleiten konnte. Die Wahl fiel zunächst auf ›Heart of gold‹ von Neil Young, im Nachhinein vielleicht nicht unbedingt die beste Entscheidung, da dieser Song immerhin sechs Akkorde erforderte. Allerdings eröffneten mir diese Akkorde die Möglichkeit, auch noch problemlos ›Knocking on heaven's door‹, und ›I shall be released‹ von Bob Dylan mit ins Repertoire aufzunehmen. Von meiner Schwester holte ich eine alte Klampfe ab, die der gute Onkel uns bereits vor Jahren einmal zu Weihnachten geschenkt hatte, in der Hoffnung, uns zum Spielen zu verleiten.

Ich übte über eine Woche lang mehrere Stunden am Tag und machte zunächst recht schnell Fortschritte. Dann stagnierte ich irgendwo zwischen »Man-erkennt-es-schon« und »Ist-aber-nicht-wirklich-gut«. Mir fehlte einfach die Routine, um gleichzeitig zu singen und zu spielen, ohne Gesang konnte ich die Stücke jedoch auf keinen Fall vortragen, da man sie sonst vermutlich nicht erkennen würde. Schon aufgrund der Langsamkeit, mit der die Griffwechsel vonstattengingen. Das wiederum erschwerte auch den Gesang. Ein Teufelskreis, den ich durch Ausdauer zu durchbrechen versuchte. Dazu kam, dass sich die erwünschte Hornhaut nicht so schnell ausbildete, wie ich mir das vorgestellt hatte, und so geriet jeder Tag des Übens für mich zu einer Qual. Von meiner Mitbewohnerin ganz zu schweigen, die das Geschrabbel tapfer ertrug.

Tagelang versuchte sich die Konkurrentin darin, der Gitarre einigermaßen erträgliche Töne zu entlocken. Es war furchtbar. Für mich nichts anderes als reine Zeitverschwendung. Damit würde sie definitiv kein großes Vermögen erwirtschaften. So konnte es nicht weitergehen. Jemand musste ihr die Augen öffnen – und wenn es das ignorante und nicht zahlende Publikum ist. So gab ich ihr den Ratschlag, mit ihren Künsten endlich an die Öffentlichkeit zu treten. Schließlich hatte ich mich bereits einige Tage zuvor als Knut der Eisbär öffentlich zur Schau gestellt. Jetzt war sie am Zug. Ich bot mich natürlich an, dieses Spektakel zu Dokumentationszwecken filmisch festzuhalten.

»Wie lange willste denn noch üben? Bringt doch alles nix!« Der Kontrahent ging mir derart auf die Nerven, dass ich beschloss, am zehnten Tag endlich das Erlernte zum Besten zu geben. Dies war zugleich der zweite Advent und somit durchaus geeignet. Bereits am Tag davor war ich aufgeregt und übte bis in die späte Nacht hinein und auch am Morgen, bevor es losgehen sollte, noch einmal.

Um mich nicht zu verhaspeln, druckte ich die Texte und Griffe aus und machte mich auf den Weg zum Alexanderplatz, dem Herzstück des weihnachtlich-touristischen Berlins. Dort traf ich wiederum Florian mit gezückter Kamera, der sich bereits jetzt an meinem Unglück weidete. Am Alex und in dessen unmittelbarer Umgebung war es jedoch aufgrund des Adventstrubels sehr schwierig, ein geeignetes Plätzchen zu finden, zumal ich nicht im Stehen spielen konnte. Und da hatte ich ja bereits mit Souvenirfotos wenig Erfolg gehabt. Also ging es in Richtung Brandenburger Tor. Kurzerhand beschloss ich, zunächst einmal probeweise vor dem Deutschen Dom zu spielen, um ein Gefühl für die »Straße« zu bekommen, da dort nur sehr wenige Leute unterwegs waren. Verständlich, denn es war recht zugig und insgesamt eher ungemütlich. Wenn ich mich dort ein Stündchen wacker halten könnte, hätte ich sicher so viel Mut getankt, um mich ans Brandenburger Tor vorzuwagen.

Dass Yvonnes Darbietung ein akustisches Jammertal werden würde, hatte ich, auch ohne Talentscout zu sein, bereits erahnen können. Aber was da wirklich kommen sollte, entbehrte jeglicher Beschreibung. Und so hielt ich mich mit meiner Kameraführung vorerst in diskretem Abstand. Für wen spielte sie da überhaupt? Inmitten des adventlichen Treibens platzierte sie sich ausgerechnet dort, wo weit und breit kein Mensch zu sehen war. Und wenn doch mal ein vereinzelter Passant in die Nähe kam, versuchte dieser einen weiten Bogen zu machen. Trotz einer gewissen Portion Fremdschämens fand ich irgendwie Gefallen an diesem schaurig-schönen Schauspiel. Schließlich würde ich mir meine wertvolle Zeit zu einem Stundenlohn von zehn Euro von der Konkurrentin vergüten lassen.

Es war grauenhaft. Durch das viele Üben der letzten Stunden taten mir derart die Finger weh, dass mein Spiel noch viel schlechter war, als es eigentlich hätte sein können. Und die vorweihnachtliche Kälte ließ meine Finger noch steifer und

unbeweglicher werden als ohnehin schon. Nach zehn Minuten war mir so kalt, dass ich kaum die Gitarre ruhig halten konnte. Dabei hatte mir meine Mitbewohnerin geistesgegenwärtig noch eine alte Zeitung zugesteckt, die mich immerhin vor den schlimmsten Frostschäden bewahrte. Die wenigen Menschen, die vorbeikamen, schauten skeptisch, die meisten nahmen keinerlei Notiz von mir. Einige wenige, bei denen ich eventuell noch hätte Mitleid erregen können, waren vielleicht auch von Florian irritiert, der permanent um mich herumlief und mich filmte. Das Ganze sah wohl doch auch eher nach einer merkwürdigen Aktion von Studenten aus, als nach einer ernsthaften Gelderwerbsmaßnahme.
Nach einer Stunde im zugigen Lustgarten war ich so durchgefroren, dass ich mich weigerte, zum Brandenburger Tor weiterzugehen. Außerdem fühlte ich mich während der ganzen Zeit der Darbietung einfach nur erbärmlich. Ich hatte versagt und musste meine Niederlage eingestehen. Mir und auch dem Kontrahenten. Welche Schande, welche Schmach! Doch nicht nur die Erkenntnis, dass ich einfach noch etwas mehr hätte üben müssen, schmerzte. Auch die, dass ich selbst vor völlig gleichgültigem Publikum nervös war. Wo zum Teufel steckte eigentlich die rotzige Lässigkeit, die doch eigentlich jedem Bürger dieser Stadt innewohnt? Ohne die kann man doch hier gar nicht existieren! Zehn Tage in den Sand gesetzt. Für nichts und wieder nichts! Mir fehlte einfach die innere Rampensau und eine weitere öffentliche Präsentation hätte ich wohl nur unter Einfluss von Alkohol überstanden.

TOP HIT – LEICHT GEMACHT

Trotz oder vielleicht auch wegen dieses Desasters wagte ich mich danach noch tiefer ins Showgeschäft vor und es folgte das eindeutig zeitaufwendigste Unterfangen in Sachen Million. Denn da mir das Glück in Sportwetten nicht sonderlich hold ist, genauso wenig wie beim Lotto oder irgendwelchen Gewinnspielen, und ich auch bis dahin noch keine vernünftige Geschäftsidee im großen Stil hatte, musste eine andere Möglichkeit her, viel Geld zu verdienen. Ein Superhit kam da gerade recht.

Hintergrundwissen: The KLF

Im Zuge unserer Recherche stießen wir auf die Herren Bill Drummond und Jimmy Cauty aka »The KLF«, die in den 80er und 90er Jahren einige interessante und erwähnenswerte Aktionen durchgeführt hatten. 1988 hatten sie als »The Timelords« mit ›Doctorin' the Tardis‹ ihren ersten Nummer-1-Hit in den britischen Charts. Im Anschluss daran veröffentlichten sie das Buch ›The Manual (How to have a number one – the easy way)‹, worin sie beschreiben, wie man mithilfe einiger Samples auch ohne großes musikalisches Können einen Charterfolg herbeiführen kann. Ebenfalls erwähnenswert ist der Fakt, dass ebendiese Herrschaften 1994 auf der schottischen Insel Jura eine Million Britische Pfund verbrannten.

Wenn man Bill Drummond und Jimmy Cauty von The KLF Glauben schenken mag, ist es nicht besonders schwer, einen Nummer-1-Hit zu landen. Im Jahr 2002 wurde in Deutschland auf der Grundlage ihres Buchs ein Hörspiel produziert, in dem ein Mensch mit ebendieser Anleitung auf dem Weg zum Nr.-1-Hit begleitet wird. Das musikalische Ergebnis hatte es denn tatsächlich und im echten Leben in die Charts geschafft. Zwar nicht ganz auf Platz 1, aber immerhin in die Top 20. Das hatte wohl auch damit zu tun, dass das Hörspiel auf vielen Radiosendern lief. Dementsprechend viele Leute haben den im Hörspiel produzierten Hit gehört und schließlich gekauft. Alles also nur eine Frage der Medienpräsenz?
Ich beschäftigte mich näher mit der Sache und wollte versuchen, einen Nr.-1-Hit nach Anleitung zu schreiben. Gleiches probierte die Frau Feller in Konkurrenz. Eine Grundlage dafür wurde an einem Wochenende im Dezember gelegt: Wir nahmen an einem Uni-Seminar teil, das sich praktischerweise

an unseren Studiengang richtete und in dem die Grundlagen der Hitproduktion vermittelt wurden. Aber ganz ohne musikalische Vorkenntnisse war ich nicht: In der Jugend hatte ich bereits in einer Band getrommelt. Da ging es aber eher um Punkrock. Etwas gefälliger musste es jetzt wohl werden. Noch hatte ich überhaupt keine Ahnung, in welche Richtung das genau gehen könnte. Aber kein Problem: Laut KLF-Anleitung geht es erst einmal darum, genau die Charts zu studieren, um auszuloten, was gerade so angesagt ist. Eine Idee würde dann schon wie von selbst kommen.

Das Seminar versprach laut Vorlesungsverzeichnis eine Anleitung zum Hitschreiben zu sein. Da auch der Kontrahent auf den großen Wurf spekulierte, musste man sich kurzzeitig zusammenraufen, um zu erfahren, wie ein Song beschaffen sein muss, damit er von möglichst vielen Leuten gemocht und also auch gekauft wird. Als es ans Eingemachte ging, das erste praktische Herantasten an einen hitverdächtigen Groove und eine Melodie mithilfe eines entsprechenden Computerprogramms, offenbarte sich allerdings recht schnell, dass mein Gegenspieler eine Schwäche hatte, die ihm noch schwer zu schaffen machen sollte: die Frickelei. Statt an das große Ganze zu denken, verlor er sich in immer neuen kleinen Tüfteleien. Mir hingegen unterstellte er mangelndes Gefühl für den richtigen Groove.

Nach dieser kurzen Einführung lud ich mir eine vierzehntägige Trialversion einer Musiksoftware herunter. Immerhin war ich dadurch gezwungen, den Song möglichst schnell fertigzustellen. In der Anleitung von The KLF wird ja ausdrücklich empfohlen, dass die Erschaffung eines Hits so schnell wie möglich vonstatten gehen muss. Auch sollte man sich besser jemanden suchen, der die Feinarbeit übernimmt, damit man selbst der- oder diejenige ist, der / die den Überblick wahrt und verhindert, dass der künstlerische Anspruch allzu hoch wird und die Hitqualitäten somit umso geringer.

Das Wichtigste ist zunächst natürlich ein eingängiger Refrain, und diesen zu finden sollte nicht allzu lange dauern. Eines schönen Vormittags summte ich also ein paar Stündchen vor mich hin und erledigte nebenbei dieses und jenes. Mein fester Vorsatz war, noch am selben Tag die Melodie beisammenzuhaben, und siehe da: Tatsächlich tippte ich noch am selben Abend Stück für Stück das Erdachte in einen Miditrack. Dabei halfen mir die vier Jahre Klavierunterricht während meiner Jugendzeit nicht viel, aber immerhin erinnerte ich mich an den Rat des Seminarleiters: Bluesakkorde! Also Quinten und Quarten, damit könne man nichts falsch machen. Und tatsächlich stellte ich einen Tag später fest, dass ich ganz intuitiv solche Harmonien gewählt hatte, da selbst ich sie mit meinen zuvor erlernten Standard-Gitarrengriffen hätte begleiten können, wenn ich schnell genug gewesen wäre. Nachdem also die Melodie und einige rhythmische Grundlagen feststanden, baute ich damit zunächst ein grobes Songgerüst, wie ich es im Kurs gelernt hatte: Intro – Strophe – Refrain – Strophe – Refrain – schräge Sache – Refrain, Refrain und ein holpriges Ende. Recht stolz auf meinen beachtlichen Erfolg, schickte ich dies dem Kontrahenten, um ihn ein wenig aus der Reserve zu locken. Dieser äußerte sich abfällig: »Klingt wie Super Mario auf Ibiza.« Pah! Das, was er mir im Gegenzug schickte, mochte zwar rhythmisch ausgefeilter sein, aber über mehr als vier Takte war er noch nicht hinausgekommen. Ganz zu schweigen von der fehlenden Melodie.

Der Superhit-Coach hatte sichtlichen Spaß daran, Stücke wie Madonnas ›Give it 2 me‹ auseinanderzupflücken und zu erklären, was es mit den einzelnen Teilen auf sich hat. Bei der Einführung in die Welt der Hits ließen sich aber eigentlich alle Erklärungen auf die kurze Aussage »wenn es nicht groovt, ist es scheiße« bringen. Nach allerhand Analysen und Trockenübungen war es an der Zeit, selbst Hand an den Hit anzulegen. Man fängt also damit an, kurze Fragmente (nicht zu lang, wegen des Urheberrechts) zu samplen und diese neu zusammenzusetzen. Daraus baut man sich dann den möglichst groovenden Loop. Hört sich das zufriedenstellend an, geht man dazu über, aus dem Loop eine Art Gerüst für den späteren Song zu bauen. Hier gilt es wiederum die klassische Struktur eines Popsongs zu wahren. Schließlich will man den Hörer nicht mit zu viel Neuem überfordern. Kleine Spielereien sind aber wohl nach dem zweiten Refrain erlaubt. Eines schönen Sonntags hab ich mich also zu Hause hingesetzt und versucht, das erworbene Wissen umzusetzen. Heraus kam ein ganz eingängiger Ansatz, der zum Fußwippen animierte. Als ich das der Konkurrentin zu Testzwecken vorspielte, sagte sie: »Das kommt mir irgendwie bekannt vor.« Ein gutes Zeichen! Allerdings hatte ich erst ein Grundgerüst geschaffen und es fehlte noch eine Menge. Vor allen Dingen eine gute Idee für den Gesang. Da war guter Rat teuer. Blieb der zweite Teil des Seminars abzuwarten.

Nachdem ein Tag für die Melodiefindung benötigt wurde, versuchte ich am nächsten Tag einen passenden Text für den Refrain zu finden. Ich war gerade dabei, die Wohnung zu putzen, dabei summte ich beständig meine zuvor erdachte Melodie vor mich hin auf der Suche nach einer lyrischen Eingebung. Plötzlich stand es sonnenklar vor meinem geistigen Auge: »Ich putzeeee – ich wische alles ab. Ich putzeeee – damit ich's schöner hab.« Mein Hit war geboren! Ich hatte es geschafft. Ganz allein. Der Kontrahent würde ganz schön dämlich aus der Wäsche schauen. Doch noch ahnte er nichts von meinem Vorsprung und mühte sich mit seinen Sample-Grooves ab.

Beim folgenden Treffen zum Superhit-Seminar präsentierte ich dem Coach meine Idee und dieser befand sie tatsächlich für ganz passabel. Sogar so passabel, dass er mich einlud, am »Grand Prix d'amour« teilzunehmen, einem alljährlichen Liebesliederwettbewerb unter seiner Obhut, der im Mai im Festsaal Kreuzberg stattfinden sollte. Sofern ich meinen Song bis dahin fertig hätte, sei ich herzlich eingeladen. Ich fragte, inwiefern denn ein Song übers Putzen in so einen Wettbewerb passe, doch der Dozent winkte ab und sagte, dass der Begriff »Liebe« in Zusammenhang mit diesem Wettbewerb viel weiter gefasst und es durchaus legitim sei, seine Liebe, oder gar Hassliebe, zum Saubermachen kundzutun.

In den folgenden Tagen strickte ich ein grobes Instrumentaldemo zusammen und versuchte Texte für die Strophen zu finden. Das alles ging recht zügig seinen Gang, da ich stets versuchte, mich an die Hauptaussage der KLF-Anleitung zu halten, es so schnell wie möglich durchzuziehen, auch wenn dabei einige Textpassagen nicht besonders ausgefeilt daherkamen. An Heiligabend spielte ich schließlich im Kreise der Lieben kurz mit der Gitarre den Refrain an und konnte sofort meinen Onkel, der mir ja bereits als Gitarrenlehrer zur Seite gestanden hatte, für das Vorhaben »Hitproduktion« gewinnen. Am ersten Weihnachtsfeiertag bauten wir in seinem Heimstudio ausgehend von meinem ersten Versuch eine Rohversion zusammen, an der später noch ein wenig gefeilt wurde.

Während sich die Kontrahentin bereits in Aufnahmen ihres Superhits befand, frickelte ich immer noch an meinen ersten Ansätzen herum. So hatte ich mir das nicht vorgestellt. Ein unglaublicher Zeitfresser, so ein Top-Hit. Inzwischen war ich beim vierten Anlauf und immer noch nicht wirklich zufrieden und ziemlich frustriert. Ich musste umdenken und am besten noch mal ganz neu anfangen …

USCHI INTERNATIONAL – EIN STAR ZUM ANFASSEN

Am 9. Januar um vier Uhr morgens konnte ich auf meinem Blog endlich die fertige Version zusammen mit meiner neu geschaffenen Künstleridentität vorstellen. Diese hatte ich mir eines Abends zugelegt, als ich mit meiner Mitbewohnerin in der Küche saß und mir Gedanken über einen möglichen Künstlernamen machte. Aus einer Laune heraus nennen wir

Expertenmeinung
also für den Anfang ist das Lied gar nicht so schlecht aber auch gar nicht so gut

beide und eine weitere Freundin uns schon seit Ewigkeiten gegenseitig »Uschi«, warum, weiß ich gar nicht mehr. Jedenfalls erschien mir dieser schöne Vorname sehr geeignet, er musste nur noch mit einem wohlklingenden und weltgewandten Attribut kombiniert werden: Uschi International! Das klang nach Glamour und Showbühne und war perfekt.

Der Zeitpunkt der Veröffentlichung hätte besser nicht sein können, da an dem Tag nach dem Spiegel-Online-Artikel → *siehe Kapitel 9 »15 Minuten Ruhm«* noch immer viele Leute auf unserer Seite unterwegs waren, und so wartete ich gespannt auf Reaktionen. Diese waren geteilt, doch überwiegend positiv. Natürlich musste auch eine Myspace-Seite her und Autogrammkarten. Allerlei kleine Dinge, die viel Zeit fraßen.

Expertenmeinung
Brutal schlimm! Damit kommst mal gar nicht gross raus. Sorry!

Den in Heimarbeit produzierten Song konnte ich zweimal handgebrannt inklusive Autogrammkarte an den Mann bringen, aber das reichte natürlich nicht. Der große Wurf musste her und ich schrieb einige Plattenfirmen an, ob sie nicht Lust hätten, den Song noch einmal professionell mit mir zu produzieren, darunter natürlich auch Sony, Universal und Warner. Als ich schon kaum noch mit einer Antwort rechnete, meldete sich ein kleines Label in Osnabrück namens »Timezone Records« und bekundete Interesse an dem Song. Sie wollten ihn tatsächlich professionell mit mir produzieren und anschließend digital vertreiben. Die Bedingung war natürlich, dass auch ich im Gegenzug die Werbetrommel rühren musste. Ich war ganz aus dem Häuschen und sagte sofort zu, auch wenn sie meine Erwartungen an das große Geld bereits von vornherein etwas dämpften. Es würde eine ganze Weile dauern, bis der Song bei iTunes und ähnlichen Portalen gelistet sei, und falls überhaupt jemand den Titel kaufen würde, so zahlte doch die Vertriebsfirma nur vierteljährlich die Verkaufserlöse aus. Das Geld, sofern es denn welches geben würde, befände sich dann zum Stichtag unserer Diplomabrechnung lediglich virtuell in meinem Besitz. Ich kam mit Florian überein, dass das regelkonform wäre, und sagte zu. Zumal es jetzt nicht mehr nur um die Million ging, sondern um meinen Hit!

Schließlich machten sich die beiden Produzenten Gerald und Holly ans Werk und mischten eine komplett neue Version, etwas langsamer und moderner als meine Trash-Version, nunmehr mit Gitarre statt Elektrobass und einigen subtileren Soundbeimischungen und zunächst ohne Gesang. Mithilfe dieser Rohversion als Playback drehte ich zusammen mit Katrin Cremer, einer Freundin und Mitstudentin, im März ein Video dazu. Kurz darauf fuhr ich nach Osnabrück, um den Gesang noch einmal neu und diesmal in einem richtigen Studio aufzunehmen. Aus dem barschen und recht monotonen Hochdeutsch wurde nun ein rotziges Berlinern. Zunächst war ich etwas skeptisch ob der, wie mir schien, etwas zu naheliegenden Idee des Berlinerns. Nun ist das Naheliegendste aber oftmals auch nicht das Verkehrteste. Außerdem schafft eine Mundart unter Umständen einen gewissen Wiedererkennungswert. Tatsächlich dauerte es aber eine ganze Weile, bis der Song bei einschlägigen Online-Musikportalen verfügbar war, und so verzögerte sich auch die Veröffentlichung des Videos auf YouTube. Schließlich sollten potenzielle Interessenten den Song sofort kaufen können. Als es dann so weit war, hatte ich kaum noch Möglichkeiten, irgendwelche breit angelegten Werbemaßnahmen zu ergreifen, da wir uns bereits mitten in der Umsetzung unserer Diplomarbeit befanden. Immerhin wurde das Video bereits nach kurzer Zeit von 1.500 Menschen gesehen und durchaus positiv bewertet. Gekauft hat den Song dennoch niemand.

Expertenmeinung
der erste willklich hitverdächtige Song aus deutscher Produktion seit »Schnappi, das Krokodil«.

In den darauffolgenden Wochen hatte ich mich weiter intensiv mit dem Schreiben des Top-Hits beschäftigt. Meine ersten Ansätze hatte ich von der Festplatte verbannt, um noch einmal komplett neu anzufangen. Ich hatte mich in kleinteiligen Tüfteleien verloren, ohne den großen Masterplan vor Augen. Jetzt sollte es in die Welt des Schlagers gehen. Das hatte nichts mit persönlichen Vorlieben zu tun. Vielmehr mutmaßte ich, dass es sich bei Schlagerfans um eine zahlungskräftige Klientel handeln müsste. Die ganzen jungen Menschen saugen sich Musik doch größtenteils illegal aus dem Netz. Die ältere Generation, und damit die Schlagerfans, geht immer noch in den Plattenladen, und bezahlt brav für die musikalischen Erzeugnisse. So entstammte meine musikalische Kost in dieser Zeit also zu großen Teilen diesem Bereich. Als Ergänzung hatte ich mir eine Playlist »Top 1.000 der letzten 30 Jahre« angelegt. Das war zwar sehr unangenehm, aber ich musste versuchen, durch ständige Berieselung Texte und Melodien so weit wie möglich zu verinnerlichen. Eine inhaltliche Analyse von Schlagertexten brachte zwei mögliche Themenfelder zutage, in denen ich mich auslassen konnte: Party und Liebe.

Je nachdem, wofür man sich entscheidet, kann man auf ein reichhaltiges Sortiment an beliebten Textelementen zurückgreifen. Ein paar Beispiele zu »Party-Fragmenten«, die meine Top-1.000-Liste bereithielt: Auf die Pauke hauen. Schwarte krachen lassen. Durchmachen. Nicht an morgen denken. Einschenken. Sorgen vergessen. Sause machen. Ein Fass anzapfen. Von einem Ort zum anderen ziehen (z.B. von Blankenese bis nach Wuppertal).

Es scheint wichtig zu sein, im Text für ein »Wir-Gefühl« zu sorgen. Der Refrain ist extrem eingängig und animiert zum lauten Mitsingen. Wie mir scheint, hat der Elektrolore-King Alexander Marcus in seinem beliebten Song ›1, 2, 3‹ all das berücksichtigt. Unglaublich, wie viele Klischees man in einer Strophe unterbringen kann: »Heute hau'n wir richtig auf die Pauke/Und der ganze Ärger bleibt zuhause/Wir wandern von der Oder bis zum Rhein/Es ist angezapft, kommt schenkt was ein/Hossassa hossassa hehaho, heute brennt die Hütte die ganze Nacht/Von Flensburg bis nach Garmisch und zurück/ Singen wir zusammen unser Lied.«

Das kann man wohl nicht viel besser machen. Auch für das weite Themenfeld der Liebe bieten sich bereits etablierte Textbausteine an: Sehnsucht. Feuer (z. B. der Sehnsucht). Liebe. Wunder (z. B. der Liebe). Treu sein. Zusammen durchs Leben gehen. Exotische Regionen. Direkte Anrede der »Zielperson«. Eine Sünde begehen. Französisch, Spanisch oder Italienisch in Fragmenten im Refrain.

Ich hatte mich vorerst für die Richtung »Liebe« entschieden und versucht, einen Text zu schreiben, der möglichst viele Stichworte abdeckt. Der Arbeitstitel lautete »Sonne im Herzen, Cola im Keller« und der Refrain sollte ungefähr so gehen: »Hey – Hallo schönes Mädchen, lass uns zusammen durchs Leben gehen. Hey hallo schönes Mädchen – heut kann ein Wunder geschehen!« Was normalerweise für akuten Brechreiz sorgen würde, hielt ich nach meiner vermeintlich genialen Analyse für den ganz großen Wurf. Auch ein erstes Einsingen hatte schon stattgefunden. Beim Künstlernamen hatte ich mich noch nicht abschließend festgelegt. Meine beiden eigentlichen Favoriten »Pete Samples« und »Lars Christmas« stellten sich nach der obligatorischen Google-Konsultation als bereits vergeben heraus. So was aber auch.

DIE GROSSE SHOW

Der Auftritt beim »Grand Prix d'amour« stand noch aus, drei Tage nach unserer Diplompräsentation. Meine Nerven waren bereits von der Präsentation schwer in Mitleidenschaft gezogen und die Folgen waren noch spürbar, als ich mich auf diese nächste schwere Prüfung vorbereitete. Am Freitagmorgen, etwa sechs Stunden vor dem Auftritt, bekam ich aus Osnabrück das Instrumental-Playback, denn an die Organisation desselben dachte ich erst kurz vorher. Das Angebot meines

Onkels, mich auf der Gitarre zu begleiten, konnte ich nicht annehmen, da die Regeln des Grand Prix besagten, dass man allein auf der Bühne stehen muss.
Mir blieben also noch sechs Stunden zum Üben abzüglich der zwei Stunden, die für den Soundcheck draufgingen. Ich sang die ganze Zeit zu Hause den Song rauf und runter und versuchte, mir den Text wieder zu vergegenwärtigen. Zwar hatte ich ihn selbst geschrieben, doch war das schon eine Weile her und ich hatte immer nur vom Blatt gesungen. Kurz nach 16 Uhr öffnete ich mein erstes Bier. Auf Anraten meines bühnenerprobten Onkels wollte ich mir einen soliden Pegel antrinken und hoffte, dadurch meine Nervosität etwas abzuschwächen. Der Gesang besserte sich von Mal zu Mal etwas, dennoch schaffte ich kaum einen fehlerfreien Durchlauf, da mir der Text immer wieder abhandenkam. Außerdem musste es doch wenigstens eine kleine Show geben und ich konnte doch nicht stocksteif und verbissen da auf der Bühne stehen. Also flocht ich noch einige hilflose Bewegungen in meine ohnehin stümperhafte Darbietung ein. Ich war der Verzweiflung nahe und schließlich, nach einem letzten und dem wohl schlimmsten Durchgang, wurde ich von Freundinnen abgeholt und wir fuhren zum Ort des Geschehens. Diese konnten natürlich nicht umhin, mich immer wieder auf meine Nervosität und Schweigsamkeit hinzuweisen und mich dahingehend zu befragen.
Alles klar. Diesmal musste ich mich geschlagen geben. Musiktechnisch hatte ich auf ganzer Linie versagt. Aus Zeitmangel konnte ich meine Versuche nicht zu Ende führen. Kein Hit, kein Label, kein Auftritt. Egal – das Diplom war erledigt. Natürlich war ich an diesem Abend auch zugegen und traf im Vorfeld auf eine sichtlich nervöse Uschi. Kaum ansprechbar lief sie durch die Menge und verlangte nach alkoholischen Getränken, um sich für den Auftritt zu präparieren. Es schien eine äußerst trashige Veranstaltung zu werden.
Vor Ort traf ich zunächst auf den Seminarleiter, der sichtlich

erfreut war, mich zu sehen, und mir mit Stolz verkündete, dass ich eine der letzten sein würde, die an der Reihe wären. Genauer gesagt die zehnte von dreizehn Teilnehmern. Mir graute vor dieser weiteren Gnadenfrist, und ich war froh, im Backstage-Bereich genügend Bier vorzufinden, denn obwohl ich schon einiges getrunken hatte, fühlte ich mich kein bisschen angetrunken. Die lange Wartezeit war allerdings dann doch recht hilfreich, so konnte ich die Konkurrenz einer ausgiebigen Prüfung unterziehen, sowohl hinter als auch auf der Bühne, und ich war sehr erleichtert, als ich sah, dass fast alle genau wie ich Laien und dazu ebenso aufgeregt waren. Außerdem waren die meisten Darbietungen (eigentlich alle bis auf meine) dermaßen schräg, dass ich mich ganz wohl fühlte. Die Zeit des Auftritts rückte immer näher und in meiner Erinnerung verschwimmen die letzten Minuten zu einem nervösen Brei. Irgendwie habe ich es dann auf die Bühne geschafft – mein Outfit hatte ich im Vergleich zum Video nur geringfügig abgeändert –, begab mich zum Mikrofon und riss die erste Strophe herunter, ohne mich auch nur zu bewegen. Der Gesang war mäßig und beim darauffolgenden Refrain lag ich wie immer an der wichtigsten Stelle um einen Halbton daneben. Das Playback war zu laut und ich konnte mich selbst kaum hören. Ich erinnerte mich vage daran, dass mir der Tonmann während des Soundchecks ein paar Zeichen gezeigt hatte, die ich machen sollte, wenn irgendwas zu laut oder zu leise ist, doch das erschien mir im Augenblick zu kompliziert. Also begab ich mich in die zweite Strophe, die wohl etwas besser war, und gegen Ende des zweiten Refrains traute ich mich sogar, einige verstohlene Bewegungen zu unternehmen. Dann verpatzte ich die Überleitung. Ich vergaß kurz den Text, fand aber an der richtigen Stelle wieder hinein und es ist eigentlich niemandem aufgefallen. Beim letzten Refrain war ich dermaßen erleichtert, dass ich eine zaghafte Pirouette wagte und gar das Mikrofon mit meinem Staubwedel abfeudelte. Das Publikum war begeistert. Ich gebe zu, dass ich wohl die meisten Anhänger im Schlepptau hatte, und diese skandierten lauthals

»Uschi«-Rufe. Geholfen hat das allerdings leider nichts – eine andere Darbietung fand die Gunst des einzigen, mittlerweile komplett mit Schampus abgefüllten Jurors und erhielt somit den Sieg. Am nächsten Morgen flog ich in den Urlaub.

SCHLUSSAKKORD

In unserer WG musste mal wieder geputzt werden. Laut Abmachung war ich dran mit Bad, Küche und Flur. Ich überlegte, ob ich vielleicht mal die Uschi frage, ob sie nicht Lust dazu hätte. Überhaupt hatte sie schon lange nix mehr von sich hören lassen. Das musste sich ändern. Ab und zu wurde ich noch von Freunden oder Bekannten auf Uschi angesprochen, sie erfreut sich immer noch großer Beliebtheit, hat es aber finanziell zu nicht besonders viel gebracht. Immerhin hatte sie einen kleinen Gastauftritt bei der TV-Sendung ›Frauentausch‹, als Hintergrundanheizer einer aggressiven Sauberkeitsfanatikerin.

Vielleicht konnte man noch einmal die Staubwedel mobilisieren und einen Versuch starten, sie weitläufiger bekannt zu machen. Die Putzmittelindustrie wäre dafür geeignet und so wollte ich einmal versuchen, den Song dort als potenziellen Werbeohrwurm zu lancieren. Nach kurzer Recherche schienen mir die einschlägigen Großkonzerne (Henkel, Colgate-Palmolive, Procter & Gamble, reckitt benckiser, Unilever) dafür am besten geeignet, schließlich gibt es kaum ein Reinigungsmittelchen, das nicht aus den Produktionsstätten eines Großkonzerns in unsere Haushalte dringt. Fehlte nur noch das passende Anschreiben, das vor allem kurz sein muss.

Betreff: Reinemachen mit Uschi International
»Sehr geehrte Damen und Herren,
ich möchte gerne reich werden und habe, um diesem Ziel ein Stück näher zu kommen, einen Song geschrieben, der sich ums

Putzen dreht und dem viele Leute Ohrwurmqualitäten bescheinigt haben. Vielleicht haben Sie Interesse daran, diesen wunderbaren Hit der Reinlichkeit in einem Werbespot einzusetzen. Er kann auf meiner Myspace-Seite angehört werden: (Link) oder bei iTunes heruntergeladen werden. Ich würde mich freuen, von Ihnen zu hören.«

Ich hielt mein Anschreiben für sehr gelungen. Den Link zum YouTube-Video ließ ich aber unerwähnt. Das Filmchen erfreute sich zwar stets großer Beliebtheit, doch bereits während der Produktionsphase hatte ich starke Bedenken ob der Urheberrechte, die ich eventuell verletzen könnte. Schließlich beinhaltet es Ausschnitte und Motive aus allerhand Werbesendungen, die natürlich Produkte aus den oben genannten Unternehmen bewerben. Nicht, dass ich statt eines lukrativen Angebots eine Abmahnung erhalte! Doch entweder hatte ich es nicht an die richtigen Personen adressiert oder es war direkt im Spamordner gelandet. Oder niemand wollte es haben, was ich natürlich nicht glaube. Jedenfalls bekam ich von niemandem eine Antwort.

Auch bei mir war Reinemachen angesagt. Allerdings sollte das eher ein Putz der digitalen Sorte sein. Die Festplatte war randvoll, und am besten würde man wohl bei meinen musikalischen Ergüssen aus der Diplomzeit einsparen können. Ich arbeitete mich durch so vielsagende Dateien wie Superhit_07_2, Zackenbarschpolka, Badesee_fluktuation, dermillionärundseinedickefrau und Herr_jemineh_2_1. Was hatte ich mir wohl dabei gedacht? Amüsiert hörte ich in diese und jene Version meines gescheiterten Superhits rein. Ich machte mich auf das Schlimmste gefasst, aber so schlimm wie erwartet kam es nicht. Vor allen Dingen die Variante mit dem Arbeitstitel »Sonne im Herzen, Cola im Keller« klang immer noch recht vielversprechend. Das hatte alle Elemente eines belanglosen Sommerhits. Ein dicker

Merke
Wenn es nicht groovt, ist es scheiße.

Bass, Bongotrommeleien, eine schöne Melodie und am Ende ein paar Bläser. Auch eine Gesangsspur hatte ich ja schon aufgenommen. Plötzlich hatte ich wieder Lust, mich an die Arbeit zu machen. Einfach so, um das abzuschließen. Es fehlten nur noch ein wenig Feinschliff und einige Gesangsparts. Innerhalb einer halben Stunde schrieb ich die fehlenden, etwas schlüpfrigen Textfragmente und lud mir für den nächsten Tag Uschi International als Gastsängerin ein, die im Refrain für ein wenig Glamour sorgen sollte. Schließlich können Kooperationen mit bereits etablierten Stars Tür und Tor zum Erfolg öffnen. Mit nur einem halben Jahr Verspätung war der Sommerhit ›Wildes Mädchen‹ des aufstrebenden, wenngleich recht schmierigen Schlagerbarden Toni Freizeit fertiggestellt. Derzeit ohne Plattenvertrag, wartet er noch immer auf seinen großen Durchbruch.

REINE
SPEKULATION

Nach vier Monaten meines Daseins als angehender Millionär hatte ich durch meine Machenschaften gerade einmal erbärmliche 3.000 Euro erwirtschaftet. Gut – die Konkurrentin lag weit abgeschlagen, aber konnte das der Maßstab sein? Wenn ich es jetzt noch mit der Million bis zum Ende des Experiments schaffen wollte, müsste ich pro Tag 16.352 Euro verdienen. Klingt unrealistisch? Als Eisbär Knut verkleidet oder als Pfandflaschensammler würde das jedenfalls mit Sicherheit nichts mehr werden. Auch der Hoffnungsträger der Schlagerbranche Toni Freizeit wäre da total überfordert. Und die Hoffnung, dass man durch eine breite Öffentlichkeit an nennenswerte Beträge kommen würde, hatte ich inzwischen auch zu Grabe getragen. Ich hatte auch keine Lust mehr auf den ganzen Heckmeck. Wie sich herausstellte, waren sowohl die Frau Feller als auch ich nicht gerade Experten auf dem Gebiet der gewinnbringenden Selbstvermarktung. Will man aber manchen Mails oder Blogkommentaren von Experten Glauben schenken, sollte dies kein Hinderungsgrund sein, um ein respektables Vermögen zu scheffeln.

Die Lösung liegt in der spekulativen Welt der Finanzen. Anders als in der Welt der Medien muss man hier keine spannende Geschichte parat haben, kann gegebenenfalls auch scheiße aussehen und muss sich nicht öffentlich zum Vollhonk machen. Eine ganz fabelhafte Welt, in der auch in Krisenzeiten fette Gewinne und satte Renditen warten. Vorausgesetzt, man verfügt über fundiertes Wissen, ein glückliches Händchen und eine große Portion Risikobereitschaft. Außerdem sollte man in der Lage sein, etwaige moralische Bedenken hintanzustellen. Letztlich

geht es eben um die zu erwartenden Gewinne des jeweiligen Unternehmens. Wie diese im Einzelfall erzielt werden, und vor allen Dingen auf wessen Kosten, ist da Nebensache. So kann für den moralisch flexiblen Spekulanten auch ein handfester Krieg zum Bombengeschäft werden – setzt man nur auf die richtigen Rüstungsunternehmen oder deren Zulieferer.
Das mit der Risikobereitschaft sollte jedenfalls kein Problem sein. Ich hatte ja eigentlich nichts zu verlieren. Außer den 3.000 Euro »Spielgeld«. Die Sache mit dem fundierten Wissen und der Frage nach der Moral war da schon schwieriger. Aber keine Zeit für Bedenken. Es musste gehandelt werden! Im wahrsten Sinne des Wortes.

AKTIEN

Wie es der Zufall wollte, bot die Bank, der ich mein separates Millionärskonto anvertraute, auch die Möglichkeit eines Aktiendepots an. Das sparte mir wenigstens das zeitraubende Durchforsten von Testberichten. Die Registrierung ging überraschend einfach über die Bühne. Einzig erwähnenswert, dass man sich selbst in Erfahrungsstufen zwischen »Ich hab überhaupt keine Ahnung« und »Ich bin der Oberchecker überhaupt« einordnen sollte. Zugegeben – ich hatte natürlich keinen blassen Schimmer, ordnete mich aber in einem Anfall kalkulierter Selbstüberschätzung in einer mittleren Kategorie ein. Sonst hätte ich mir das Depot mit Sicherheit abschminken können. Oder zumindest weitere lästige Fragen über mich ergehen lassen müssen. Ich setzte also meine Haken dort, wo man es von mir erwartete, klickte auf »ausdrucken«, unterschrieb hier und da und tütete alles ein. Bis meinem Spekulationsantrag stattgegeben wurde, überbrückte ich die Zeit mit hilfreichen Trockenübungen.
Ich las quer durchs Internet in Blogs, Foren, Ratgebern und Erfahrungsberichten. Zeitgleich versuchte ich, mein frisch erwor-

benes Wissen beim Börsenspiel der FAZ anzuwenden und auf die Probe zu stellen. Ich las täglich die Wirtschaftsnachrichten, im Spiel kaufte ich diese und verkaufte jene Aktie. Nach einigen Tagen hatte ich aus den 50.000 Euro Börsenspielgeld die Summe von 55.000 Euro gemacht. Nicht schlecht für den Anfang. Zumal es mit den Kursen zu der Zeit steil bergab ging.

Die Idee mit dem Börsenspiel hatte ich natürlich zuerst. Blöd nur, dass ich im Gegensatz zu Florian die 50.000 Euro Spielgeld bereits in kürzester Zeit um 5.000 Euro verringerte. Gut, immerhin hatte ich mir einen bunten Strauß an Aktien zugelegt, um einfach mal zu sehen, was damit passierte. Natürlich hatte ich mir zuvor die Unternehmen etwas genauer besehen. Einfach nur wie der Kontrahent Apple-Aktien zu erwerben, erschien mir irgendwie einfallslos und zu Designer-like. Aber vermutlich spielt Fantasie in dieser Branche keine allzu große Rolle, außer dann, wenn man sich überlegt, was man mit dem ganzen Geld macht, das man dort verdient.

Ich muss doch bitten! Aktien aus stylischen Beweggründen zu kaufen läge mir fern. Schließlich will ich die nicht an der Wohnzimmerwand über dem Sofa anbringen oder als schickes Modeaccessoire mit mir rumschleppen! Kaufgründe waren vielmehr ein unbestimmtes Bauchgefühl und der Umstand, dass die Aktie laut Analysten ein gutes Entwicklungspotenzial hat. Aber was verschwende ich meine Zeit mit den Unkenrufen der Konkurrenz? Nur wenige Tage, nachdem ich den Antrag gestellt hatte, bekam ich Bescheid, dass ich jetzt offiziell loslegen könne. Ich hatte schon ein paar Kaufkandidaten in der engeren Auswahl. Als Erstes: Infineon. Die Aktie lag zu der Zeit bei 72 Cent pro Stück. Wenn man Forengesprächen Glauben schenken wollte, gab es da viel Platz nach oben und wenig zu verlieren. Ich kaufte 1.000 Stück und setzte das sogenannte Stop-Loss auf 65 Cent. Sollte der Wert der Aktie daruntergehen, würde es zu einem automatischen Verkauf kommen, um meine Verluste zu begrenzen. Dazu gesellten sich 50 »Wells Fargo«-Aktien zu jeweils 14,60 Euro. Das mir zuvor unbekannte US-Finanzdienstleistungsun-

ternehmen war meiner Meinung nach aktienkurstechnisch voll im Keller der Finanzkrise angekommen.
Schon am nächsten Morgen stellte sich zumindest mein Infineon-Kauf als Fehlentscheidung heraus. Der Mann im Radiowecker verkündete in unerhört nüchternem Tonfall die Insolvenz der Infineon-Tochter Qimonda. Was soll das denn jetzt? Die können doch nicht ausgerechnet heute Insolvenz anmelden! Man kann sich denken, was danach passierte … Die ohnehin gebeutelte Aktie verlor weiter an Wert und mein Stop-Loss wurde ausgelöst. Na gut, wirklich viel hatte ich nicht verloren. Aber trotzdem: Hier sollte es doch um wundersame Geldvermehrung gehen! Meine anderen Aktien dümpelten derweil lustlos und ohne nennenswerte Veränderungen auf und ab. Nach zwei Wochen hielten sich Gewinne und Verluste die Waage. Es hätte schlimmer kommen können, aber mir ging es doch nicht darum, langfristige Erfolge zu erzielen, sondern innerhalb kürzester Zeit den fetten Reibach zu machen. Also wieder einmal viel Zeit in den Sand gesetzt. Jetzt, ein Jahr später, liegt die Infineon-Aktie übrigens bei 5,16 Euro. Ich könnte in die Tischkante beißen.
Mit einer gewissen Genugtuung nahm ich zur Kenntnis, dass der Gegenspieler den Erfolg aus dem Börsenspiel in der Realität nicht wiederholen konnte. Immerhin hatte er auch keinen Verlust gemacht und so war sein Vorsprung vor mir weiterhin uneinholbar. Ich selbst zauderte ob des Schritts in die wahre Finanzwelt. Mit meinen paar Euro an Investitionskapital hätte ich wohl kaum einen Blumentopf gewinnen können und so blieb es bei meinem unbeholfenen Versuch im Börsenspiel.

DER GROSSE HEBEL

Es musste etwas her, das schnellere Ergebnisse hervorbringt. Etwas Riskanteres. Mehr Zockerei, weniger Bedacht. Mehr Frucht, weniger Durst. Seit ich gedanklich in die Finanzwelt eingestiegen war, hörte ich immer wieder etwas von sogenannten »Hebelprodukten«, die es ermöglichen sollten, mit einer relativ kleinen Summe durch den »Hebel« größere Beträge zu erwirtschaften. Da gibt es ganz unterschiedliche Möglichkeiten. Viele davon habe ich versucht zu verstehen, scheiterte aber an begrenzter Zeit und Hirnkapazität. Eine Sache aber schien mir wirklich leicht verständlich zu sein. Und erfolgversprechend dazu. Die Rede ist von den *Contracts for Difference* oder zu Deutsch »Differenzkontrakte«.

Expertentipp
Hallo Florian, hast du schon einmal darüber nachgedacht es mit Daytrading zu versuchen. Wenn man es beherrscht ist es eine einfache Möglichkeit sein Kapital zu vermehren.

Eine Form der Geldanlage, die von vielen mit der Zockerei im Casino verglichen wird. Dabei »wettet« man darauf, dass Kurse von Aktien, Rohstoffen oder Indizes steigen oder fallen. Das war genau mein Ding! Ich verkaufte meine gesamten Aktien, um das Geld risikofreudiger anzulegen.

Bevor ich tatsächlich in den Handel einsteigen wollte, absolvierte ich wie bei den Aktien zunächst Trockenübungen mit 10.000 Euro Spielgeld auf einem Demoaccount. Es schien nicht besonders kompliziert zu sein. Es gab ja nur zwei Richtungen, auf die man setzen konnte. Musste halt nur der passende Moment getroffen werden, um einzusteigen und dann auch wieder auszusteigen. Den eigentlichen Handel wickelte man über eine Webanwendung ab, auf der man auch in Echtzeit die verschiedenen Kursentwicklungen verfolgen konnte. Es ging bereits strammen Schrittes auf die Diplomprüfung zu und ich hatte mich mit der Konkurrentin in einem Uni-Arbeitsraum einquartiert. Ganz nebenbei hatte ich dadurch auch noch allerbeste Zockerinfrastruktur. Überall standen überdimensionierte externe Monitore, über die man die verschiedenen beobachtenswerten Kursverläufe anzeigen lassen konnte. Damit verfolgte ich eine Art »*Shock and Awe*«-Taktik gegenüber der Frau Feller. Die Trades liefen über den Laptopmonitor. Nebenher flatterten im

Minutentakt RSS-Meldungen der verschiedensten Wirtschaftsportale und Blogs in meinen Reader. Mit den meisten konnte ich zwar rein gar nichts anfangen, aber es wirkte wenigstens offiziell und extrem wichtig.

Hintergrundwissen: Differenzkontrakte

Im Gegensatz zu den meisten anderen Derivaten sind Differenzkontrakte keine Termingeschäfte, denn sie verfügen über keine Fälligkeit und die Haltedauer ist unbegrenzt. Mit Differenzkontrakten kann man sowohl auf steigende Kurse (sog. »Long gehen«) als auch auf fallende Kurse (sog. »Short gehen«) des Basiswertes spekulieren. Beim Handel mit Differenzkontrakten muss eine Sicherheitsleistung (Margin) auf die zugrunde liegende Position hinterlegt werden, weil die Emittenten bzw. Market Maker dem Bonitätsrisiko des Anlegers ausgesetzt sind. Da diese Margin nur einen kleinen Teil des tatsächlichen Wertes des Basiswertes ausmacht, ergibt sich ein »Hebeleffekt« (Leverage). Broker bieten in der Regel eine Auswahl für den Hebel zwischen 5:1 bis 100:1 an. Je größer der Hebel, desto größer die Chancen und Risiken.

Beispiel: Mit einem Hebel von 100:1 könnte man bei einer Kursveränderung des Basiswertes um 1 % einen Gewinn in Höhe von 100 % (Prozent x Hebel), also eine Verdopplung seines eingesetzten Kapitals, erzielen, wobei gleichzeitig eine Kursbewegung in die entgegengesetzte Richtung einem Totalverlust entspricht. Wegen der enormen Verlustrisiken kritisieren Aktionärsschützer diese Derivate als hoch spekulativ und raten vor allem unerfahrenen Klein- und Privatanlegern davon ab.

Quelle: Wikipedia

Diese Taktik ging tatsächlich ganz gut auf. Zwar bezweifelte ich, dass Florian diese ganzen Meldungen verstand, doch erweckte er immerhin den Eindruck, quasi ganz nebenbei noch etwas Geld zu verdienen, während ich damit schon komplett abgeschlossen hatte.

So offiziell wie die RSS-Meldungen waren auch die virtuellen Gewinne, die ich in den folgenden Tagen einfahren konnte:

Ohne große Mühe erzockte ich mit meinem Spielgeld 5.000 Euro Gewinn. Wie geil. Hier ging es endlich mal ums ganz große Geld. Wieso hatte ich nur bisher meine Zeit so verschleudert? Ich sah mich bereits als gemachten Mann, füllte den Zockereiantrag aus und schickte ihn zum Broker. Vorsichtshalber kreuzte ich diesmal an, dass ich schon einige Erfahrungen mit derlei Geschäften hatte. Eine Ablehnung hätte ich nicht gebrauchen können. Und in der Zwischenzeit würde ich mir schon noch etwas mehr Wissen aneignen.
Schon nach wenigen Tagen bekam ich eine Bestätigung vom Broker und nachdem ich 2.000 Euro von meinem Bank- auf das CFD-Konto transferiert hatte, konnte es endlich richtig losgehen. Ein Rest von 500 Euro sollte als eiserne Reserve auf dem Konto bleiben, falls ich wider Erwarten den Karren an die Wand fahren sollte. Wie schon bei meinen CFD-Trockenübungen konzentrierte ich mich einzig auf den DAX und behielt die Entwicklung und Analysen genau im Auge. Inzwischen hatte ich auch das Handy mit diversen Apps bestückt, die mich ständig auf dem Laufenden halten sollten. Mit schwitzigen Händen loggte ich mich ein, um das erste Mal einen richtigen Trade zu machen: *OK – einfach alles genauso machen wie bei den Trockenübungen. Einfach so tun, als wenn's hier nur um Spielgeld geht. Und los!*
Ich beobachtete ein wenig die DAX-Kurve, die sich an diesem Tag unentschieden seitwärtsbewegte. Ganz ausgezeichnet! So ging das auch in den letzten Tagen mit dem Spielgeldaccount. Nachdem es ein paar Punkte nach unten ging, kaufte ich einen CFD, der auf einen steigenden Wert setzte. Den Stop-Loss setzte ich 20 Punkte unter dem Einstiegskurs. Ich würde also maximal 20 Euro verlieren. Es ging weiter ein Stück nach unten, und dann wieder nach oben. Nach nicht mal einer Minute war die Position mit fünf Euro im Plus. Schnell setzte ich das Stop-Loss so nach, dass mir bei fallenden Kursen wenigstens ein Gewinn von einem Euro bleiben würde. Aber der Kurs stieg weiter. Jetzt waren es schon 20 Euro im Plus. Noch

einmal das Stop-Loss auf zehn Euro Gewinn korrigieren. Der Kurs fällt wieder. Schnell verkaufen! Innerhalb weniger Minuten hatte ich 16 Euro »verdient«. Genau, wie ich es mir vorstellte: Bloß nicht zu viel riskieren und mit vielen kurzfristigen Trades zu großen Summen kommen.

Die Verlockung, auf plötzliche Kursbewegungen zu reagieren, war groß und ich verbrachte den Rest des Tages gebannt am Rechner. Bis 22 Uhr konnte man sich beim Livetraden austoben. Danach war ich zwar ziemlich platt, aber es hatte sich gelohnt: Unterm Strich blieben 150 Euro Gewinn. Das kam sonst gerade mal für eine Woche Pixelschubserei beim Studijob rum!

Auch der Rest der Woche lief nach meinem Geschmack. Anders als so manch lustige Luft- oder Eisbäraktion lohnte sich das CFD-Geschäft tatsächlich. Dafür war der Tagesablauf ziemlich dröge: Halb acht aufstehen, erst einmal Kaffee. Dann an den Rechner, Börsennachrichten und Analysen lesen, ins CFD-Konto einloggen und die ersten Trades machen. Dann duschen, frühstücken und schnell wieder vor den Monitor klemmen. Nachmittags zum Bäcker.

Inzwischen zog ich es vor, zu Hause zu bleiben und nicht mehr den Uni-Arbeitsraum aufzusuchen. Die Semesterferien waren vorbei und damit auch die Ruhe in der Uni. Und außerdem gab es ja überhaupt keinen Grund, rauszugehen. Das Geld kam ja hier aus dem heimischen Internetanschluss! An so einem Tag kamen schnell zwischen 50 und mehr Trades zusammen, und was anfangs noch für schwitzige Hände sorgte, war schnell Gewohnheit. Inzwischen wagte ich es, ab und an mehrere CFDs zu kaufen. Das war natürlich extra spannend, aber auch extra vielversprechend.

Am Ende der Woche hatte ich ausgedehnte Augenringe und ein sattes Plus auf dem Konto. Aus den eingesetzten 2.000 Euro konnte ich 650 Euro Gewinn holen. Geil! Selbst wenn ich jetzt nicht direkt Millionär werden würde, könnte ich dadurch doch wenigstens ein ganz respektables Auskommen haben, ohne wirklich arbeiten zu gehen! Gut – man wird auf Dauer vielleicht etwas spleenig, wenn man den ganzen Tag mit geschlossenen Gardinen am Rechner verbringt. Aber wen stört das schon?

Da Florian mir stets seine Erfolge im Bereich des Daytrading unter die Nase zu reiben wusste, entwickelte ich allmählich eine gewisse Abneigung gegen alles, was mit Zockerei zu tun hatte, sei es nun mit Sportwetten oder irgendwelchen Zertifikaten. Wenn ich mir die Gewinne vor Augen führte, die er quasi durch pures Glück einfuhr und welche mir zugleich verwehrt waren, wurde ich trotzig und versuchte meine kläglichen Versuche damit zu rechtfertigen, dass sie immerhin auf ehrlicher Anstrengung und Arbeit beruhten. Dass ich mit dieser Einstellung wohl niemals reich werden könnte, wollte ich mir nicht eingestehen. Nach außen hin gab ich mich natürlich stets souverän und überlegen und tat so, als ob ich das dicke Ende schon kommen sah.

Das Wochenende brachte eine CFD-Zwangspause mit sich. Zeit, um vielleicht doch mal vor die Tür zu treten und für Kaffeenachschub zu sorgen. Den Sonntag verbrachte ich mit der Lektüre verschiedenster Analysen. Fast alle Experten waren sich einig: Der DAX hätte noch längst nicht die Talsohle überschritten. Die Finanzkrise war voll im Gange und in den nächsten Wochen könne es nur weiter bergab gehen. Das war doch mal eine Ansage. Zum Glück konnte man mit CFDs genauso von fallenden Kursen profitieren wie von steigenden.

Punkt 8 Uhr am Montag ging es wieder los. Ich hatte mir vorgenommen, die Sache etwas risikofreudiger anzugehen. Sprich: mehr CFDs kaufen – schnellere Gewinne. Schließlich war die Richtung klar: bergab mit den Kursen, bergauf für mein Millionärskonto. Ich stieg direkt mit drei »Short«-Positionen ein – ohne Stop-Loss. Direkt nach Eröffnung des vorbörslichen Handels machte der Dax einen großen Satz von 40 Punkten nach oben. Wie bitte? Was ist denn da los? Das war aber nicht abgemacht! Das waren ja schon 120 Euro Miese, bevor der Tag überhaupt losging! Ich verschob die Körperpflege auf einen unbestimmten Zeitpunkt und starrte auf den Kurvenverlauf. Bis zum offiziellen Börsenstart näherte sich der Wert langsam wieder dem Ausgangspunkt. Das war wohl noch mal gut gegangen. Oder doch nicht? Punkt 10 Uhr wieder ein großer Sprung. So etwas hatte ich noch nie gesehen. Innerhalb weniger Minuten waren das knapp 100 Punkte! Wie geht denn so was? Langsam machte sich Panik breit. Warum hatte ich denn bitte kein Stop-Loss gesetzt? Egal, der Index würde bestimmt im Laufe des Tages wieder Punkte lassen. Ich setzte meine Hoffnung in die Eröffnung der Wall Street. Schon seit Tagen machte der Dax dem Dow Jones nahezu jede Bewegung nach.

Bei Eröffnung des Wall-Street-Handels kam tatsächlich wieder Bewegung in die Sache. Nur eben wieder in die falsche Richtung. In schnellen Schritten ging es weiter nach oben. Was waren das denn bitte für Analysten? Wahrscheinlich sollte man in der Finanzwelt einfach immer genau das Gegenteil von dem machen, was selbsternannte Experten empfehlen. Oder aber in Finanzsprache ausgedrückt: antizyklisches Handeln. Sehr antizyklisch war auch mein folgendes Handeln. Mit zwei weiteren CFDs ging ich weiter auf »Short«. Jetzt war ich insgesamt mit fünf CFDs dabei, was bedeutete, dass jede Punktveränderung im Dax fünf Euro Gewinn oder Verlust ausmachte.

Nachdem es wieder ein wenig abwärtsging, legte der DAX nachbörslich nochmals zu. Um 21:59 und 50 Sekunden schloss ich die Position und machte damit 620 Euro Verlust. Mir war schlecht. Gerade hatte ich nahezu meine gesamten Gewinne der letzten Tage in den Sand gesetzt. Nicht, weil die Welt so wahnsinnig ungerecht ist, sondern weil ich alles falsch gemacht hatte, was man nur falsch machen konnte. Am nächsten Tag machte ich eine Pause. Es stand eine weitere Diplombesprechung in der Uni an und da konnte ich wohl kaum ständig auf den Laptop starren. Trotzdem verfolgte ich das Treiben an der Börse.

Was ich da sah, machte mich ganz und gar nicht glücklich. Das Stichwort lautete »Gewinnmitnahmen«. Es ging wieder kräftig abwärts mit den Kursen. Hätte ich etwas mehr Mumm gehabt, hätte ich meine Position über Nacht behalten und am nächsten Tag sogar Gewinne eingefahren. Hätte, könnte, würde. Das brachte ja nichts.

So schnell wie möglich wollte ich den Verlust wieder reinholen. Wäre doch gelacht, wenn das nicht klappen würde! Die nächsten Wochen gingen so ähnlich weiter wie bereits geschildert: Ein paar Tage lang machte ich gute Gewinne und war der Meinung, wieder auf der Gewinnerstraße zu sein. Dann wieder ein herber Rückschlag mit mehreren hundert Euro Verlust. Nach und nach dezimierte sich mein eingezahltes Geld. Je weniger ich hatte, desto riskanter meine Trades. Blieb die Hoffnung auf einen »Lucky Trade«, mit dem ich alles wieder rausholen würde. Das hatte nichts mehr mit meiner bescheidenen Taktik vom Anfang zu tun, mich mit kleinen Gewinnen zu begnügen und einem vernünftigen Stop-Loss abzusichern. Nach sechs Wochen CFD-Zockerei war es amtlich. Ich war pleite. Mir war klar, dass das unglaublich bescheuert war, aber irgendwie war es wenigstens konsequent. In den zwei Wochen bis zum offiziellen Ende unseres Versuchs machte ich keine Anstalten mehr, noch irgendwie an Geld zu kommen, und gab mich geschlagen.

Es war vollbracht. Ohne jedes Zutun lag ich mit meinem Kontostand vor dem Gegenspieler und rieb mir die Hände. Um die 2.000 Euro war es natürlich schade, doch was kümmerte mich das? Vom Millionenziel weit entfernt, ging es jetzt nur noch darum, zu gewinnen, um das sauer Verdiente nicht auch noch abgeben zu müssen.

Merke
Der Spekulant geht so lange zur Börse, bis er bricht.

EIN ENDE MIT
SCHRECKEN

Mit letzter Kraft über die Ziellinie. Der offizielle Tag der Abrechnung – und der Diplomprüfung. Bereits einige Tage zuvor stand das amtliche Endergebnis fest und wollte nun verkündet werden. So feierlich, wie sich das manch einer vorstellen mag, lief es allerdings nicht ab. Kein übergroßer symbolischer Scheck, kein Notar mit geheimnisvollem Umschlag, kein Konfettiregen. Auch die geplanten Kaviarhäppchen mussten abbestellt werden. Der Grund dafür war ganz einfach: Wir waren beide pleite.

Wie konnte es so weit kommen? Ich hatte meine sauer verdienten 3.000 Euro, die ich noch ein paar Wochen zuvor vorweisen konnte, nicht wie geplant verdoppelt, sondern durch ungünstige Anlageentscheidungen mehr als halbiert. Bei riskanten Differenzkontrakt-Spekulationen → *siehe Kapitel 11 »Reine Spekulation«* hatte ich 2.000 Euro verbrannt. Schlimmer noch, ich lag abgeschlagen hinter der Kontrahentin, die ihrerseits etwas über 1.800 Euro vorzuweisen hatte. Das ist wirklich jämmerlich. Welch mickriges Zeugnis unserer immensen Unfähigkeit. Und damit nicht genug. Durch die Vernachlässigung der Erwerbsarbeit in den letzten Monaten war auch mein reguläres Konto derart in Mitleidenschaft gezogen worden, dass ich den Haben-Bereich schon so weit wie nie hinter mir gelassen hatte.

Fürs Protokoll wurde also zunächst festgehalten, dass Yvonne gewonnen hatte.

Endstand Florian: 981,00 Euro

Endstand Yvonne: 1.836,00 Euro

Die Freude über diesen klaren Sieg währte allerdings nur kurz. Eigentlich hätte ich mir von dem Geld eine schöne Reise in die Südsee genehmigen und auch noch meine löchrige Haushaltskasse wieder stopfen können. Doch wir einigten uns darauf, dass wir von dem verbliebenen Geld auf unseren Millionärskonten zunächst die grafische Ausgestaltung unserer Arbeit finanzieren wollten. Was danach übrig blieb, sollte mir gehören. Vielleicht würde es ja noch zu einem Campingausflug an die Ostsee reichen.

Nix mit Campingurlaub! Nach und nach butterten wir immer mehr Kohle in die Anschaffung unzähliger und teilweise absurder Utensilien zur Visualisierung unseres Versuchs fürs Diplom. Fast täglich ging es entweder in den Baumarkt oder den Künstlerbedarfsladen. »Ach? Wir brauchen noch Sprühkleber? O.K., nehmen wir gleich den teuersten, und dann auch gleich ein paar Dosen. Man kann ja nie wissen!« Unsere Arbeitsraum-Schatzkammer in der Uni füllte sich nach und nach mit Kostbarkeiten wie MDF-Platten, Farbfolien, Drähten, Klammern, Post-its, Gummibändern, riesigen Styroporkugeln und den verschiedensten Papiersorten. Mit dem ganzen Zeug wurde wild herumexperimentiert, bis man passende Darstellungsformen gefunden hatte. Schon vorab kurbelten wir die Wirtschaft auf diese Art mit knapp tausend Euro an. Kam noch die eigentliche Arbeit hinzu. Wir entschieden uns zu klotzen und nicht zu kleckern: Ein Buch, 17 Wochenberichtshefte, 17 Wochenberichtsplakate und ein Webstatistikplakat wollten gedruckt, gebunden und am Ende bezahlt werden. Für insgesamt fünf Exemplare der Arbeit waren das noch mal um die 1.800 Euro. Am Ende hatten wir unsere Millionärskonten bis auf einen mickrigen Restbetrag von 53 Euro komplett leer geräumt. Das würde für Yvonne vielleicht gerade noch so für eine Zugfahrkarte nach Rostock reichen. Einfache Fahrt.

NACH DER PRÜFUNG

Nach fast zwei Stunden Redemarathon hatten wir die Prozedur hinter uns. Dafür, dass wir die Präsentation sprichwörtlich in letzter Minute fertig gestrickt hatten, lief alles super. Die fünfte Flasche Sekt stand bereits geöffnet auf dem Tisch in der Cafeteria der Uni. Drumherum Florian, ich und einige Freunde, die offenbar genauso froh waren wie wir. Darüber, dass es nun endlich vorbei war. Aus den vorherigen Wochen hatte sich bereits ein beachtliches Schlafdefizit angesammelt, doch vor allem die letzten Tage vor der Prüfung hatten noch mal alles abverlangt. Mehr als drei Stunden Schlaf pro Nacht, meist in den frühen Morgenstunden, hatte sich keiner von uns beiden gegönnt und dementsprechend erledigt waren wir nun, da wir das erste Mal seit langer Zeit wieder mit Alkohol in Kontakt kamen. Die ganze Last war plötzlich weg und ich befand mich in einer Art Schwebezustand, der nicht nur auf den Sekt zurückzuführen war. Die Geräusche um mich herum nahm ich kaum noch war, viel sagen konnte ich auch nicht mehr. Mein Bett wäre jetzt eigentlich der ideale Zufluchtsort gewesen. Doch ich war auch immer noch so aufgekratzt, dass ich, statt zu schlafen, wohl einfach nur stundenlang an die Decke gestarrt hätte. Deshalb beschlossen wir, nachdem alle Flaschen geleert und der Prüfungsraum halbwegs für den nächsten Tag hergerichtet war, noch etwas essen zu gehen. Hatten wir heute überhaupt schon irgendetwas gegessen?

Wir machten uns auf den Weg nach Kreuzberg zum Landwehrkanal, an den Ort, wo alles begonnen hatte, und suchten uns ein lauschiges Plätzchen auf der Terrasse eines Restaurants. Das Wetter war wunderbar frühlingshaft, die Vöglein zwitscherten und großzügig wie ich bin, lud ich Florian von meinem gewonnenen Restbetrag zu Bier und Schnitzel ein. Eine Ahnung von Freiheit überkam uns plötzlich, als wir so vollkommen gelassen und wie aus einer anderen Welt an unserem Schnitzel kauten. Da saßen wir nun als frischgebackene

Diplom-Designer in unserer Raum-Zeit-Kapsel, starrten in Richtung Kanal und ließen noch einmal das vergangene Jahr Revue passieren.

Wir hatten versucht, Millionäre zu werden, und waren kolossal gescheitert. Statt uns auf einer Segelyacht vor Monaco Lachs- und Kaviarhäppchen reinzuziehen, saßen wir nun hier auf der Terrasse eines Mittelklasse-Etablissements und genossen bodenständige Küche. Recht schmackhaft zwar, doch gemessen an unserem großen Vorhaben muss man bei einem abschließenden Kontostand von null Euro umstandslos einräumen, dass wir das Ziel um Längen verfehlt haben, und das ist ja noch milde ausgedrückt.

Doch was genau war eigentlich unser Ziel gewesen? Die Million? Die war ja eigentlich nur Mittel zum Zweck, denn unser ursprüngliches Anliegen vor einem Jahr war ja gewesen, heute mit dem Diplom in der Tasche dazustehen. Und das hatten wir geschafft. Und wie! Die fertige Arbeit fand großes Lob, das sich schließlich in der höchstmöglichen Note niederschlug. Aber was noch viel wichtiger ist: Wir hatten etwas abgeliefert, das eindeutig zu den besten Gestaltungssachen zählte, die wir je vollbracht hatten. Darin steckten nicht nur unsere verbliebenen 3.000 Euro, sondern vor allem jede Menge Arbeit, Schweiß, Tränen und Herzblut. Aber dennoch bleibt die große Frage: Hätte man es schaffen können, zwar vielleicht nicht die Million, aber immerhin einen beachtlichen Haufen Geld zusammenzutragen? Und wenn ja, wie?

Expertenmeinung
Reich wird man, wenn man andere für sich arbeiten lässt …

Hätten wir Leute einstellen sollen, die sich an unserer Stelle mit nervigen E-Mails oder Presseanfragen herumschlugen? Hätten wir unsere reguläre Beschäftigung nebenher an zwei bis drei Tagen pro Woche, die ja immerhin unseren Lebensunterhalt sicherte, aufgeben und uns voll und ganz diesem abstrusen Vorhaben widmen sollen? Der Konjunktiv hält natürlich zahlreiche Möglichkeiten bereit, doch die Wirklichkeit ist vermutlich um einiges schwieriger zu fassen.

»Vielleicht ist uns Geld einfach scheißegal?«

»Ach, Quatsch. Das ist doch Blödsinn. Niemandem kann Geld egal sein.«

»Na dann versuch ich's mal so: VIEL Geld ist mir nicht wichtig.«

»Ja, ja: Der Mensch braucht nicht viel Geld, um glücklich zu sein. Wär' doch ein super Claim für eine Jobcenter-Imagekampagne!«

»Das wär' nicht schlecht! Aber ›viel‹ liegt ja auch im Auge des Betrachters.«

»Heißt das im Umkehrschluss, dass man umso glücklicher wird, je weniger Geld man besitzt?«

»Nee, auch Quatsch. Was ich eigentlich sagen wollte: Mich hat es im Laufe der Zeit einfach furchtbar angekotzt, immer nur ans Geld zu denken. Geld hiermit, Geld damit, kann man das nicht irgendwie so oder so, damit es Geld bringt? Und so weiter. Was für ein Blödsinn! Das ging mir furchtbar auf den Zeiger.«

»Stimmt. Ging mir genauso.«

»Und ich glaube, reiche Leute finden gerade das ganz gut, so aus sportlichem Ehrgeiz. Mit einer Sache ein gutes Geschäft zu machen ist für die 'ne sportliche Herausforderung. Und die Erträge daraus sind die Belohnung. Der Beweis dafür, dass sie alles richtig gemacht haben.«

»Vielleicht sind wir aber auch einfach nicht dafür geschaffen, etwas durchzuziehen, das zwar Geld bringt, uns aber eigentlich furchtbar langweilt?«

»Ganz schön hochtrabend, oder? Das machen doch die meisten Menschen, auch in 'nem Job, wo man nicht viel verdient.«

»Na ja, würde man sich über ein paar Jahre hinweg intensiv mit Wertpapieren und Derivaten auseinandersetzen, brächte man es sicherlich bis zur Million. So wie der eine Typ, von dem mir diese Journalistin erzählt hat. Doch was nützt mir das, wenn ich mich über diesen ganzen Zeitraum hinweg tagtäglich mit Dingen beschäftige, die mich eigentlich überhaupt nicht interessieren? Das ist doch pure Zeitverschwendung. Ich würd' mich zu Tode langweilen.«

»Und dann kurz vor der Million wird man von der Schweinegrippe dahingerafft und hat nix von der ganzen Plackerei. Mal abgesehen davon, dass man als Börsenmensch auf Dauer wohl ganz schön wunderlich wird.«

»Aber so Börsenleute finden's wahrscheinlich total spannend. Die haben da Spaß dran. Wie du gesagt hast: sportlicher Ehrgeiz!«

»Na gut, die Businesssache haben wir nicht gebracht. Aber was war mit diesem ganzen Medienkram, der uns um die Ohren flog? Da hätte man eindeutig mehr rausschlagen müssen.«

»Ja. Nur wie? Bei dem Alex Tew hat das funktioniert, aber der hatte ja auch 'ne Idee. Und zwar nur eine einzige. Der musste sich ja nicht ständig was Neues ausdenken, sondern nur noch die Anfragen abarbeiten. Weil das ganze Ding einfach unschlagbar simpel war. Der musste auch nicht bei jeder E-Mail erst mal lange ausholen und erklären, wie er sich das mit der Million genau vorstellt. Es war ja jedem sofort klar.«

»Man hätte aber trotzdem einfach das ganze Kasperletheater mitmachen müssen, ohne großartige Bedenken zu haben. Na ja, ist jetzt auch egal.«

Wir hatten uns für ein eher unkonventionelles Geschäftsmodell entschieden: von allem ein bisschen und das Ganze hübsch verpackt. Schließlich ging es ja von Anfang an um eine bunte Sammlung aller möglichen und unmöglichen Versuche, die ein dankbares und unerschöpfliches Thema abgaben. Dazu gehörte natürlich auch, gesellschaftliche Aspekte mit einzubeziehen. Natürlich auch nicht im wissenschaftlichen Sinne, sondern vielmehr als Aufhänger und Rechtfertigung für diese oder jene Maßnahme. Der Grundgedanke war immerhin, ohne großes Vorwissen auf diesem oder jenem

Gebiet zu punkten. Sozusagen als Erprobung für alle normalen Menschen, um schließlich das einfachste Rezept für unermesslichen Reichtum zu präsentieren.

Das Rezept bestand darin, kleine Beträge möglichst schnell und einfach zu erwirtschaften und über das, was man dafür tun musste, zu berichten. Einerseits taten wir also ganz banale und uninteressante Dinge, andererseits versuchten wir diese möglichst unterhaltsam für eine interessierte Öffentlichkeit aufzubereiten. Dabei stellte sich schnell heraus, dass die am wenigsten lukrativen zumeist die mit dem höheren Unterhaltungswert waren und umgekehrt. Vermutlich ein Grund, weshalb Businessmenschen in der Bevölkerung eher als Langweiler gelten. Spätestens als die Sache mit der Öffentlichkeit ins Rollen kam, hätte man sich für einen der beiden Wege entscheiden müssen. Entweder man macht voll auf Seriosität, Schlips und Kragen und Businessheini oder aber, was natürlich für mehr Attraktivität sorgt: Man beschert seinen Lesern regelmäßige Unterhaltung und hofft darauf, dass sie daran Gefallen finden und mit Spenden den Geldfluss sicherstellen.

Für das eine wie das andere braucht es natürlich ein gewisses Talent. Mit kaufmännischen Dingen hatten wir so gut wie nichts am Hut. Mit großen Showeinlagen hingegen auch nichts. So wurden wir zwischen unseren eigenen widersprüchlichen Auflagen zerrieben, weil nichts dergleichen unsere Stärke war. Das Ausschmücken gescheiterter oder geglückter Aktionen gelang uns zwar ganz gut, doch mehr als ein bisschen auf den Putz hauen konnten wir natürlich auch nicht, denn als Rechtfertigung fehlte ja stets der finanzielle Erfolg.

Denkt man die Sache weiter, fragt man sich natürlich ganz schnell, weshalb man sich nicht einfach etwas ausgedacht hat. Gute Frage. Und das ist die wirklich spannende Erkenntnis. Wir hätten uns doch einfach irgendwas zurechtspinnen können, vom vermeintlichen Bombengeschäft mit der Berliner Luft oder gefakten Auftritten von Uschi International. Am Ende hätte man das ganze Geld mithilfe eines imaginären Aktienhandels ganz galant wieder verschwinden lassen können. Zwischendrin wäre uns wohl weitere Berichterstattung sicher gewesen. Das Sprichwort »Der Teufel scheißt immer auf den größten Haufen« trifft hier den Nagel auf den Kopf. Mehr Medienpräsenz – mehr Geld. Einen Bankauszug wollte schließlich nie jemand von den Medienmenschen sehen. Man muss nur überzeugend und authentisch wirken. Und sich ein dickes Fell zulegen. Hauptsache, die Geschichte gibt etwas her. Hätten wir also vorher gewusst, wie schwierig es werden würde, die kurze Medienaufmerksamkeit in bare Münze umzuwandeln, hätten wir das wahrscheinlich rechtzeitig eingeleitet. Doch es bleibt die Frage, ob wir damit nicht auch auf die Schnauze gefallen wären, durchschnittlich und im Großen und Ganzen uninteressant und banal, wie wir waren.

Ja ja – hätte und könnte … Im Nachhinein wird mir auch einiges klar. Wir hatten uns die Sache mit dem Castingcharakter natürlich vorher ganz schön ausgemalt. Dass wir aber eigentlich überhaupt nicht die richtigen Leute für diese Sache waren, fiel uns reichlich spät auf. Wir waren einfach zu ähnlich, zu nett, zu korrekt in unseren Ansichten, dafür weder schrill noch irgendwie wunderlich oder gar frech. Alles Eigenschaften, die eigentlich eine Grundvoraussetzung für dieses Unterfangen hätten sein müssen, und last but not least: Wir waren keine echten Konkurrenten. Doch diese ganze Castingchose ist ja nur für den Zuschauer interessant wegen der zwischenmenschlichen Abläufe. Man stelle sich einmal DSDS, Popstars oder ähnliche Verdächtige ohne ordentlich Stress zwischen den Kandidaten vor. Pommes ohne Ketchup! Langweilig!

Wenn wir sagen, dass wir das Medienecho überhaupt nicht einkalkuliert haben, dann stimmt das natürlich nicht ganz. Sicherlich haben wir damit geliebäugelt. Außerdem hatten wir es schon aufgrund unseres Studiums fast täglich mit den Auswüchsen der Medienwelt zu tun, wenn auch nur im Hintergrund. Noch dazu waren wir ja mehr oder weniger vom Fach. Uns war also bewusst, dass es klappen könnte. Wie man genau in den Fokus der Öffentlichkeit gerät und das noch dazu, ohne einen Cent zu investieren, wussten wir jedoch nicht. Dafür gibt's wohl kein Patentrezept. Spektakuläres oder Peinliches bei YouTube kann zwar helfen, muss aber nicht, denn wie man weiß, ist das Internet sehr launisch. Es gibt und nimmt. Dem einen mehr, dem anderen weniger.

Ein guter Anfang war sicherlich unsere Website. Diese erntete zumeist Lob ob der naiven Frische, die sie transportierte, und das freute uns natürlich sehr, war sie doch ein erster und wichtiger Baustein, in den wir viel Zeit und Arbeit investiert hatten. Doch bereits bei den Vorbereitungen tat sich ein Problem auf, mit dem wir auch später noch zu kämpfen hatten: Wie viel sollten wir von uns preisgeben? Durch das Schreiben auf den Blogs gaben wir mal mehr und mal weniger Einblicke in unser Innenleben. Es war schwierig, eine gute Balance zu finden. Auf der einen Seite wollten wir nicht allzu privat werden, auf der anderen Seite mussten wir den Anschein erwecken, mit »offenen Karten zu spielen«. Und wie ernsthaft sollten wir uns positionieren? Die übertriebene Forderung, jeder müsse versuchen, möglichst schnell reich zu werden, weil unsere Gesellschaft den Bach runtergeht, stellte sich für viele Berichterstattungen als dankbarer Aufhänger heraus. Ebenso wie unsere offensichtliche Unfähigkeit, auch nur einen Bruchteil der Million zu erwirtschaften.

Dass wir es schließlich zu Spiegel Online und damit in die Medienmaschine geschafft hatten, war sicherlich zum größten Teil einfach Glück → *siehe Kapitel 9 »15 Minuten Ruhm«*. Dieses Glück hätte man nun einfach beim Schopfe packen und in Bares umwandeln müssen. Wir mühten uns ab, hatten unzählige Telefonate, Interviews und schlaflose Nächte. Doch es ging nicht. Es ging einfach nicht. Es ging beim besten Willen nicht. Bis heute fragen wir uns, was da eigentlich schiefgelaufen ist. Abgesehen davon, dass wir selbst nicht viel für eine dauerhafte Berichterstattung hergaben.

Der Grund ist wohl so naheliegend wie banal: Wir waren überfordert. Mit dem ganzen Drumherum, aber vor allem mit uns selbst. Unsere Stimmung wechselte beständig zwischen Hochs und Tiefs. Yeah! Wir haben sie im Sack. Die ganze Fernsehbande ist scharf auf uns. Wir sind die Checker. Wir haben's raus. Wir sind richtige Mediensäue. Doch was machen wir jetzt damit? Was sollen wir denen sagen? Wir haben doch gar nix gemacht. Und was wollen eigentlich diese ganzen Leute mit ihren überlangen E-Mails? Wieso stellen die so dämliche Fragen? Was soll man denn darauf antworten?

Bereits zwei Tage nach dem Spiegel-Artikel hat es mich davor gegraust, meine E-Mails abzurufen. All diese Leute, die ständig etwas loswerden wollten. Die netten waren ja okay. Aber zwischendrin waren so unfassbare Vollidioten versteckt. Ich fühlte mich von harmlosen Äußerungen angegriffen und von stumpfen Beleidigungen ließ ich mich ins Bockshorn jagen. Statt einfach auszublenden, dass solche Reaktionen vollkommen üblich sind und die Leute einfach gerne ihren Ärger irgendwo auskotzen, regte ich mich stundenlang über einen Zweizeiler von irgendeinem Arschloch auf. Und der Umstand, dass ich mich darüber aufregte, machte mich wiederum noch wütender.

Darüber vergaß ich jedes Mal fast, dass die Mehrzahl der Reaktionen doch überaus positiv war. An anderen Tagen war ich dann wieder in Hochform, konnte den ganzen belanglosen Mist einfach ausblenden und mich auf andere Sachen konzentrieren. Dann machte es mir unerhörten Spaß, E-Mails zu beantworten, und ich fühlte mich großartig dabei, Medienleute entweder abzuservieren oder zu hofieren. Doch dann kam zwangsläufig wieder der Punkt, an dem ich auf diesen ganzen Kram überhaupt keine Lust mehr hatte. Ich kam nie zur Ruhe, ständig kreisten meine Gedanken darum, wie mich andere Leute wohl wahrnahmen und ob ich nicht dieses oder jenes tun sollte, um das etwaige Bild zu korrigieren.

Mir erging es ganz ähnlich. Mit der Zeit fühlte ich mich immer unwohler mit der ganzen Aufmerksamkeit, auch wenn diese stetig nachließ. Immer wieder gab es Situationen, in denen ich mich am liebsten wie ein Chamäleon unsichtbar in eine Ecke verzogen hätte. Ständig musste man der Versuchung widerstehen, sich für dieses oder jenes zu rechtfertigen. Wir hätten einfach alle Bedenken über Bord werfen müssen, auf die Kacke hauen und uns notfalls der Lächerlichkeit preisgeben müssen. Doch stattdessen brüteten wir immer wieder ratlos über den Fragen nach dem »Wie« und »Warum« und stellten ein ums andere Mal fest, dass wir wohl diesbezüglich im Vorfeld etwas naiv gewesen waren und sich jeder von uns mit so viel Öffentlichkeit mehr als unwohl fühlte.

Selbst unsere Professoren hatten bis zum Schluss anscheinend gar nicht damit gerechnet, dass bei unserem Versuch tatsächlich ein nennenswertes gestalterisches Ergebnis herauskommt. Die hatten die ganze Sache wohl viel stärker als wir selbst eher als Medienexperiment begriffen und der Ausgang wäre ihnen vielleicht nicht so wichtig gewesen. Das merkten wir erst kurz vor der Präsentation, als sich die Herren erstaunt darüber zeigten, wie viel wir doch geschafft hatten. Das verblüffte uns ehrlich gesagt. Weil wir erst jetzt merkten, wie wichtig uns die eigentliche Sache, nämlich das gestalterische Ergebnis, war, und auch wenn es die bisher anstrengendste Zeit meines Lebens war, haben mir die letzten zwei Monate der Aufarbeitung hundertmal mehr Spaß gemacht als dieser ganze Versuch vorher. Eindeutig ein gutes Zeichen, würde ich sagen. Dafür, dass ich den richtigen Beruf gefunden habe und damit mein Auskommen haben möchte, egal ob er mich reich macht oder nicht.

DER ERNST DES LEBENS. ODER SO

Während der ganzen Arbeit am Diplom habe ich komplett ausgeblendet, was denn genau danach werden soll. Und so richtig konnte ich mir sowieso nicht vorstellen, dass es ein Leben danach geben soll. Schließlich hatte ich mich mit der

Konkurrentin in den Monaten vor der Prüfung komplett in einem Arbeitsraum in der Uni eingenistet. Die eigenen vier Wände wurden nur in unregelmäßigen Abständen aufgesucht, um sich der Körperpflege zu widmen. Eine seltsame Zeit, in der sich jeglicher Rhythmus von Schlaf- und Essensphasen aufgelöst hatte. Man arbeitete so lange, bis es nicht mehr ging, begab sich für ein paar Stunden auf das bereitgestellte Sofa, um sich dann wieder direkt an die Arbeit zu machen. Zwischendrin wurde der Dönermann oder alternativ der Inder um die Ecke aufgesucht.

Schließlich hatten wir es tatsächlich geschafft und die Prüfung hinter uns gebracht. Jetzt waren wir also Diplom-Designer. Die Arbeit war wirklich gelungen, es gab viel Lobhudelei, doch reich war man trotzdem nicht. Im Gegenteil: Mein Konto zeigte ein erschreckendes Soll von gut 3.000 Euro an. Und es war klar, dass einem nicht plötzlich die Tür mit neumodisch klingenden und hoch bezahlten Jobangeboten als Junior Chief Head of Art Direction Consultant eingerannt wird. Die Eltern frohlockten, denn die Zeit der finanziellen Unterstützung war für sie nun beendet. Und natürlich war auch Schluss mit BAföG.

Überall hörte man von der allgegenwärtigen Krise. Schlimmer noch, von einer »Generation Krise«, der man selbst laut Medienberichterstattung angehört. Doch die Kettenreaktion aus Bankenpleiten, geplatzten Krediten und Firmeninsolvenzen war bei mir nicht angekommen. Was also sollte ich damit zu tun haben? Meine Krise war das jedenfalls nicht. Und eine Jobgarantie nach dem Studium gab es ja ohnehin seit Jahren nicht mehr. Schlechte Zeiten, wenn man sich nichts sehnlicher wünscht, als möglichst einen festen Job als abhängig Beschäftigter an Land zu holen. Gerade als frischer Absolvent. Da muss man sich bitteschön im Vorfeld als würdig erweisen. Das Zauberwort lautet »Praktikum«. Fast wie bei DSDS oder Popstars muss man hier erst einmal den richtigen »Biss« zeigen, um die Ernsthaftigkeit seines Vorhabens zu untermauern. Schweiß, Blut und Tränen werden den Kandidaten abverlangt. Und damit man sicher sein kann, dass sie es auch wirklich von ganzem Herzen wollen, zahlt die Jury am besten kein oder nur wenig Geld für ihre Mühen. Nur wer dieses Prozedere ohne Murren auf sich nimmt, der wird am Ende als strahlender Sieger in die Reihen der bezahlten Angestellten übernommen. Nicht schön, aber solange es genug Leute gibt, die sich diesem zweifelhaften Auswahlverfahren freiwillig unterwerfen, wird diese Praktik wohl weiterhin existieren. RTL kommt ja auch nicht auf die Idee, DSDS einzustampfen, nur weil manche Leute das nicht so gut finden, wie die armen Jugendlichen da vorgeführt werden.

Also: Wie weiter? Mal abgesehen von unbezahlten Praktika gibt's da einige Möglichkeiten. Entweder man versucht, wie viele aus unserem Studiengang, sich direkt als selbstständiger Grafik-Designer durchzuschlagen und fährt dabei wahrscheinlich erst einmal kaum besser als mit Hartz IV. Gerade in Berlin ist die Konkurrenz groß, und das drückt natürlich die Preise. Ist man nicht bereits während des Studiums mit Design-Auszeichnungen überhäuft worden, wird es erst einmal schwer, sich als Neuling zu etablieren.

Oder aber es gelingt, direkt eine Festanstellung an Land zu ziehen. Neben der Frage des Geldes ist das natürlich auch eine Frage der Einstellung. Holm Friebe und Sascha Lobo kommen in ihrem Buch ›Wir nennen es Arbeit‹ zu dem Schluss, dass es nichts Besseres geben kann, als sich als Mitglied der »digitalen Boheme« zu verdingen und so ein Maximum an Lebensqualität zu erfahren: »Sie verzichten dankend auf einen Arbeitsvertrag und verwirklichen den alten Traum vom selbstbestimmten Leben. Mittels neuer Technologien kreieren sie ihre eigenen Projekte, Labels und Betätigungsfelder. Das Internet ist für sie nicht nur Werkzeug und Spielwiese, sondern Einkommens- und Lebensader: die digitale Boheme. Ihre Ideen erreichen – anders als bei der früheren Boheme – vor allem über das Web ein großes Publikum und finanzieren sich damit. Ein zeitgemäßer Lebensstil, der sich zu einem bedeutenden Wirtschaftsfaktor entwickelt.«

Die Herren Lobo und Friebe haben recht: Als Selbstständiger hat man's gut. Man kann zum Beispiel nach einem alkoholischen Abend seinen Kater auskurieren, während der gemeine Angestellte nach einer durchzechten Nacht vor seinem Arbeitgeber stets einen frischen und geordneten Eindruck hinterlassen muss. Wenn einem danach ist, kann man sich einfach morgens ein Bad einlassen und den Tag mit einer Tasse Kaffee ganz entspannt angehen lassen. Man kann aber auch die Morgenhygiene auf später verschieben und erst einmal ein paar Stunden im Schlafanzug vor sich hin gammeln, E-Mails abrufen, Zeitung lesen und sich auf Facebook die Zeit vertreiben. Man kann Feierabend machen, wenn man eine Verabredung hat, und nicht, wann der Chef das gerne möchte. Überhaupt ist so ein Leben in der Selbstständigkeit quasi schrankenlos und man hat die alleinige Entscheidungsgewalt über den gesamten Tagesablauf. Dachte ich zunächst. Ist auch manchmal so. Meistens aber nicht.

Denn das Leben in der Selbstständigkeit ist hart. Vor allem wenn man plötzlich kein Student mehr ist und den Regeltarif für eine Fahrkarte bezahlen muss. Der Krankenkassenbeitrag steigt sprunghaft auf ein Vielfaches an. Man kommt nicht mehr ermäßigt ins Kino oder Museum. Das Leben wird von einem Tag auf den anderen entsetzlich teuer. Man hat nicht nur seine Daseinsberechtigung als Student verloren, die mit einigen süßen Vorteilen einherging, man weiß gar nicht, ob man überhaupt noch eine irgendwie gerechtfertigte Stellung in der Gesellschaft einnimmt. Was sollte ich tun? Mich irgendwo bewerben? Erst mal Hartz IV machen und überlegen, wie es weitergeht?

Genau wie Florian hatte ich gar keine Zeit, mir vor unserer Abschlussprüfung genauere Gedanken über mein weiteres

Fortkommen zu machen. Immerhin konnte ich meinen studentischen Status noch bis zum Ende des Semesters bewahren und das waren immerhin vier Monate. Genug Zeit also, mir darüber klar zu werden, was kommen sollte. Geld brauchte ich in dieser Zeit trotzdem.

Die Frage bleibt: Wie viele Menschen verdienen tatsächlich ausreichend Geld durch eigene »Projekte« und wie viele krebsen damit gerade mal am Existenzminimum herum? Und inwiefern macht so was glücklich?

Ich kam zunächst zum Schluss, dass erst einmal dringend eine sichere Geldquelle her muss. Freiheit hin und Lebensqualität her: Die roten Zahlen auf dem Kontoauszug sprachen für sich. Alle meine Geldquellen wurden unmittelbar nach der Diplomprüfung gekappt, und es musste schnell etwas passieren. Davon, dass ich mich schon frühmorgens mit meinem Laptop in irgendein szeniges Berlin-Mitte-Café setzte, würde sich dieses Problem mit Sicherheit nicht lösen. Und tatsächlich ergab sich schnell eine andere Möglichkeit. Die Agentur, in der ich mir bereits als Student ein Zubrot als Grafiker verdient hatte, bot mir einen festen 40-Stunden-Job an. Unbefristet. Heutzutage ganz schön exotisch als Absolvent. Den Laden kannte ich also schon und wusste, worauf ich mich einlasse. Hier müsste ich mich nicht erst als »würdig« erweisen. Die letzten Monate waren immerhin schon stressig genug. Zeit, etwas durchzuatmen und nebenher zu überlegen, wie die Reise weitergehen sollte. Also unterschrieb ich den Vertrag.

Glücklicherweise hatte ich bereits nach einem kurzen Erholungsurlaub nach der Prüfung die ersten Anfragen für freiberufliche Tätigkeiten hier und da. Ohne genau zu wissen, warum und was genau jetzt passiert, hatte ich beinahe jeden Tag etwas zu tun, und zwar außer Haus. Ich ging also ganz normal zur Arbeit, nur eben nicht als Festangestellte, sondern als Freelancerin. Nach etwa drei Wochen, in denen ich beinahe täglich gearbeitet hatte, passierte plötzlich – nichts mehr. Ich wurde nicht gebraucht, also auch nicht »gebucht«. Da war sie zum ersten Mal: die große Unsicherheit. Ein Gefühl, das ich mittlerweile ganz gut kenne, aber immer noch nicht im Griff habe. Was passiert, wenn ich nach zwei Wochen immer noch nichts zu tun habe? Soll ich mir doch lieber ganz schnell eine Anstellung suchen? Vor allem: Geht das überhaupt so schnell? Schließlich haben wir doch die große Krise! Die Eltern um Geld bitten? Oder doch zum Hartz-Amt gehen, welches ich bislang nur aus schaurigen Erzählungen kannte?

Doch bevor ich lange überlegen konnte, hatte ich schon wieder einen Auftrag. Dann wieder keinen. Dann doch wieder. Es folgte ein stetiges Auf und Ab aus Arbeit und freien Tagen. An diesen freien Tagen fühlte ich mich nutzlos und faul. Zwar hatte ich immer etwas zu tun – meine Webseite bauen, Recherchen über Krankenkassen, Versicherungskram, Steuern, überhaupt Papierkram –, doch bekam ich dafür kein Geld. Nach einiger Zeit fasste ich den Entschluss, meine zufällige Selbstständigkeit als solche anzuerkennen und damit selbstbewusst umzugehen. Immerhin konnte ich bis jetzt ganz gut davon leben. Zumindest auf meinem Konto war nach über einem halben Jahr endlich wieder ein Haben zu verzeichnen. Ich meldete mich beim Finanzamt als Freiberuflerin an, ebenso in der gesetzlichen Krankenkasse und der Künstlersozialkasse und sammelte akribischer als zuvor Rechnungen und dergleichen für die nächste Steuererklärung. Ich war in der Selbstständigkeit angekommen.

Von allen Seiten Beglückwünschungen ob dieses reibungslosen Übergangs ins Berufsleben. Jetzt sei man »fertig«. Jetzt beginne der »Ernst des Lebens«. Na denn. Meine Begeisterung jedenfalls hielt sich stark in Grenzen. Die ersten Tage und Wochen im Vollzeitjob waren ungewohnt. Allesamt nette Menschen um mich herum, und die Bezahlung erst mal auch o.k. Trotzdem fühlte ich mich fehl am Platz. Hatte ich

jetzt dafür studiert, um Webseiten bunt auszumalen? Tag für Tag schrubbte ich die anfallenden Aufgaben ab. Den Kopf musste man dafür meist ausschalten. Das hatte ich mir anders vorgestellt. Der kleine Rebell in mir sagte: »Was für'n Quatsch! Ist doch Zeitverschwendung! Überleg dir doch was Eigenes!«, der innere Sicherheitsapostel widersprach jedoch heftig: »Ist doch erst mal sicheres Geld. Bist ja auch nicht zum Vergnügen hier, sondern um zu arbeiten.«
Mit dem Studium fertig zu sein bedeutet nicht nur, dass man es erfolgreich abgeschlossen hat. Man ist jetzt im wahrsten Sinne des Wortes »fertig«. Man ist ein vollständiger Mensch, der bereit ist fürs Berufsleben. Man ist aber auch »fertig« mit seiner Jugend. Die unbeschwerte Studentenzeit, überhaupt alles Unreife hat man hinter sich gebracht. Was jetzt kommt, ist bitterer Ernst. 40 Jahre Berufsleben, Familie, zwei Wochen im Jahr Sommerurlaub an der Costa Brava. Verantwortung. Kinder ernähren können. Eine Rentenversicherung haben. Eine Lebensversicherung haben. Eine Berufsunfähigkeitsversicherung haben. Rundum abgesichert sein. Für das Leben nach der Berufstätigkeit. Schade eigentlich. Das Leben kann so schön sein, wenn man sich über derartige Dinge keine Gedanken machen muss.

WIR WAREN JUNG UND BRAUCHTEN DAS GELD

Ja, das können wir später einmal großspurig behaupten und auf unseren hübschen kleinen Diplomversuch verweisen. Der hat uns zwar finanziell vorerst nix eingebracht, aber vielleicht wird in 50 Jahren jemand dieses Büchlein aus dem Schrank kramen und sagen: »Oma, bist du das etwa?« Bei einem Pornofilm wäre das unangenehmer. Und so folgt zu guter Letzt noch der ultimative Tipp, wie man ganz einfach ein Vermögen scheffelt.

EIN BUCH SCHREIBEN

*»Liebe Yvonne Feller, lieber Florian Flechsig,
gerade habe ich den Artikel über Ihre ambitionierten wie kreativen Versuche, sehr sehr reich zu werden, auf Spiegel Online* → siehe Kapitel 9 »15 Minuten Ruhm« *gelesen und möchte Ihnen gerne einen Vorschlag machen, den Sie nicht ablehnen können: Haben Sie schon einmal an ein Buch über Ihr Projekt gedacht?«*

Am Mittag nach Erscheinen des Artikels las ich diese Zeilen von einer Dame aus einer Literaturagentur. Mir fiel die Kinnlade runter und ich las noch einmal. Ein Buch schreiben?! In Gedanken sah ich mich mit Strickjacke und Pfeife in einem einsamen Haus am Meer sitzen. Im Anschlag ein zerfleddertes Notizbüchlein, aus dem eingelegte Zettel, Fotos und Skizzen hervorquollen. Schnell schob ich diese Vorstellung wieder beiseite. Papperlapapp. Da hat sich wohl jemand einen kleinen Scherz erlaubt.
Bis zum Abend flatterten noch zwei weitere Anfragen für eine Veröffentlichung in Buchform in unsere Posteingangsboxen. Eine kurze Recherche offenbarte, dass all diese Anfragen von höchst seriöser Seite kamen. Von einem Scherz konnte also keine Rede sein.
Unser unbescheidener Versuch hatte anscheinend das Zeug zum Buch. Aber wie sollte das bitte gehen? Wir standen gerade mitten im Versuch, mussten uns jeden Tag irgendwas Schlaues zum Geldverdienen ausdenken und daraus nebenher noch die Diplomarbeit stricken. Nicht gerade so, dass man nebenbei auch gerne noch ein Buch schreiben möchte. So verlockend sich das auch anhörte, aber wir sagten erst einmal ab. Natürlich mit dem Hinweis, dass das in ein paar Monaten ganz anders aussehen könnte. Aber wir machten uns nichts vor, denn wahrscheinlich wäre es dann zu spät.
Vielleicht doch nicht! Ein paar Wochen nach Abgabe der Diplomarbeit meldete sich nochmals die Dame, wie es denn jetzt

so bei uns aussehen würde und ob das mit dem Buch nicht vielleicht doch noch eine Option wäre. Man könnte sich ja einfach mal treffen, um die Lage zu sondieren.

Wir verabredeten uns zu einem Kennenlerntermin während meiner Mittagspause. Ich hatte frisch als Experte für grafische Fragen angeheuert und die nach dem Diplom »selbstständige« Frau Feller hatte ja sowieso immer Zeit, obwohl sie vorgab, danach noch einen anderen wichtigen Termin zu haben, um möglichst beschäftigt zu wirken. Wie auch immer, es wurde eine recht entspannte Plauderei, wir fläzten uns auf ein extrem gefedertes Sofa, das im wahrsten Sinne des Wortes einmal von sehr wichtigen Menschen besessen worden war, und zeigten unsere Diplomarbeit vor, die ja auch zu einem Teil aus einem Buch bestand. Die Texte waren zwar ziemlich durchwachsen, aber wirkten wohl nicht ausreichend abschreckend, um uns wieder wegzuschicken. Die Agenturdame erklärte uns, wie man sich den Ablauf zu einem Buch so vorzustellen hat. Ganz im Gegensatz zur digitalen Welt der Blogs geht es im Verlagswesen sehr gemächlich zur Sache. Die Agentur würde sich, mit einem Buch-Exposé von uns bewaffnet, auf Verlagssuche begeben, gegebenenfalls Vorschüsse aushandeln und sich um den gesamten vertraglichen Kram kümmern. Weil das natürlich nicht aus reinem Gutmenschentum geschieht, bekommt die Agentur einen prozentualen Anteil am Erlös. Das klang alles ganz vernünftig.

Wir machten uns also an besagtes Exposé und taten uns zuerst schwer damit. Die alte Frage stand im Raum: Was wollten wir erzählen? Schließlich waren wir mit unserem Versuch nicht mal annähernd reich geworden. Andererseits gab es ja auch schon viele Bücher übers Reichwerden, warum also nicht eins darüber, wie man es höchstwahrscheinlich nicht wird? Unsere Diplomarbeit trug ja bereits den sehr zutreffenden Titel ›Wie wir einmal fast reich und berühmt wurden‹.

Immerhin gab es tatsächlich allerhand Geschichten aus der Diplomzeit, die man einfließen lassen könnte. Unzählige Spinnereien, die aus Zeitmangel nicht umgesetzt werden konnten, gab es auch noch. Und so fanden wir schließlich zu einer gangbaren Lösung für das Exposé. Ich hatte trotzdem so meine Zweifel, dass sich dafür tatsächlich Verlage erwärmen konnten. Nach ein paar Tagen sollten sich diese Zweifel als unberechtigt herausstellen. Gleich zwei Verlage zeigten Interesse an unserem knapp 15-seitigen Machwerk und konnten sich vorstellen, damit etwas anzustellen. Unglaublich. Das ging ja schneller als gedacht! Spätestens jetzt war es höchste Zeit, sich Autorenstrickjacke und Pfeife zuzulegen. Wir mussten uns nur noch entscheiden, unter welchem Dach wir tätig werden wollten.

Unsere Vorstellungen vom gut bezahlten Autorenleben als spleeniger Sonderling hoch oben im Elfenbeinturm der geheimen Schreibstube löste sich allerdings recht bald auf, zugunsten der realistischen Tatsachen im Schreibberuf: Als Autor sollte man sich besser noch einen Zusatzverdienst sichern, es sei denn, man heißt Rowling oder Schätzing. Dann verkaufen sich die fabrizierten Bücher nämlich ganz von allein millionenfach in der gesamten Welt. So gesehen ist es wie überall: No fame – no money.

Das schreckte uns natürlich nicht ab. Wieso auch? Wir waren nicht unbedingt auf ein zusätzliches Einkommen angewiesen, weil wir das mit dem Buch ja so nebenbei machen wollten, was sich natürlich später als Utopie herausstellen sollte.

Auch unser Anspruch der Abrechnung blieb derselbe wie zu Diplomzeiten: The winner takes it all. Und der Verlierer has to fall. Er oder sie sollte wirklich noch einmal unter seinem Versagen in der großen, vom Kapital beherrschten Welt leiden. Wir vereinbarten also, dass nach Manuskriptabgabe der- oder diejenige mit dem niedrigeren Kontostand dem Überlegenen das vom Verlag garantierte Honorar aushändigen sollte. Wenn es denn überhaupt zum Vertragsabschluss käme. Es folgte der Vertragskram, den Gott sei Dank die Agentur abwickelte. So hatten wir mit all dem rechtlichen Schnickschnack nichts am Hut und mussten einfach nur am Ende unsere Unterschrift daruntersetzen. Und schon waren wir beide jeweils ein bisschen »reicher«, ohne überhaupt etwas getan zu haben. Zugegeben zunächst nur um die Hälfte, denn die andere Hälfte des sogenannten garantierten Honorars gab es erst nach erfolgreicher Manuskriptabgabe.

Zusätzlich zum garantierten Honorar, das einem, wie der Name schon sagt, nicht wieder weggenommen werden kann, auch wenn kein Mensch das Buch jemals kaufen sollte, waren natürlich im Vertrag auch die Anteile pro verkauftes Exemplar genau aufgelistet. Diesen Anteil bekäme man allerdings erst ausbezahlt, wenn der Verlag die Ausgaben für unser Garantiehonorar wieder hereingewirtschaftet hätte. Damit ein jeder von uns bei der ganzen Sache zum Millionär würde, müssten insgesamt etwa 2.200.000 Bücher verkauft werden. Nicht gerade ein Pappenstiel. Dem angehenden Schriftsteller mit großen Ambitionen sei jedoch noch einmal vor Augen geführt, dass wir uns den Erlös ja schließlich auch teilen müssen.

Merke

Die Autorentätigkeit birgt gewisse Chancen auf Reichtum, wenn man den entsprechenden Namen führt oder sich an Fremdtexten schadlos hält. Auch hier gilt natürlich: Sex sells.

KASSENSTURZ 2.0

Plopp. »Auf die Million!« Wir saßen mal wieder bei Bier an unserem angestammten Platz am Landwehrkanal. Gut, wir hatten auch im zweiten Durchgang das wahnwitzige Ziel weit verfehlt. Trotzdem gab es etwas zu feiern. Das Buchmanuskript war fast fertiggestellt, die Diplomprüfung jährte sich zum ersten Mal, und ein paar Tage zuvor erhielten wir die unverhoffte Nachricht, mit unserer Arbeit eine ganz amtliche Design-Auszeichnung erhalten zu haben. Wer hätte das gedacht?

Für dieses Buch hier hatten wir unseren kleinen Versuch, ans große Geld zu kommen, noch einmal neu aufgerollt. Immerhin gab es noch einige Ideen, die zu Diplomzeiten aus Zeitmangel zu kurz kamen. Und Sparsamkeitsmaßnahmen hatten wir damals ja komplett ausgeschlossen. Was soll man sagen? Mal wieder sind wir von der Million weit entfernt. Amtliches Endergebnis nach einem halben Jahr: Florian 4.758 Euro. Yvonne 1.791 Euro. Scheint so, als hätte ich in der Verlängerung doch noch gewonnen, und die Schmach der ersten Runde wettgemacht. Und wie zuvor lautete der Deal: The winner takes it all! Eigentlich.

Irgendwie war ich froh, dass wir das Millionenthema jetzt nahezu abgehakt hatten. Auch wenn ich diesmal haushoch verloren hatte. Aber das war ja fast klar. Während der letzten Monate konnte ich so gut wie nichts zurücklegen. Florian hatte da mit seinem festen Job einfach die besseren Karten.

»Was willste denn jetzt mit dem ganzen Geld anfangen?«

»Hmm. Weiß noch nicht. Ich könnte ne Auszeit gebrauchen. War doch ganz schön stressig mit Büro und dem Buch nebenher.«

»Ja, das hab ich mir auch mal wieder leichter vorgestellt, als es dann war. Und wie ist das jetzt mit deiner Arbeit? Machste da weiter?«

»Ach ja, die Arbeit. Kennste ja… Das alte Thema. Man müsste…«

Im Kopf des ehemaligen Konkurrenten schien es mal wieder zu rattern.

»Also. Wir haben ja schon mal drüber gesprochen. Und ich glaube, dass das echt super wäre.«

»Was? Meinst du die gemeinsame Sache?«

»Genau. Wir haben uns doch bei dem ganzen Millionärskram bestens ergänzt! Bei dir klappt das mit der Selbstständigkeit doch eigentlich schon ganz gut. Und wie wäre es, wenn ich von dem Geld keine Reise finanziere, sondern wir das als eine Art Startkapital sehen würden?«

»Hmm. Das wäre natürlich eine Sache! Und wie genau soll das funktionieren? Ich meine, man kann ja nicht sagen ›Hier sind wir – kommt und lasst euch mal was Schönes gestalten‹. Also nicht, dass ich dir das ausreden will, aber ganz so einfach ist das nicht.«

»Nee, natürlich nicht. Aber das ist genauso wie mit der Million. Man muss das einfach machen. Der feste Entschluss ist schon mal die halbe Miete! Das kann man doch in zig schlauen Ratgebern nachlesen!«

Merke
Der feste Entschluss ist schon mal die halbe Miete.

DANK

Hätte uns damals jemand gesagt, dass unsere Spinnerei einmal zu einem Buch führen würde, hätten wir ihn für bekloppt erklärt. Normalerweise wäre es wohl auch nicht dazu gekommen, hätten wir nicht die Unterstützung von so vielen Leuten gehabt. Deshalb jetzt und hier Blumen und Konfekt für:
unsere Professoren Michael Klar und Fons Hickmann, die unser Vorhaben von Anfang an unterstützten und das Thema für diplomwürdig erklärten.
Markus Angermeier fürs Zwitschern, Marcus Richter und Clara für die erste Einführung in die Welt von Funk und Fernsehen und ganz besonders Kai Schwind, der die Sache richtig ins Rollen brachte.
Dank an all die Internetmenschen, die mit ihren Blog- und E-Mail-Kommentaren so manche Expertenmeinung beisteuerten.
Dass es dann noch zu diesem Buch kam, haben wir vor allen Dingen Diana zu verdanken, die sich auch nach ein paar Monaten noch an uns erinnerte und uns mit Rat und Tat zur Seite stand.
Dank auch an die Leute beim dtv. Allen voran Nina für die produktive Zusammenarbeit. Das hat Spaß gemacht.
Florian bedankt sich speziell bei Herrn Zwanzig für viele absurde Balkongespräche mit Miniaturgeiern und Schubberbändern und bei Herrn Schulze für kritische Anmerkungen.
Yvonne will ganz besonders Danke sagen an ihren Onkel André, Nicholas Bussmann, Gerald und Holly vom Label Timezone und Katrin Cremer, die alle maßgeblich am Unternehmen »Superhit« beteiligt waren. Und an Sabrina für Skepsis und Zuspruch.